JN189871

1945（昭和20）年3月23日にヒトラーから天皇へプレゼントされた560kgのウラニウムを駐独大使大島浩が受け取り、それを乗せたUボートはシンガポールで連合国側に発見された。

2人の運搬日本兵は自害し、一緒に運んでいた航空機は没収。

ウラニウムはボストンバッグに入れたまま東京まで運び込んだか、そのまま連合国米軍に取り上げられて米国まで行った。

あるいはテニアン島でリトルボーイの中に設計図通り、原爆に組み立てられたのか。

ルーズベルト大統領は、ＤＳの言うことを無視し、独自のウラニウム濃縮原爆を作ろうとし、またプルトニウム原爆を開発させて、自らの手で、京都でも東京湾、ないしは皇居でも落下させようとした。

またスターリンの対日戦をナチスドイツが敗けたあと３ヶ月したら実行してもいいとヤルタ会議で約束してしまった。

だから毒殺された。

世界の支配者はイルミナティであるから、天皇と原爆の取引は既に終わっていたのである。

これに従わなければ、大統領でも殺害される。

広島の原爆は投下はなく、地上爆発だけだったという説が現在日本中にある。

ワルドマン・ラムゼイ理論からトリニティ実験までの半年間に原爆はどんな高さから投下しても途中で弾けないことがわかったので、日本の都市で原爆を破裂させるときも、日本人が原爆を設置して、ダイナマイトで火をつけるしか方法がなかったのだろう。ポール・ティベッツが落としたのはリトルボーイの小型版かもしれない。ウラニウムもプルトニウムも同様に、原材料がどこから来たかという問題に最終的に絞られるようである。

カバーデザイン　森　瑞（4Tune Box）
校正　麦秋アートセンター
本文仮名書体　文麗仮名（キャップス）

目次

第一部　天皇と原爆

——日本製は仁科でなく湯川だったか⁉
地上爆発の謎を追う‼

第二部　ヒトラーと大島浩（駐独日本大使）

——ウラニウム560kgはこうして日本に渡った⁉

第三部 天皇家はワンワールド!? ユダヤ祭祀の一族「レビびと」を追う!

第四部　スキタイ騎馬民族は古代ユダヤ支族エフライムを大和まで連れてきたか
――邪馬台国卑弥呼はレビ人か

第五部　魔訶不思議なヒトラーの血統

第六部　ユダヤ人とはいかなるものか⁉　ウディ・アレンの映画『エディプス・コンプレックス』考

第一部

天皇と原爆

――日本製は仁科でなく湯川だったか⁉
地上爆発の謎を追う‼

第一章
岸田政権はG7サミットをなぜ広島で開いたか
オバマはなぜ長崎に行かなかったか

岸田文雄内閣になって2024年5月で約2年半。最大の外交舞台であるG7サミットが、2023（令和5）年5月19日、総理の地元広島で行われている最中に本書を書き始めた。が、筆者の感想はせっかく世界中のG7やプラスアルファの国々から首脳を呼ぶなら広島ではなく長崎で行った方が、世界は感じるものが多かったのではないかとすぐ思った。ついでに書くならば、ウクライナのゼレンスキー大統領を広島に招いたが、戦争中に片方のボスを呼ぶなら、プーチンも呼んで世界会議してほしかった。

なぜ長崎でサミットを行った方が良いいかという理由は、これから読者の方が本書をお読みいただければわかると思うが、連合国としては、あるいは米英としては、実はヒロシマよりもナガサキに重きを置いているからである。

米国から「リメンバー・パールハーバー」と言われたら、「ノーモア・広島アンド長崎」と小声で言い返せと昔は教わった。しかしながら、心情的には「ソーリー・長崎」はあっても、ソーリー広島という言葉は決して出てこないだろう。絶対という言葉を信じるならば、広島への原爆投下を謝罪することは将来も絶対にないと言える。つい先日までは、米国は政治的にあるいは戦後教育的にそう固まらせてきたのだと思っていた。広島に原爆を落とすことによって戦争を終結させ、本土決戦等による日米のさらなる死者数、推定で200万人から1000万人、を救うためにそうした、という言い分を正当なものにしてきたのだと思っていた。

広島原爆だけは必要悪であったと戦後の米国歴代大統領が皆口を揃えて同じ台詞を読み上げる。被爆者と米国側の公式関係者が会うときも、同様に「あの時原爆を落とさなければ日本軍の抵抗は、激しく……」と謝罪をしない。教科書的に謝罪しなくてもいいことになっている。日本人は爆弾を落とした米国に一度でも謝罪していただければ、今後未来永劫根に持ったりしない民族である。被害者代表の森さんは謝罪の言葉を得られれば、あの世に行ったときに、原爆のために亡くなった同世代の人たちに報告することができるからと訴える。しかしながらそんな情緒的なことは世界では通じない。これは政治であって国民と国民との個人的な会話ではない。謝罪はしない。当然である。世界は論理の国だらけであり、日本は情緒と和の国だからである。

本書を書くまではそう理解していた。しかしながらアメリカ人も人間である。ひょっとしたらそれだけではないのではないかと思うようになった。

　これ以上広島原爆投下に関して、対外的に追求することはやめた方が良い。相手の心証を損なう恐れがある。というのはあの原爆はそっちが作ったのを代わりに落としてやったのではないか。という本音は言わないけれども米国大統領やG7の首脳たちから伝わってくる気がした。岸田総理も知らないかもしれない。でも資料館を見せてこんなにひどいことをお前たちはやったのだぞ、よく覚えとけ、と認識させるために広島まで首脳たちを呼んだのではない。ゼレンスキーは賢いから、あれだけ破壊された都市がこのように復活した、ウクライナも日本に見習うと言っていた。

　令和4年になってようやく日本人も歴史的事実を見つめ直し、真実を見つめながら次にどうしたら良いのかを考えながら毎日を送る時代が来たと思う。これだけの歴史を歩んできた以上、東南アジアや極東の普通の国では終われない。もっとも大切なことを引きづりながら、歩んで行かねばならない。筆者の周りでも単純な軽い歴史観が蔓延し、真実はどうだったんだという深い考察がなされぬまま、噂が噂を呼んでいるので、この小冊を書く気になった。今巻では、医者仲間でも広島の原爆は地上に置いておいて、爆破させたのではないか、あれは米国が作って落としたのではないのではないか、という話題で持ちきりなのである。

　高校2年の時、修学旅行で広島を訪れ平和記念資料館へ行った。大学に入ってから長崎原爆資料館を訪れたが、広島は構造的に建物の崩壊や放射能による人影、瓶が物理的に溶けた様子が記憶に残ったが、長崎は医学的に卵巣出血した肉眼視できる標本や、放射能が肝臓の中に残っていて、今でもプルトニウムが放射されている様子の組織化学標本を見ることができた。医学生だった筆者はどちらかと言うと長崎の方が、生々しく、強烈な印象を持った。もしもう一度行くとしたら、長崎で、色んな調査をしたいと思う。78年経過後のプルトニウム原爆障害を。

広島はウラニウム、長崎はプルトニウムであり半減期が圧倒的に長い。長崎の町から放射能が半分消えるまで、1万年以上かかるのである。特に放射能に対するアレルギーが強く出るわけでもないだろうが、筆者が平成28年に長崎市を久しぶりに、一晩だけ訪れた時は、空気が気持ち悪かった。この場所は病気療養すべき場所ではないと感想を持った。知り合いの患者さんを診に行ったのである。広島は東海道・山陽新幹線沿いなので、よくガイガーカウンターを所持して新幹線に乗り込むが、新大阪から西に向かって東広島駅手前のトンネルでは、放射線量が普段の1・5倍から2倍になる。普通トンネル内は放射能がゼロになるはずなのにである。ここへ汚染土壌を捨ててトンネルを掘ったからであろう。東京駅から鹿児島中央駅まで放射能測定をしたことがあるが、熊本地震の前だったせいか、熊本県内が一番放射能が低かった。鹿児島と福岡県は原発のため高めに出ると思われる。

3・11の後は、東京駅から盛岡まで放射能測定したことがあったが、なぜか福島県郡山駅の南で高かった。

また、死者およそ3000人、負傷者およそ6000人に及んだ米国9・11の時は、その人数がWTCビルの中に取り残されて崩落したのに、崩落時の灰の中には髪の毛一本、入れ歯一つ見つからない。遺体は崩落前に我慢し切れなくなって飛び降りた人は残っているが、エレベーターや階段で降下中の人の遺体はない。一瞬にして、人間の肉体は細胞レベルはおろか、分子レベルになってしまったのである。

アメリカのビルは建設するときからビルを最後に破壊させることを考えているから、昔はダイナマイト、今は中性子爆弾か小型原爆を各階に設置しているのである。だから旅客機が突っ込んだとき、その階下だけでなく、重力のかからない屋上から順番にきれいに崩落したのである。今は（放射能は冷やさねば再熱しますので）単なるメモリアルプールではなく冷却用のプールになっている。残った少しの鉄の柱は北京オリンピックのときに開会式の会場の有名な鳥の巣（正式名称は北京国家体育場）になったのは関係者間ではよく知られた話であるという。

歌手の岩崎宏美がNYでコンサートをした時にWTC跡地へお参りに行くというので、さっさと帰ってくるよう言っておいた。放射能が残っているから長居しないようにと。帰国後どうだったかと聞いたら、「気持ち悪かった」と言っていた。岩崎は非常に霊感が強く、新人の頃ハワイで亡霊が壁の中を踊りながら通過するのも見たし、自分の父親が亡くなった時は、ステージで歌っていて、袖の端に父親が立っているのを見て、前列のお客さんに「今誰か立っていましたよね。男の人」と確認していたという。

大阪の宇野正美先生も2016年4月の熊本の地震のとき、調査したらしく、南阿蘇町の地元の男性がドライブ中に本震に会い、車ごと溶けて川辺にそのまま何ヶ月も放置されている話をしていた。最終的にはヘリコプターで車ごと引き上げて自衛隊かどこかへ持っていかれて、遺体は自宅に戻ったが、4月16日から約4ヶ月も河原の大きな石に赤いペンキで目印をつけてそのままであった。放射能が少しでも消退するのを自衛隊は待っていたようだ。車ごとメルトしているので、地面から直接爆破したときに発生した中性子がちょうど震源地を走っていた大和晃さんに降りかかったのであろう。中性子の半減期は12・5分と短い。広島原爆ウラン235の半減期は482・76年、長崎のプルトニウム239は2万4000年である。半減期が12・5分でも2016年4月16日から8月10日まで待った。4月14日の地震は前震とされ、自衛隊西原（にしばる）駐屯地内で起こっている。大和さんは本震でやられた。母親が息子をずっと探し続けた様子を熊本日日新聞社が記録していた。

3・11については自分なりの知見を書いたが、結論は福島第一原発1号炉の水蒸気爆発

（2011年3月12日）も、同3号炉の水素爆発（同3月14日）によっても、空中の放射能の量は正常の3倍程度で大して人体に被害がないのである。汚染が急増したのは、2号炉のベント操作で、保安院が高炉内の圧が上がって爆発しかけたと勘違いしたから、ベントと称する「煙突の蓋を一斉に開けてしまった」ことが原因である。メルトダウンもしていない。もし2号炉がメルトダウンしたら、福島県浜通りどころではない。東北地方全体が吹き飛んだ。よって福島第一原発事故は人災である（『福島第一原発事故は人災』嘉納道致　平成30年〈2018／自費出版〉を参照してください）。

以上により、放射能関係、原爆関係の話題は慎重にしかも冷静に扱わねばならず、人命に関わることであるから、正しい知識で我々の持つ能力の全てを発揮し、情緒や観念的なことを捨てて、科学的に扱わねばならないのである。もし福島第一原発事故が人災であるとするならば、今後二度と事故が起こらないようにするのは、人間の知恵と勇気であり、もし政治的要素が加わったならば、外交その他で被害者にならないようにするのが日本人の使命である。闇雲に原発反対を唱えるのではなく、なぜ事故事件が起きたかを当事者なら、検証しておくことが必要であろう。そういった観点から、現在騒ぎになっている広島長崎原爆の真実、原材料をどこから持ってきたのか。誰が製造し組み立てたのか。空から落としたのか。それとも地上で発破させたのかを検証したい。

第二章 戦後75年ぶりに米国が極秘資料を公開したので内容を紹介する

ヒストリーチャンネル「ヒロシマ・ナガサキ：75年前の真実（2020年（令和2）8月）」によると米国によるいわゆるマンハッタン計画（1942年8月13日〜1945年8月）は、1943（昭和18）年当時ほとんど進んでいなかった。ボストンでマイクロウエーブ波の研究がなされている程度で、核開発どころではなく、物理学者たちはほとんどヤル気がなかった。雑談したりゴルフに興じていたという。1939年9月1日から第二次大戦が欧州で行われているとはいえ、米国民は第一次大戦の後世界戦争には参加しない政策だった。何かの理由で介入せねば世界から文句を言われそうでやきもきしていたのは、ルーズベルト大統領だけであった。米国原爆開発はマンハッタンに本部が置かれたので、マンハッタン計画という暗号名で呼ばれた。

ナチス・ドイツは高度な物理学の進歩が1942年当時既にあり、占領したソ連国内で大量のウラニウムを濃縮している時期であった。米国が核兵器に関してドイツに遅れをとってはいけないと始まった計画だが、ちっとも進まないので建て直す人物が必要だった。そこでレズリー・R・グローヴス准将が１９４２（昭和17）年9月にマンハッタン計画の責任者として投用され着任した。グローヴスがコロンビア大学、インデアナ大学、シカゴ大学をはじめとする全米各大学研究所に電話して核開発の進捗具合を聞いてみるが、全く進んでいない。彼らには国の運命を背負って立つ意識が全くないと映った。

側近のケニス・D・ニコルス准将（土木技師）によると、グローヴス准将は自分が出会った中で一番嫌な人物であった。ものの言い方がキツくて人使いが荒く、あんなに我の強い人間は見たことがないという。

「だが同時に、腹が据（す）わっていて、一度決めたことは貫き通した」

計画の実現には欠くことのできない人間であった。物理学者のサムエル・K・アリソンによると、現場には焦立ちと敵対心が渦巻いていた。グローヴスは科学者たちが軍に全く敬意を示さないことが理解できない様子だった。グローヴスには、科学者との間に立って、彼の意思を伝える人物が必要だった。そこで登場したのが、有名なカリフォルニア大学バークレー校のJ・ロバート・オッペンハイマー教授（１９０４・４・22－１９６７・２・18）であった。彼は若い物理学者にも聞く耳を持つタイプであった。グローヴスが探してこの人材を見つけ出した。小児期から化学や物理が好きで、ハーバード大学卒業後に、英国のケンブリッジ大学で、ニールス・ボーア教授と出会っている。ドイツ系ユダヤ人の両親を持ち、ニューヨーク生まれである。

周りの物理学者によるとグローヴスとオッペンハイマーは性格が真逆で、こんな組み合わせは通常考えられなかった。しかしオッペンハイマーが若い物理学者に原爆開発を急いでやらせる能力を持っていることをグローヴスは見抜いていた。オッペンハイマーに何か自分の性格で指摘されたとき、グローヴスは間髪を入れず対処した。オッペンハイマーの役割も大変だった。最初のうちは日常的な低いレベルの問題で振り回されていた。

いよいよ全米中から有能な物理学者が集められた。本格的な原爆開発を進めるためである。フィリップ・モリソンのような若い学者が大勢求められた。モリスはここでウランの核分裂の研究をしていることを知った。核分裂の研究が進むと今度はウラニウム精製工場を立て原爆を組み立てる秘密の場所が必要になった。そこで地図に載らないテネシー州のオークリッジという最大7・5万人が住むことになる都市を作ることになる。交通の不便な農地には適さない広大な場所であった。ニューヨーク州からスタフォード・ウオーレンという放射線医学者が選ばれた。レントゲンによる乳癌検診や発見を可能にした人である。

オークリッジの街は人口が膨れ上がり、その電力量はニューヨーク州以上になった。住民は何を作る工場へ通うのか知らされていない。外の街へ遊びに行って情報が漏れるといけないから、オークリッジの街には、病院、娯楽場、テニスコートまであった。何年か他へ行かなくても事足りるようになっていた。建設計画の費用は大統領から直接与えられて、議会も知らなかった。マンハッタン計画自身が大統領直下のプロジェクトに思われた。放射能の人体に与える影響の研究責任者ウオーレンは本人調査だけではなく、家族の趣味や嗜好品、人生のありとあらゆるプライバシー、嗜好きの夫人がどうかまで細かく調べ尽くされたと述懐する。

巨大なウラン爆弾製造工場ができたのに、大問題が生じた。ウラニウム型原爆を最低2個作るため（本番用と実験用と思われる）に必要なウラニウム235が量的にとても足りなかったからである。オークリッジでのウラニウム原爆開発計画は街を作っただけで、中断に終わった。

その時救いの手が生まれた。プルトニウム239の発見である。プルトニウムの場合は原子炉を水辺に作れば大量に原爆原材料が生まれる。現在の原子力発電所（原発）である。場所はワシントン州のハンフォードに決まった。原子炉は2つ作られた。福島第一原発と同じ建屋の作りに見える。輸入版か。

グローヴスらは冷却水源のコロラド川に汚染水が流れ込み、大量の鮭が死ぬのではないかと危惧した。環境破壊反対の声で原爆計画が失敗になるといけないからであった。ウオーレンはむしろそういう場所に作って海水の放射線物質を測定しながら、鮭の生態を見ることが重要であるとした。グローヴスは環境破壊が明らかになった場合に、全米の国民から非難されることを恐れた。ウオーレン医師は海水の放射能汚染量と生体にもたらす影響について、むしろ前もって鮭で、ある程度正確に知ることができる良い臨床実験である、と意見した。鮭の絶滅などが起こるような原爆は、国民の理解を得られない、とグローブスらは発言していた。原爆投下は都市機能を破壊することが目的で、人道的な放射能障害が起こらぬよう、地上約500mで破裂させるのだ、と考えているようであった。しかし物理学者やウオーレンなどの医者は、当然人的被害は起こることは目に見えていると考えていた。この頃がドイツのスターリングラード敗戦、日本のガダルカナル撤退（いずれも1943年2月）である。この間物理学者は人道的議論をしょっ中行っていた。

原子炉によって、大量のプルトニウムの製造抽出が可能になったが、今度はそれを爆弾に組み立てる場所が必要になった。オッペンハイマーの持つ山小屋の近く、ニューメキシコ州ロスアラモスは、人里離れていて、東部の金持ち子息らの通う資金繰りが苦しい小さな高校があるだけだった。見に行くと使える建物の数も十分だった。ここに決まった。すぐさまフィリップ・モリソンら物理学者が呼ばれた。

原爆製造過程の一方で、ポール・ティベッツら優秀なパイロットがユタ州に呼ばれた。

すでに欧州作戦ではなく、日本への爆弾投下のためにパイロットも太平洋側に移動している。爆弾投下は、疑問①レーダーによる機械使用の禁止が命じられた。肉眼で原爆を一つだけ落とすことを要求された。筆者の疑問点をナンバリングで示す。①以下は筆者により解決できていない問題点である。

ロスアラモスに運ばれたプルトニウムを初めて見たグローヴス准将は見たことない物質だな、原子炉一基分5000万ドルもしたから丁寧に扱ってくれよと。しかしながら、発見されたばかりのプルトニウムは不安定で、ハンフォードの原子炉から取り出しても何州も離れたロスアラモスに届いた頃には燃え尽きてしまっていた。放射能の塊を入れたつもりが爆弾を落とした時には不発に終わる可能性もあった。よってよほど高濃度のプルトニウムを爆弾の中に入れるか簡単に核分裂しないようにせねばならない。発火の仕方もウラニウムと同じピストル式では機能しなかった。プルトニウム爆弾カプセルの設計をやり直す必要が生じた。この話をグローヴスに伝えると、今ごろ、とグローヴスは真っ青になった。

「これからはプルトニウム原爆が失敗した場合に備えて、ウラニウムとプルトニウムの原爆を同時に平行して製造する」

計画の変更を命じた。原材料が足りなくて複数作ることができなかったのに、疑問②一旦諦めたウラニウム型原爆を再び作り始めることになった。根本的に材料不足のウラニウムをどうしたのだろうか。二つ目の疑問である。爆弾カプセルの形は、リトルボーイとファットマンの2種類（細長い方とまん丸い方）となった。「プルトニウムの爆弾が完成するか、その前に戦争が終わるか、時間の問題となった」

米国発表の記録映画でも焦っている。米国が研究を進めて本気で使用するのはあくまでもプルトニウム原爆であって、ウラニウム原爆には重きを置いていないような言い草である。結論を知っているから言えるが、ウラニウム原爆はでき合いの物を既に保有している安心感が言葉から伝わる。しかしリトルボーイ（8月6日、広島用、ウラニウム）は先。疑問③日本が降伏する前にどっちかの原爆が完成されていなくて

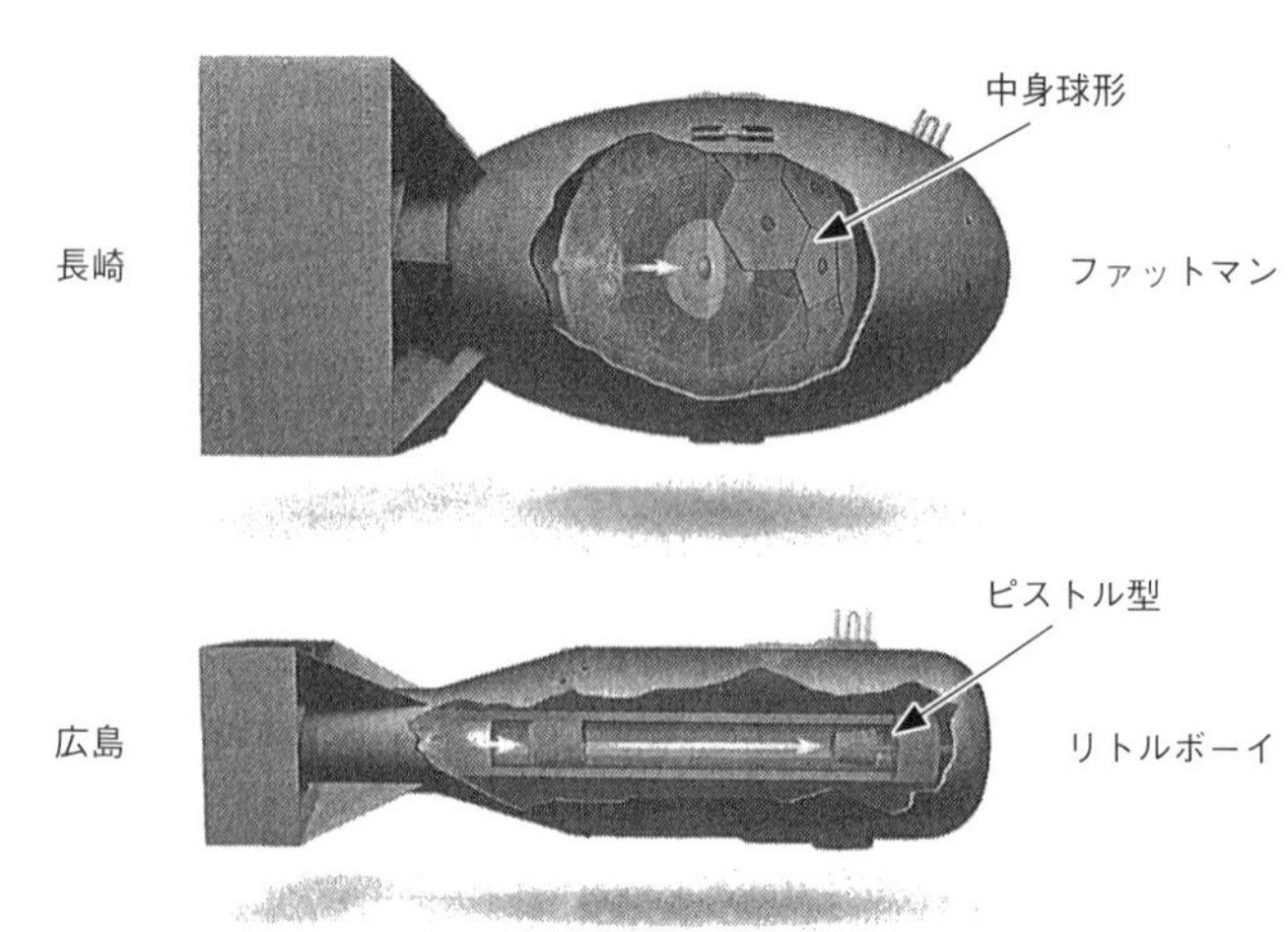

はならない。広島原爆は先行して絶対使用する。米国のプルトニウム原爆の効果が知りたいという微妙なニュアンスがこのドキュメンタリーから伝わる。平行して製造するというグローヴスの言葉は、事態は変化したことが推測できる。米ウラニウム原爆はイギリス（チューブ・アロイス計画）かドイツ（於酷寒ノルウェー）か、日本（二号計画１９４０－１９４５）か、その他の国から貰った事態が当然想像できた。ドイツは敗戦濃厚だったので、まずこれを日本に落として実験する。広島原爆は絶対施行。長崎原爆は絶対的希望、という婉曲的な深い意味が聞こえてくる。

ドイツではベルリンが赤軍に占拠されそうな１９４５年、原爆投下のパイロット、ポール・ティベッツは「１９４５（昭和20）年の2月か3月に私は突然ペンタゴンに呼ばれた」。グローヴスはそれまでルーズベルト大統領と日本のどの都市に原爆を落とすか相談していたが「それが決まったから投下都市を直接伝える」というのである。既に日本の多くの都市が焼夷弾や通常爆弾で破壊されていたが、見ると原爆落下の候補都市、例えば名古屋や大阪、京都、神戸など30都市ほど並んでいた。なぜか東京という名は上っていなくて、疑問④東京湾になって一番上に書かれている。東京湾が第一候補だったのか。原爆を海に落として何の意味があるのか。勿論天皇のおられる皇居に被害が及ぶといけないから東京中心部は除外されているのである。市谷の大本営に落とさなくていいと言うのか。京都も落とす側としては最高に魅力的な都市であった。焼夷爆弾すら落としていない。しかし「宗教的中心都市であるから」の理由で除外されたと説明された。これは理解できる。この宗教的中心の意味も英文和訳でよく通じないが、世界の人にしてみれば京都は極東のエルサレムと呼ばれ、神社仏閣が多く、裏天皇、宮家、朝廷出身者の住む街だからという意図らしい。今でもそうである。よって原爆によって都市破壊することはできない。米国は最低5か所の原爆投下都市を用意するつもりだった。1945(昭和20)年3月の段階で、グローヴスと大統領の頭の中は、一つはウラン、残りはうまくいけば4都市全てにプルトニウムという考えがあったように見える。

既に随分各地の都市を焼夷爆弾で焼いているので、ドリスデンのように破壊された都市に繰り返し爆弾を投下してもその威力は証明できない。ポール・ティベッツが3月に見たときには、次の5都市が原爆投下都市として選ばれていた。新潟、横浜、広島、小倉、長崎である。筆者が入手したトルーマン回顧録にはこのうち横浜は消されている。何かの理由があるはずだ。原爆投下都市が決定されてポール・ティベッツは帰ったが、直後に大変なことが起こった。4月12日、ルーズベルト大統領が死亡したのである。国葬がなされた。副大統領のトルーマンが大統領に就任した。グローヴスによると、トルーマンは大統領就任までマンハッタン計画について全く知らなかったようである。ルーズベルトは原爆計画や核種、爆弾の形態、投下の方法など、副大統領にもほとんど秘密にしていたようだ。微妙な時期で、実際の投下まで極秘だったのであろう。ヒトラーは間もなく自殺し、ナチスドイツは敗戦した。

番組映像はその後１９４５（昭和20）年7月16日の有名な世界初の原爆実験に移る。トリニティ実験と呼ばれている。場所はロスアラモスから３２０㎞離れた同じニューメキシコ州アラモゴードという砂漠の真ん中である。何度見ても、爆発実験には丸い方、ファットマンを使用している。型の説明はない。リトルボーイは細長く、尾びれが付いているからわかる。ファットマンには尾びれが付いているものと付いていないものがある。爆破実験の核種も日本語では説明がない。英語も聞き取れない。25m程の組み立てられた脚立みたいな造作物の真ん中をリフトで吊り上げようとしている。天幕みたいなカバーを被せて、中でハット姿のオッペンハイマーが設置作業を進めている。銅線がファットマンの周りにぐるぐる巻きにしてある。原爆の下の方には60箱程、四角いみかん箱大の箱が並んでいる。英語で取扱注意などと書かれている。これが原爆火付け役の通常ダイナマイトに思えてならない。原爆を詰めたファットマンを地上に落としただけでは破裂しないのだ。原爆を爆発させるために、爆弾の中か外に火を点ける装置が必要がある。そういう映画を見たことがある。『原爆少年』というような題だったと記憶している。原爆を作ることが趣味の天才中学生の話である。トリニティ実験では飛行機を飛ばしている映像は全くない。ファットマンを吊り上げて落とすのだろうか。ダイナマイトの爆発で、釣り上げた原爆が熱か風圧で炸裂するのか。

いよいよカウントダウンが始まる。疑問⑤、トリニティ実験では飛行機の到達や機内からの投下の映像がいくらどんなに捜してもない。これで本番のリハーサルになるのか。広島原爆投下飛行機、エノラゲイ（彼の母親旧姓）に乗り込んで投下するパイロット、ポール・ティベッツの姿もない。もしこれが本番さながらの実験であるならば、飛行機に乗らずとも、近距離で見学すべきだと思うが、映像がない。すでにテニアン島にいるのだろうか。

爆破の瞬間、地上に近いところで白く炸裂したように見える。放射線科医スタフォード・ウオーレンはオッペンハイマーと共に30㎞地点へ逃れ、実験の様子を遠くから眺めている。30㎞離れても砂漠なので、至近距離である。ウオーレンは爆心地からこれだけ離れても身が危ないのではないかと心配そうである。オッペンハイマーはあと40秒だな、と気楽な顔でタイマーを合わせている。兵士らは作った溝や筵（むしろ）の中で寝かされ、吹き飛ばされぬように、風圧に耐えようとする。地球が割れるかもしれない世界で初めての実験が始まった。

ファットマン使用とするならば、中に大量のプルトニウムが詰まっているのであろうか。

核種に合わせてファットマンとリトルボーイを設計したのに、リトルボーイの原爆実験はなくても良いのか。

１９４５（昭和20）年3月23日にヒトラーから天皇へプレゼントされた５６０kgのウラニウムを駐独大使大島浩が受け取り、それを乗せたUボートはシンガポールで連合国側に発見された。2人の運搬日本兵は自害し、一緒に運んでいた航空機は没収。ウラニウムはボストンバッグに入れたまま東京まで運び込んだか、そのまま連合国米軍に取り上げられて米国まで行った。あるいはテニアン島でリトルボーイの中に設計図通り、原爆に組み立てられたのか。大体一つの原爆に1トンのウラニウムで十分使用可能だそうである。トリニティ実験以外の秘密の実験がどこかで行われたのかもしれない。ヒトラーはよく天皇へウラニウムをくれたものだ。出所のわからないウラニウム原爆は、何れにせよ米国実験に使われなかった。日本での完成品の原爆を天皇から貰ったか、原材料を十分貰って、オークリッジで濃縮し、ロスアラモスで組み立てたのか。日本が１９４３（昭和18）年の段階で既に原爆が完成していたかどうかは、第4章以降を読まれたい。オークリッジで一旦諦めたウラニウム原爆を、グローヴス准将は、１９４５年の途中からプルトニウムは不安定だからと、ウラニウムとプルトニウムの2本立てで行こうということになった。この間何度も物理学者から人道的観知から止めておけの声が上がる。特にドイツが降伏してからは、緊張感が取れたのか、原爆使用に反論する学者が、ホワイトハウスへ手紙を出したりしている。責任あるグローヴス准将としては、使命感から最低一つは日本に落とさねばならない。

ルーズベルト大統領は1945（昭和20）年2月12日ヤルタ会議に出席した時、既に頬など痩せこけていた。大統領の映像を他でも確認している。米国大統領がスターリンへの協力、昭和天皇との駆け引き等々、独自路線を進めすぎてDS（闇で操っている人たち）から叱られた節がある。ついに原爆投下後の日本敗戦宣言・戦争続行中止の取引をしてしまったのではないか。マンハッタン計画が行き詰まっていたから、渡りに船で終戦を引き換えに、ついに天皇からウラニウムかウラニウム原爆を貰い、自ら開発したように見せかけた可能性がある。よってルーズベルト大統領といえども、DSの言うことを聞かなければ、ケネディのように殺される。放射能入りのコーヒーを飲まされて毒殺された可能性がある。4月12日に亡くなる直前に大量のウラニウムを入手したのか。それを日本に落として戦争を終わらせる取り決めがあったろう。原材料なら一旦東京まで運び込んだナチス・ドイツのウラニウム560kgをロス・アラモスまでボストンバッグごと運ぶことはできる。グローヴス准将としょっ中連絡していた大統領は、グローブスからプルトニウム爆弾は不安定で、不発に終わる可能性があると聞かされていた。一発勝負で、天皇から貰ったウラニウムを広島に落とさせてくれと、勝手に裏取引した可能性がある。メイドインジャパンの原爆なら、広島に落としても罪の意識はない。

戦争開始し最期まで遂行予定のイルミナティは、ルーズベルトが勝手にスターリンの味方をして、対日戦を許したり、日本の天皇と裏取引をしたりしたから、毒殺したのかもしれない。バックにつくイルミナティとかＤＳはこの地球上世界にたくさんあって、最低大きく分けても5つはある。ルーズベルト大統領の飲まされた毒はプルトニウムの可能性がある。１９４５年2月か3月にポール・ティベッツがワシントンＤＣに出向いたとき、東京は真っ先に原爆投下候補地になっても良いのに、〝東京〟は消えていて〝東京湾〟になっていた。皇居を破壊してはならないからである。大本営も原爆は落とせない。天皇がおられるかもしれないからである。これだけ抵抗する軍部に「負けた。本土決戦はしない」と言わせることができる。グローヴス准将がウラニウムとプルトニウムの二本立てで平行して計画を完遂する、といった段階で、天皇所有の原爆と、ソ連から採掘してきたヒトラーのウラニウムはアメリカの所有物に変わった。１９４５（昭和20）年4月である。それならば日本としては4月で戦争を止めても良かったのである。そうすれば、沖縄戦も原爆投下もなかった。結果論でしかないが。ルーズベルトとしては天皇に戦争を続けさせ、日本のどこかの都市に世界史で初めて原爆を落して、戦争を終わらせた大統領の栄冠をいただきたかったのだろう。

トリニティ実験成功の段階では、ウラニウムに関して実験しなくても自信があったのだろう。これで両方が完成していたといえよう。あとは現実に原爆がどれくらい破壊力があるかを検証するだけになった。人的被害はどのくらいかとか。広島原爆材料については極秘の国家機密で、ルーズベルトとグローブスしか今でも知らないことになっているだろう。いずれの国からか貰ったとしたら、米国民のプライドは大変傷つくことになるからだ。

ルーズベルトは1945(昭和20)年4月12日に死亡した。4月30日にヒトラーは自殺した。ドイツは5月6日に敗戦した。対独戦で原爆を使用するつもりであった物理学者は動揺し始めた。戦争続行中なのは日本だけとなった。伊は1年前に連合国側についている。トルーマン新大統領は計画を聞いて原爆投下に賛成のようであった。日本があくまでも抵抗して、これから日米で250万人の兵士が犠牲になるかもしれないから、一日でも早く戦争を終わらせるために、原爆を投下する、という大義名分が陸軍長官スチムソンから与えられた。ウラン製の原爆がまさか日本の天皇やヒトラーからのプレゼントなどとは言えず、国内で採れたものをオークリッジで濃縮製造したことにしておきましょう、とグローヴス准将は死ぬ前のルーズベルトに言い、そうトルーマンにも伝えたに違いない。天皇から奪い取ったとは言わないであろう。トルーマンは最後まで知らないはずだ。道義的責任を感じていた物理学者たちもオッペンハイマーと話すうち、日本に早く戦争をやめさせて、米兵の犠牲を最小限にし、「原爆のない平和の時代を作るため」に原爆を日本に落とすのだ、という変な理屈が見事浸透した。都市を破壊するのが目的で、市民の放射能被害については、ほとんどわかっていなかったからである。

7月16日トリニティ実験は成功した。オッペンハイマーは古代インドの聖典『バガバッド・ギーター』の一節を引用し、「我は死神なり、世界の破壊者なり」の言葉を発した。トリニティ実験成功の連絡が入った。ポツダム会議中のトルーマンは強気になった。これで自分の手で戦争を終わらせる。スターリンとは取引する必要はない。リトルボーイ型原爆の実験をするかと思えば、しない。間に合わない。翌7月17日から始まったポツダム会談では、トルーマンは意気揚々として、スターリンに会った。スターリンは核実験のことは知らず、聞いても「そうですか」と言うだけだった。ヤルタ会議でルーズベルトとチャーチルがナチスドイツ降伏後、2、3ヶ月の後にソ連は対日戦を開始するという約束の確認だけだった。ヒトラーは一方的に独ソ不可侵条約を破棄したが、今度はソ連が日ソ中立条約を、まだ1年間有効なのに、一方的に破棄する番に回ったことも、トルーマンから許可を貰ったことだろう。ソ連の南樺太、千島全島の所有も認められた。スターリンの気持ちは、ヒトラーが既に原爆を製造したことを知っていたから、自分たちもこれからゆっくりやるさ、ということではないか。ポツダム会議が始まったとき、ロスアラモスでは原爆の運び出しが始まった。

疑問⑥、完成したリトルボーイらしき爆弾を何発も入れて10トントラックで積み出されていた。巨大なリットルボーイ型荷物を10トントラックに乗せ、その中にファットマンがいくつも入っていたらしい。巨大なリトルボーイが原爆なのかと勘違いした人がいた。10トントラックで運ばないといけない巨大爆弾をとても広島上空まで運べない、と人は言う。中にリトルボーイが多数収まっていたらしい。運搬中トラックがパンクしたので、一つずつ小さなのを外へ運び出していた。これなら広島まで飛行機で飛ばせる。アルバカーキで飛行機に乗せてサンフランシスコまで運んだ。パンクしたとき一人でテコで引っ張ってい た映像をよく見たが、間違いなくリトルボーイだった。作業員は中身が何かを知らない。運搬責任者はファーマンという男で、この人がテニアン島まで運ぶ。半分は空輸、半分は巡洋艦で運んだ。ロスアラモスから原爆を受け取るとき、爆弾受領書を書いたが、受領書を受領した書まで貰ったぞと笑っていた。よほど特別な爆弾なのだろうと思った。

疑問⑦サンフランシスコでは爆弾の半分を空輸したという。本数のことであろう。万が一途中で爆発してしまったら大変だからである。船は原材料かもしれない。テニアン島でも日本でも組み立てられる。以後映像ではファットマンは一度も映っていない。別便で送ったのか。

「そして爆弾の半分は米海軍巡洋艦「インディアナポリス」に乗せた。残りの半分は空輸でテニアン島まで運んだ」

軍巡洋艦は記録的速度で太平洋を横断し、7月26日にテニアン島に運び込んだ。ところがそのインディアナポリスは7月30日にフィリピン海で「日本軍の魚雷によって」爆発し沈められている。乗員1196人のうち316人しか助からなかった。この時期に日本軍がこのような力があったかどうかわからないが、技師ファーマンは生き残ったらしい。怪しい物を乗せたことを知る巡洋艦海兵らは海に沈められる。もし原爆の半分を乗せた巡洋艦がテニアン島を目指していることを日本軍が知っていれば、原爆が上陸する前に魚雷を打ち込むべきだった。穿った見方をするならば、大勢の秘密を知る兵士技師とともに原爆を載せていた証拠が残っては大変、と米軍が船ごと海に沈めて消したのかもしれない。船は原材料の残り、空輸は原爆そのものをいくつか乗せていたのかもしれない。何れにせよ沈没は日本軍のせいにした方がわかりやすい。ウラニウム原爆は、船で無事テニアン島まで運び込まれたのかもしれない。グアム基地の方が滑走路は長いが、ポール・ティベッツの意見でテニアン島になった。プルトニウム爆弾は空輸途中で撃墜される可能性がある。それでリフトや60個のダイナマイトと何個か分のプルトニウムは船で運び込んだのであろう。実験によって原爆は空から落とす必要がなくなったので、リトルボーイの空箱だけたくさん運んだのかもしれぬ。とにかく大切なプルトニウム原爆はインディアナポリスに搭載されていたと思われる。

ヒトラーから大島浩を介して日本は昭和20年3月23日に560kgのウラニウムを貰った。サンフランシスコからの巡洋艦と飛行機の中味は筆者にはプルトニウム原爆であるように思われる。米国としてはプルトニウム原爆投下こそ本番中の本番なので、もう時間もないし、急いでテニアン島に運んだ。取り敢えず広島にウラニウム原爆を落として、残りの都市はプルトニウム原爆という予定だった可能性がある。

今から10年ほど前の宇野正美講演会で、新潟か横浜（宇野先生は都市名を述べていない）の都市に落としたが、炸裂せず、日本人がカプセルごと原爆を拾って、持って帰ったという「ゴッツイ（大阪弁）日本人」がいた由。北海道にて中身を分析したという。それは新潟か横浜投下の原爆で、うまく炸裂しなかったと筆者は考える。横浜は昭和20年5月19日に大空襲が終わっているので、実験的に市の中心部に原爆を落としてもその威力を判断できない。原爆を落としても不発に終わるかもしれないことは、案外早期に判明していて、正確に地上600mで炸裂させるのも、技術的に困難である。またその高さなら人的被害も本当にないかもしれない。地面に突っ込ませても不発に終わることがある。よってダイナマイトの上に乗っけておいて、火をつけるのが一番効率的で確実である。そうなると日本人の従業員を使って、ファットマンでもリトルボーイでも投下地点に置いてこなくてはならない。投下はなく、地上爆発だけだったという説が現在日本中にある。

投下は8月3日以降なるべく早く、の命令があった。そうなると投下計画はなしか、あるいは8月6日より前の、例えば、7月31日や8月3日は空の爆弾を投下させて不発実験をする。その間に、広島にはウラニウム原爆をこっそり置いてくる。8月6日はポール・ティベッツが時刻を合わせて空のリトルボーイを空から落とす。小倉と長崎は本当にプルトニウムの原爆を落とす予定なのではないか。この場合、現場での投下実験ということになる。後述のようにポールティベッツが広島へは間違いなく爆弾を落とした証拠が残っているから、投下方法で失敗しても、技術的には無念さが残るだけである。ダイナマイトが入っていたかもしれない。日本よ、広島の原爆はお前が作ったのだろう自業自得だ、と陰で思えば良いことになる。

トリニティ原爆実験に従えば、空中から爆弾を落とすのではなく、地上10mの地点で爆弾を炸裂させても、地上にはダイナマイトを並べれば、点火して間違いなく爆発できることを知った。エノラゲイのパイロット、ポール・ティベッツは元気よく手を振ってテニアン島から飛び立つ。彼は単なるパーフォーマーかもしれない。しかし自分の手で原爆を広島の空から落としたいと言っていたし、5都市の中から広島の街を選んだのも彼である。死ぬまで空(から)のカプセルを落としたことを知らなかった可能性もある。広島原爆は長崎に比べてきれいなキノコ雲になっていないからこのような議論が出てくるし、注目される。

実際番組では投下直前になっても科学者たちが米国の道義的責任を問うシーンが流れる。

「……(予告なしに)……attacks on Japan could not be justified,……」

これについてポール・ティベッツは、ボクシングではパンチを食らわす時に前もって電報で予告しないだろ、と説いた。オッペンハイマーも同様の発言だ。実験と実在は別物であるから、とにかく死神と言われても日本のどこかの都市に原爆を落とすことが使命と感じていたのであろう。人道的な学者の反対を振り切って、実行に向かった。これは戦争である。サイエンスは戦争によって進歩する。サイエンスのためなら全てを投げ打って、というプロ根性がなければならないのだろう。サイエンスの役目は真実を知るということだから。ポール・ティベッツはパイロットだから、自分の写真が永久に残った。自分がやりました。世界の人々がB29から原爆が投下されるシーンを見て、鮮明に記憶に残る。そして戦争が終わる、絶対的な平和が来ると信じていた。

トリニティ実験場には多くの兵士ややぎなどの動物が被爆したのであるから、医学的放射能障害も米軍は秘密裏にデータを積み重ねていたはずである。動物データから学者たちも道義的観点から反対を叫んだと思われる。政治的には戦争を遂行し続ける日本の都市破壊が目的で、広島・長崎とも地上６００ｍで炸裂した、とグローブス准将は発表する予定だったし、そうした。戦後上院公聴会に呼ばれた時も、放射能被害のことは一切述べていない。６００ｍならば放射能は吹き飛んでしまい、人的被害も少なかったはずだという初期からの理屈を貫き通した。

番組画面は、原爆前の広島市民の日常のカラー映像になる。広島市に住む小谷孝子（コタニタカコ）という人がナレーターとして登場する。当時小学校1年くらいであろうか。8月6日の朝何をしていたかを語る。前日は恐ろしい程静かな夜で、天野家はその日、昼からの疎開のための荷詰準備を完了し、少し時間があったから川へ泳ぎに行って来ると言った。市内を回旋中の「B29かなあ」、米軍機を見つけたが、「なぜか今日は空襲警報が鳴らなかった」。事実はポール・ティベッツのB29エノラゲイと護衛機2機、計3機で広島を旋回して投下していた。これを見たのであろう。資料を参考にした「第二次世界大戦の真実」（ヒカルランド）著者の笹原俊先生の言う日本軍は紫電改に乗って５０００ｍ上空を飛行していたが米軍機は一機もいなかった、という話と食いちがう。パイロットの本田稔氏は自分の偵察機一機しかその朝はいなかったと主張した。間違いのようである。高度の違いかもしれない。子供の小谷孝子が見ている。B29は低空飛行し、本田氏は見落とした可能性がある。映画では5機映っている。「当時の映像」とある。長崎の映像かもしれない。ポール・ティベッツは自分と2機の護衛役の3機であると主張した。

一応米軍は広島原爆のキノコ雲を撮影している。ポール・ティベッツは撮影していない。画像は悪い。キノコ雲が途中で折れ曲がっている。『はだしのゲン』を書いた中沢啓治氏も作品のために多くの広島市民と接触し、空襲警報が鳴らなかったと証言をしている。B29が来襲すれば当然防空壕に逃げなさい、という警報である。であるから、広島原爆投下は大本営も知っていて、アメリカに協力していた節がある。警告を鳴らさず原爆を落とさせよと。まさしく実験である。

小谷孝子も川で遊んだあと、家に帰り、喉が渇いたと一口お水を飲んだ時に、ドカンと来たと言う。また、宮崎駿監督のアニメ映画では、「パラシュートが落ちてきた、綺麗ね」と子供に発言させている。落としたカプセルは尾びれ付きリトルボーイなのでパラシュートにも見える。

上空のポール・ティベッツは下から〝二度〟衝撃波があった、と語る。疑問⑧、一度目は投下した爆弾が落ちた時、二度目は地面設置の原爆が破裂した時。もし空(から)のリトルボーイが地面に叩きつけられた時は衝撃波は感じないであろう。何らかの爆発があったはずである。

米国本土にいたと思われるグローヴス准将に電話がかかったのは5日夜中の11時過ぎで

あった。8時15分に原爆が落ちて、テニアン島に3時間後に戻った後であろう。
広島市に住む別の少女の弟は原爆直後から行方不明となり、母親が探しまくって、3日目に連れて帰った。昏睡状態ではあるが生きていた。真っ黒な顔を自分の着物で拭こうとしたとき、顔の皮膚がぺろっと捲れてしまった。4日目に母がお水を飲ませようとした時、弟は初めて喋った。「ヒコーキ恐ろしいね。お水おいしいね」そう言って直後に息を引き取った。だから弟はB29が飛んで来て、原爆らしき爆弾を落としたのを見たのである。確かにパラシュート投下物があって爆発したということを4歳の子供が証言してくれている。だからB29は飛んでいた。爆弾は投下された。雲は途中で折れ曲がっている。写真は一瞬であるが、キノコ雲らしくない。物理学的美しさがない。3日後長崎に落とされた。こっちはきれいなキノコ雲の動画が残っている。物理学の法則通りである。キノコの茎は下半分が黒くて、上半分が白いからおかしいという人もいるが、トリニティ実験の時の写真に近い。

医師で医療最高責任者のスタフォード・ウオーレンは1945（昭和20）年8月12日にいきなり車に乗せられて、最高指揮官のグローヴス准将に会った。「微妙な時期だから命令ではなく提案だが、調査団を引き連れて長崎と広島へ飛んでくれないか。現地で犠牲者の状態や何よりも放射能被害の実態調査をしてくれ」。微妙な時期とは、終戦の詔が出る前、あるいはもう一つ原爆投下があるかもしれない時期で、また日本人はまだ敗戦とは思っていないこと。危険を伴うかもしれないから、可能ならば行ってくれ、終戦前だから命令ではない。提案であると。広島と長崎、ではなくて英語では「長崎と広島」である。グローヴスとしては広島ウラニウム原爆よりも、自分たちがゼロから開発した長崎プルトニウム原爆に重きを置いているらしいことがここでもわかる。英語では、

Summary

This memorandum is preliminary and the results obtained may need qualification. Information that will profit a such more reliable choice of the height of burst will reach here from node dole（不明）and from burned within the next two weeks. The main purpose of presenting this memorandum is to give warning that a firing height as low as 500（≒154 m）feet may be required. This is in constructs with earlier height,,（Waldmann to Ramsey, 7 December 1944）sting height 1500-2000（≒ 610 m）feet is considered ,,. The discrepancy（a fact 2.15）is discussed Waldmann's assuming a 10000 ton equivalent as here a 1000ton equivalent is assumed. Order of the discrepancy is because,,

次回も500フィートもの高さで炸裂させた方がいいかどうか2週間の間に、焼け具合から情報を引き出してくれ、炸裂高度の検証をしてくれというものである。地上150mで良かったかどうか、もっと高い方が良いか、低い方が良いか。ということは今まで広島も長崎も理論的な「600mの高さで爆発」したのではなく、実際は1000トンで小さいので、もっと低い150mあたりで原爆を爆破させたことが事実なのであろう。ワルドマンの実験では1万トンのときは600mから爆破しても人間の住む地上では放射能が吹き飛んでしまうだろうことが1944年12月7日の理論である。今回は小さいので、等価の高さ、150mで、放射能が吹き飛んで来るかどうかグローヴス准将は知りたかった。いずれにしろ、飛行機で投下しても、うまく600mで炸裂するとは限らないし、トリニティ実験で、150mまでリフトで吊り上げて火をつけたか確認は取れず。従って、地上10m辺りで爆破させていても、このスタフォード・ワレンへのメモでは150mと嘘をついている可能性がある。ポール・ティベッツは二度爆風を感じたというから、爆破は150mと地上5mとの2回の可能性がある。放射能被害の程度や閃光の影から角度を調べなさい、日本人が二つ目をそこに置いたと暗示したのだろう。准将は地上設置原爆のことを知っていたのだ。

ウオーレンらが現地に赴くと、地上は放射能だらけだった。郊外へ吹き飛んでいない。

爆心地から800m離れた破壊されていないビルを見つけた。爆破の光の陰の角度がついており、そこから爆心地への角度を辿れば、炸裂した場所や高さが測定できる。その結果は、疑問⑨「閃光と同じ高さで爆破したことがわかった」。何mの高さかをタンジェントで簡単に計算できるのに具体的数字が発表されていない。角度30度ぐらいの影の跡である。

800÷$\sqrt{3}$=462mで、これは空中で炸裂したことになる。でも爆心地への距離は不明だが、笹原氏の資料では真横の壁に子供が縄跳びしている影が残されている。これだと地上破裂の可能性があるが、原爆の影とすると後ろ髪の束までくっきりしてきれいすぎる。筆者は今まで見たことのない写真である。

ウオーレンらは長崎広島での調査を他の医者に任せて、間髪を入れず水爆実験に入った。ビキニ環礁でも地下実験でも、固定した爆弾を破裂させ、決して飛行機から落としていない。

ワルドマン・ラムゼイ理論からトリニティ実験までの半年間に原爆はどんな高さから投下しても途中で弾けないことがわかったので、日本の都市で原爆を破裂させるときも、日本人が原爆を設置して、ダイナマイトで火をつけるしか方法がなかったのだろう。ポール・ティベッツが落としたのはリトルボーイの小型版かもしれない。ウラニウムもプルトニウムも同様に、原材料がどこから来たかという問題に最終的に絞られるようである。

第三章 オッペンハイマーは原爆実験、および広島長崎への原爆投下で何を感じたか⁉ 何を書いて残したか⁉

「ソ連は独自の原爆開発をする必要があった」。英米が原爆開発をしていることをスターリンは知っていたが、彼は落ち着いていて戦後ゆっくりやろうとした。まずは対日戦である。マンハッタン計画の中に、ソビエトからのスパイ（クラウス・フックス、ドイツ人理論物理学者）がいたので、戦後ショックを受けたとオッペンハイマーは自叙伝に書いている。彼は最初ニューヨークにいたが、1944（昭和20）年8月からロスアラモスにいた。

オッペンハイマーの目指す爆弾も、おそらくドイツで開発中の爆弾と結果は同じであり、ドイツの原爆開発チーム「ウラン・チーム」のことが気がかりだったようだ。

デンマークの物理学者ボーアがヴェルナー・ハイゼンベルクに原爆開発のことを聞いた時、ハイゼンベルクはウラニウムの原爆製造は原則的に可能であるが、技術的にも財政的にも困難で、この戦争では間に合わない、と答えた。金ならあるということで、オッペンハイマーもオークリッジのような街を作って、大統領に金を出させ、ウラニウムの濃縮から始めようとしたが、「薄紙一枚の分量しか得られなかった」。独も米もおそらく英も日本もがウラニウム原爆を目指していた。1939(昭和14)年の段階で、オッペンハイマーはウラニウムは238でなく、235でないと原爆は成功しないことを一般的に知っていた。普通に獲れたウラニウムを分離せねばならない。重水で原爆にできないかを独は研究していたことも書いている。

プルトニウム原爆を作るためには、5トンの重水が必要であるとハイゼンベルクは論じる。中性子の原理のために重水がいる。そうすると238が235を飲み込ませなくする。また爆弾としては重すぎる。B29に乗らない。

ところが、イタリア系ユダヤ人でマンハッタン計画のリーダー物理学者エミリオ・セグレが重水を入れたり、中性子をサイクロトロンで核にぶつけたりして巨大な重い原爆を設計するよりも、自然の核分裂の方が5倍大きな核分裂をしているとした。こうして「痩せ男(スインマン)」のプルトニウム爆弾で不発に終わるよりも、天皇から貰った560kgのウラニウムの自然発火ピストル型の爆弾の方が効率が良いことがわかった。その方が1秒間に1000フィートも周囲へ飛んでいく。プルトニウムもピストル型の筒爆弾で作れるつもりだったが(痩せ男)、設計は振り出しに戻った。

In April 1944, Emilio Gino Segre finally received some samples of reactor-produced plutonium and, to everybody's honor, discovered that the rate of spontaneous fission was five times that cyclotron-produced samples he had measured earlier. Just as Seaborg had warned, the plutonium had far more Pu-240 in it than that produced by a cyclotron. The alarming but inescapable conclusion was that the "Thin Man" was a nonstarter. The whole idea of a gun-assembly plutonium bomb — -the idea that up until then had formed the central focus for almost all the work done at Los Alamos — -would have to be abandoned. This was devastating news. ピストル型の原爆はウラニウムで有効である。プルトニウム型のピストル型（痩せ男）は放棄せざるを得なくなった。Thus, in place of the plutonium "Thin Man" bomb, there emerged the uranium "Little Boy," the bomb that would be dropped on Hiroshima. So confident were Oppenheimer and his colleagues that "Little Boy" would work that they did not see any need to test it.

リトル・ボーイは実験の必要がない。昭和20年8月3日頃新潟でリトルボーイの落下実験をポール・ティベッツが行って、失敗した。よってオッペンハイマーは、8月6日の広島では最初から地面に置いたのである。一応リトル・ボーイも落とした。だからポール・ティベッツが言うところの衝撃波の圧は二度感じたというのは正しい。ティベッツは現地司令官ルメイに対し、最初の原爆投下は自分がやるから、邪魔しないでほしいとし、原爆投下の練習をしていた。ルメイは広島、京都、小倉を練習に使うなと言ったが、彼は模擬原爆、即ちパンプキン爆弾を、京都南区、広島、新潟、小倉に落とし、既に百数名の日本人犠牲者を出していた。ル・メイは常に京都原爆に反対し、広島原爆に賛成した。ポール・ティベッツは「常に本番は広島のつもりでした」と最初から焦点を広島に絞っている。従ってポール・ティベッツの強い意思が働いて、オッペンハイマーはパンプキンではなく本物のウラニウム爆弾（リトルボーイ）を上空から落とさせ、同時に実験しなくていい自然核分裂ウラニウムを地上に設置して、爆破させた。二度破裂波を感じ、キノコ雲が折れ曲がっていたのはこのせいである。ポール・ティベッツ投下の原爆は本当に地上600mの高さで破裂したのかもしれない。毎秒1000フィート（1分間で18・3キロmの波の広がり）の放射能熱の波紋は地上に置かれたものによるであろう。

ティベッツは地上の原爆について知らされていないので、2度目の衝撃は驚いたのではないか。二発広島で炸裂させたことは、ルメイ、グローヴス准将、オッペンハイマー、ロバート・バッカー（プルトニウム原爆の最高責任者）、昭和天皇と宮家、海軍大西瀧治郎ぐらいしか知らなかったであろう。というか、米国側としては、ウラニウム原爆には興味がなかったと思われた。ポール・ティベッツの一人舞台の感がある。早速東京大学の仁科芳雄教授が広島に派遣され、「これは原子爆弾です」と発表した。

広島原爆投下方法に関する正確な記録や発言については、レイ・モンク著オッペンハイマー自叙伝にも明確ではなく、なぜ二度爆風が、上空のエノラゲイ機まで上がってきたのか、投下物が正確に地上600mで炸裂したのか。地上のもう一つのリトルボーイが設置されていて、同時に爆破させたとするならば、結果的に中心街での建物の損壊度、市民の死亡率。上空で炸裂しても中心部半径500m域は建物に妨げられなければ全員死亡が論理的数字であるかなどとの不一致はないか等についての考察がない。いずれにせよピストル型の爆弾で、通常の火薬を発火させて一つ目のウラニウム弾丸が、筒の先にあるウラニウムの弾丸にぶつかり、核分裂が始まるメカニズムになる。オッペンハイマーが気にしていることは、地面に激突したときに、同心円状に秒速304・8mで爆発エネルギーが広がることであった。第2章で述べた木村博士の記録によると、放射能は爆心地から広島市内の高濃度の放射能が、死者骨から測定の結果半径3㎞は、上空600mで吹き飛んでしまった結果ではなくて、地上で破裂したものが人骨に固着しているとしか思えないとしている。その辺りをオッペンハイマーは、検証していない。

ルーズベルト大統領が、4月12日に脳出血で死亡した。我々は日本が戦争を続行し無条件降伏に応じないならば原爆をどこかの都市に落とす。二つ落とす。そして戦争を終わらせる。などの発言が記載されている。オッペンハイマーとグローブスは、スチムソン陸軍長官らと相談して、4つの投下候補の都市名を挙げているが、2つは落とすと言っている。要するに一つは天皇から貰ったウラニウムから製造した原爆、もう一つはメイドインUSAのプルトニウム原爆である。京都に落とさないから、広島は常に一番最初の候補都市に上がっている。テストせずにいきなり本番である。なぜかというと、投下すなわち実験になるからである。ウラニウム原爆は米国製で2億ドルもかけたのだから、グローヴス准将としては絶対に使わねばならない。トリニティ実験も行って成功した。プルトニウムは本番中の本番である。その前に日本が降伏宣言してしまってはならない。

解説をすると、ウラニウム原爆を落として成功したのを見てから、3日しか天皇に猶予を与えなかった。3日後にプルトニウム原爆を落とすよと言われた。結局天皇はプルトニウム原爆を落とされてから、世界に向かって降伏宣言をした。8月15日12時にレコード盤からラジオを通してである。であるから、陛下は敵国アメリカの長崎原爆が成功裏に降下されるまではレコードを流すことができなかった。最後の御前会議は14日午前10時20分から、しかも陛下が希望されて開催されたのである。陸軍杉山元、畑俊六、遅れて海軍永野修身の3人が参加、30分で終了している。海軍と天皇主導で、長崎原爆成功確認後にポツダム宣言を受諾したのである。読者はここをよく読みとってほしい。陸軍はまだ抗戦のつもりであった。オッペンハイマーとグローヴスとしては、マンハッタン計画の遂行を予定通りに運んで、ホッとしていたに違いない。

トリニティ実験では原爆を空中投下していないから、もし空中投下した場合、圧縮型ファットマン爆弾が首尾よく503mの地点で爆発しても実験通り都市を破壊するだけの威力を発揮しないかもしれない。広島と同じく地上でもう一つ原爆を設置することを考えていただろう。しかし筆者はそれをやっていないと思う。というのは、雨天でも地上爆破だけで良いならば、小倉で地上爆破させればよいからだ。

また長崎の時のB29パイロットは、ポール・ティベッツではない。彼は配置されていない。広島だけでお役目御免だった。ダミーの爆弾を同時に落として下で爆発させたことにすればよかった。しかし小倉原爆はしなかった。雨天の中長崎まで飛んで、プルトニウム原爆を落とした。圧縮型原爆なのでファットマンの中身が圧縮すれば、確実に核反応を起こすだろうことは、物理学者なら今では常識かもしれない。カプセル中心のプルトニウムに対して、その周りは火薬だらけである。

トリニティ実験では、地面にダイナマイトかTNT爆弾を敷き詰めて火薬のない爆弾を数mの地点で設置し、火をつけた。ファットマンの中に火薬を入れれば、ダイナマイトもTNTも必要ないことがわかったのであろう。広島原爆の後、アメリカ軍が小倉や長崎入りして、こっそり目標地点で設置作業のよからぬ仕事をしていれば、日本人はすぐ見つけ出し、逮捕される。

2つの種類も方法も入手先も違う原爆が最初から用意され、絶対実行することが決定されていたのだ。ショックである。おそらく陛下もメイドインＵＳＡの原爆を小倉か長崎か新潟に落とされるだろうことは直前までご存知ではなかったのではないか。広島の後、3日間の内にポツダム宣言を受諾せよ、場合によってはあと2日待っても良いと言われていた。急いで8月9日までに届くよう概ね受諾する旨電報をスイス経由で米国に打った。長崎に落とされた。3日毎に原爆投下されるので、8月12日も怖かったのではないか。残るは新潟か横浜か小倉か。

2種類の核種があり、日本製とアメリカ製が一つずつある。マンハッタン計画としては二つは当然だった。落として実態調査もしたかったのである。以上の悲しい世界の現実を日本人は知っておかねばならない。筆者の結論は、広島は地上設置と空中投下の両方、長崎は投下爆発のみである。

オッペンハイマーの残した自叙伝（レイ・モンク著）で気になったのは、471ページ上段の長崎原爆の実行隊の記事である。広島投下からできるだけ早く次の原爆を他の都市に落とさねばならない。グローヴス准将は8月8日夜までに出荷してテニアンで作り直して20日に使えと命令してきた。どんなに頑張っても17日までには間に合わないだろうと言う。それでオキーフとそのチームが代わって担当となり、原爆をB29に荷詰めした。いつもこれに乗っているパイロットはフレデリック・ボックであるが、この通称ボックスカー号には大佐チャールズ・W・スイーニーが乗り込み小倉を狙えとされた。二番目のターゲットは長崎であると。ところが、この計画には大統領ばかりでなく、オッペンハイマーと多くの物理学者がその決定に関与していない（上から10行目）。全く知らない。実際別の学者による決定もなされていず、必要だとも見なされていない。7月24日にスパーツ将軍が最初の原爆は8月3日過ぎたらすぐやれ、そのあとは準備ができたらどんどん落とせ、将軍がストップをかけるまで、とあった。よってグローヴスが言う17日よりずっと早く、9日の夜明け前にはテニアン島で準備ができており、ボックスカー号はテニアン島を飛び立ってしまった。マンハッタン計画にない原爆をどこかで用意したのであろうか。それともオッペンハイマーの知らないうちに、グローヴスらに黙って、スパーツらはプルトニウム入りのファットマンを運び出したのだろうか。グローヴスもオッペンハイマーも、大統領までが知らないうちに長崎原爆は実行に移った。どういうことなのか。

グローヴス准将はプルトニウム「原爆は8月17日まで間に合わない」から、ロスアラモスの原爆は持ち出せず使えず、日本の降伏の方が早いだろう、戦争は先に終わることになる、と思っていた。しかしながら、実際長崎に原爆が落とされた。ちょうどその日8月9日、スイス経由でワシントンDCへ日本政府のポツダム宣言概ね受諾完了の意思が届いた。もし大統領、グローヴス准将も日本の連合軍への降伏が一番の目的ならば、小倉か長崎に原爆投下する必要はないはずである。時差で遅れるなら二つ目の原爆投下は2日遅らせても良いよとも述べていたからだ。

でも誰かのGOサインが出た。急いで日本時間8月9日B29を飛び立たせた。日本政府の電報を受け取った時刻の方が遅かったかもしれないが、大統領も知らない話である。電報という内容証明郵便をわざと遅らせた可能性がある。小倉が雨天だったので、長崎原爆投下はお昼の11時過ぎである。日本時間11時前に大統領かルメイが投下中止命令を電報で打つだけでも事足りた。

グローヴスは20億ドルもかけてプルトニウム原爆を作り、不安定だからThin Man（痩せ男、ピストル型）ではダメで、急ぎでファットマンを設計した。圧縮型だから不発はなく、発生エネルギーもウラニウムより大きい。トリニティ実験までした。彼らの本音は自前の原爆の威力を見ることだ。最後の必要な仕事であった。現にオッペンハイマー自叙伝では、ヒロシマナガサキではなく、ナガサキヒロシマとある。順番が逆である。ファットマンが先で、リトルボーイの構造図示があとである。オッペンハイマーやグローヴスが半ば諦めかけていたときに、オキーフなる人物が出てきて、プルトニウムをすでにテニアン島に運び込んでいた。ギリギリ長崎原爆が落とされた。オッペンハイマーとグローヴスは狐に摘まれた気がしたであろう。

理想としては、広島一発で戦争終結になれば良かったのに。マンハッタン計画は最初からやる気がなかったし、グズグズしていた。道義的責任の議論も科学者の間で散々あった。だから自然の流れで、プルトニウム原爆、すなわち全てのマンハッタン計画は無駄骨になったと記録される運命だった。だが歴史はそうは終わらない。別の強い力が働いたような気が筆者にはしている。トルーマンには長崎原爆を阻止させる力がなかったのは明らかである。日本人のスパイが長崎にも地上に原爆を設置させておいた、と言うのも有り得ない話である。プルトニウムならいくらでもロスアラモスにあったとはいえ日本までは運べない。

第四章 トルーマンは回顧録に、日本への原爆投下について何と書いたか？ スティムソンは原爆計画の責任者

1945（昭和20）年8月9日に、スイスを通して米国政府に対し、日本政府のポツダム宣言受け入れ意思ありの連絡をしたことを前述したが、天皇の「元首としての大権」を連合国側が前もって下すことができる条文だけは受け入れられないとした。

except one: they would not accept any demand which prejudices the prerogatives of His Majesty as a Sovereign Ruler.

原爆責任者スティムソン陸軍長官がポツダム会議の前5月頃にトルーマン大統領に対し、二つの要望を提示している。一つは京都の街を原爆に使用しないこと（原爆の威力を研究するためには京都は最高の街、山にも囲まれている）。もう一つは天皇制について日本に配慮を与えることであった。大統領は「わかった」と言った。

ポツダム宣言草案には天皇制存続の保障が組み込まれていたのに、実際の宣言からは上

記のごとく保障はされていない。存続が保障されれば、今日にでもポツダム宣言受諾、戦争は終わらせる。条件はメイドインジャパンの原爆を実験的に広島に落としてもいいから、天皇制を存続させてくれ。という約束が、イルミナティ同士の間であったのであろう。ルーズベルト大統領は、それを無視し、独自のウラニウム濃縮原爆を作ろうとし、またプルトニウム原爆を開発させて、自らの手で、京都でも東京湾、ないしは皇居でも落下させようとした。またスターリンの対日戦をナチスドイツが敗けたあと3ヶ月したら実行してもいいとヤルタ会議で約束してしまった。だから毒殺された。世界の支配者はイルミナティであるから、天皇と原爆の取引は既に終わっていたのである。これに従わなければ、大統領でも殺害される。

ステイムソンはイルミナティの代理人であろう。トルーマンは何も知らされていなかったから、それを説明した。戦後は天皇を元首として、民主主義国家として再生させる。軍事国家は潰す。そのために天皇は、広島に原爆を落とされて、3日後に敗戦宣言する、というシナリオだったのではないか。

ところがちょうど同じ8月9日にソ連が満州からなだれ込んだ。8月9日という日は日本にとって運命の日である。やがて日本では陸軍が戦争続行を主張し、本土決戦一億玉砕まで言い出した。陸軍には一人もフリーメイソンがいない。イルミナティに命令されずに済む。

オキーフとそのチームが、いつの間にかプルトニウム原爆をテニアン島に持ち込んで、B29に載せてしまった。9日、小倉に落とそうとしたが、目標のお城が見えないので、長崎に落とした。雲の切れ目から落とした。目標点からわずかにズレた。ポール・ティベッツよりも腕が悪いらしい。投下したのはチャールズ・W・スウィーニー少佐25歳だった。レーダーは禁止されていたが使おうとした。オキーフらはルーズベルト系の、ロシア地下政府に支配された、日本では陸軍の勢力を後押ししている勢力で、ひょっとしたら、ロスアラモスのファットマンを一つ許可なく盗んで長崎原爆という歴史を残したか。長崎は大浦天主堂など教会がたくさんある、グラバー邸もある。広島とわけが違う。西洋文明をオランダから輸入したところである。グローヴスの予定の爆心地は長崎の場合中華街あたりではなかったか。それより500から600ｍも北、雲の切れ目に三菱工場が見えた。取り敢えず落とした。科学的ではなく爆撃的にである。爆破高度は木村一治(もとはる)博士（広島原爆で骨内のリンから放射能測定をしていた人）の計算結果は、490±25ｍという。キノコ雲は440㎞毎時の速度で舞い上がった。トルーマン回顧録の「第二の原爆が今度は長崎に投下された。わが方は、日本側に降伏の決断をするよう3日間を与えた。そして天候が許せば、爆撃はさらに後2日間延期される予定であった。しかしこの3日間、我々がやる気であることを十分示した」堀江芳孝氏の英文和訳はちょっと変である。8月6日から3日間待ったが、降伏を決断しなかったから、長崎に落とした。（降伏を決断してくれたら、しかも9日の当日は雲で諦めかけていたし）天候が許せば、二つ目の原爆投下は8月11日まで延ばしてもいい、という意味らしい。我々はやる気だから逆らうなよ。逆らったら非情にも何発でも原爆投下するよ、という意か。とにかく長崎原爆についての記述はどの本もあっさりしすぎる。誰でも知っていることしか日誌に書かれていない。長崎に原爆を落としてしまってから、「翌朝、日本帝国が降伏の用意のあることを始めて（原文ママ、『トルーマン回顧録』加瀬俊一監修、堀江芳孝訳ｐ３０９）示したのである」

「八月十日午前七時三十三分、次のニュースを聞いた。日本政府はスイスとスウェーデンの各政府を通じて米、英、中、ソに対し次の通信文の伝達方を要請した。常に世界平和的の道を求め、さらに戦争続行による惨禍から人類を救おうとする天皇陛下の思し召しに従い、（数週間前、ソ連に平和回復の調停を依頼したが、不幸にして成果を上げることはできなかったので、中略）次のように決定した。（米、英、中、ソの）共同宣言を、その宣言が天皇の国家統治者としての大権を傷つける要求を含まないという了解のもとに受諾する」

なぜかソ連へはスウェーデン経由で伝達された。天皇はソ連との間で最初に戦争終結の調停を依頼した。これは天皇というイルミナティ最高峰がまずはロシア地下政府の関係を優先し日ソ中立条約まで交わした関係を大事にした。しかしながら、ソ連はすでにルーズベルトとヤルタ会議で対日戦の同意を貰っていた。天皇は2月の段階でその事実をご存知だったと思う。8月9日から満州、南樺太への進行が始まった。急いで受諾したのに裏切られた気持ちであられたと思う。

戦争を終わらせて次の時代を創造しようとする別のイルミナティによって作られたようなポツダム宣言に対して、天皇は受諾し打電されたのであるが、先に長崎が原爆投下された。ソ連が満州と南樺太へ進行した。これらは戦争を始めた方のイルミナティによるものである。イルミナティ同士の戦いである。よって天皇のポツダム宣言受諾は1日遅れて、10日の午前に世界に発表されたことになる。米国内の戦争推進派や、ルーズベルトのように独自に天皇と取引をして、日本製の原爆を投下させる見返りに戦争を終結させる約束をしたものや、自国製のプルトニウム原爆をいくつか日本の都市で実地で投下実験するまでは、戦争を終わらせないとしたイルミナティがいた。日本製の原爆が存在することを彼らは知っていたのである。マンハッタン計画のグローヴスやオッペンハイマーはプルトニウム原爆を運び出したことすら知らないので、長崎原爆には拘っていない。よって長崎に落としたのを聞いた時はビックリしたのだろう。ヒストリーチャンネルもオッペンハイマーの自叙伝にも長崎投下の彼らの心情は詳しく描かれていない。長崎に強引にプルトニウムを落としたグループは一つしか落とせなかったので、降参させられた形である。

極東軍事裁判のウエッブ裁判長は戦争遂行と長崎原爆を実施しようとした勢力下の人間に思え、キーナン検事は天皇を支える側の、天皇の継位続行で、新しい時代の創造を推進しようとするイルミナティの下で働く人間に映る。ルーズベルトは、あまりにもスターリンと友情を取り交わしたから、日本の秩父宮様側の、ロシア地下政府寄りのイルミナティに近付いたものと思われる。その理由は後述する。

よって長崎原爆をどうしても実行しようとした勢力と日本製原爆を一つ広島に落として戦争終結としようとした勢力の戦いであったことがこの一文でわかる。日本にウラニウム原爆がすでに創造されているなら、ロンドンでもNYでも使えば良かったと読者は考えるかもしれないが、それは天皇が制した。「外国で絶対落とすなよ」と。

スターリンが支配するロシア地下政府は天皇にとって手強い相手で、今でも苦労するが、五つあると言われるイルミナティの世界でも別格、別次元である。よって第五章で述べるように陸軍勢力は、新しい時代はソ連と仲良くするために気を遣った。二二六事件後国際的にユーラシア大陸の一員として行動する国策、所謂「秦氏」から国内のことを考えていれば良いとする小政府的な「出雲族」に転向した昭和天皇は、原爆を介してこのような行

トリニティ実験　1945.7.16（プルトニウム原爆）

動をお撰択になったが、単なる日本国の元首という立場ではなく、天皇の別の面が見えたような気がする。スターリンが対日戦を始める8月9日よりも半年前に、世界の連中との間で行動されていたのだ。

元老大山巌に仏留学までさせて明治憲法（大日本帝国憲法）を作らせて所謂、天皇の統帥権の独立という文言を入れ込ませた。陸海軍に突っ走らせてはならぬ。政治家と行政に突進させてはならぬ。昭和天皇が伝家の宝刀の統帥権の独立を行使したのは、ルーズベルトに原爆を一つ上げた瞬間であろう。

第五章
１９４５（昭和20）年2月、陸軍参謀瀬島龍三は、日本製ウラニウム原爆をスターリンに献上した

今回の取材で急に最新の情報が入ったので、急いで書いているのであるが、１９４５（昭和20）年2月28日、日本はスターリンに別のウラニウム原爆をプレゼントしたというのである。これは華頂宮様（博一様）が最新情報として教えてくれたものである。すなわち昭和天皇の弟三笠宮様が、陸軍瀬島隆三を通して日本製の原爆をソ連にプレゼントしたという。ということはこの時点で日本は複数の原爆を持っていた。爆弾はピストル型であろう。スターリンは日本がやると言うなら、もらってやると。

ヒトラーが大島浩を通じてウラニウムを５６０kgを天皇に献上したのは同年翌月、３月23日なので1ヶ月早い。すでにメイドインジャパンの原爆が最低一つでき上がっていた。日ソ中立条約でお互い信頼関係を保ちつつ第二次大戦を進めていたと思っていた。ソ連に連合国側との終戦調停を頼もうとしていた日本は同じ2月、ヤルタ会談で、スターリンがルーズベルトやチャーチルと仲良くしているのを見て驚いた。どれだけ独ソ戦で、ソ連が

独と戦っているといっても、当時の日本は、国際法的感覚で独を応援するわけにはいかなかった。

戦後裕仁天皇が退位した後のことを考えて、天皇の位は秩父宮に継承させ、ソ連との関係は三笠宮様担当で国際社会に生きようとしたきらいがある。これは陸軍の方である。陸軍にはいわゆる海軍山本五十六のようなフリーメイソンは一人もいない。一億玉砕のつもりで、本土決戦を考えていた方である。瀬島龍三は満州で戦後を迎えて、11年間もシベリア抑留されたが、原爆をスターリンに献上する計画はほとんど瀬島によって行われたと思われる。

瀬島は関東軍にいたが、なぜ長崎原爆の日から始まった満州進行で、あるいは8月18日から始まった千島列島への赤軍進行という日ソ中立条約の一方的な破棄と宣戦布告なしの新たな戦いに対し文句を言わなかったのだろうか。スターリンに言われるまま関東軍がシベリア抑留されたことが国際法に違反しないか。あるいは関東軍は抑留を了承していたのか。以上についてを保阪正康がくどいように瀬島に問いただす。すると瀬島は答えない。何度聞いても死ぬまで答えなかった。しかしながら、保阪が「あなたは赤いナポレオンと呼ばれたことがありますね」と尋ねると、そこまで知っているのかと動揺して答えた。俺はしばらく共産主義にかぶれていたんだ。現場で働く陸軍の人はなぜか戦後はソ連と仲良くしたい。ユーラシア大陸の一員として進みたい。というような気持ちがあったのではないか。だから、どうしてスープのスプーンを落としたかというと瀬島は自分が三笠宮を介してスターリンに原爆を一つあげたということを知っているのではないかと思ったのである。もちろん保阪はまさか日本の天皇が、できたばかりの原爆をスターリンに献上したことなど今まで知らない。それでスプーンを落としたのではないですかと本書ができたら聞いてみようと思っている。強力な関東軍という軍隊が11年間もシベリアへ抑留されるのは、日本軍潰しだから当然である。そんなことでブルブル震えたりしない。答弁しなかったのは、保阪がそのくらいしか秘密を知らないことがわかったからである。つまりバカにされたのだ。関東軍は強制的に引っ張られただけだ。答えようがない。天皇が原爆をスターリンにやるから、戦後は宜しく頼むと言ったからだ。その時、スターリンは北海道まで攻めない代わりに、関東軍をもらうよと言ったのではないか。天皇関係、三笠宮関係を歴史小説家に簡単に言えるもんではない。この原爆は戦後実験に使用されたと思う。多分１９４9年の実験である。ポツダム会談で7月17日にスターリンが米国原爆実験成功とのニュースを聞いても驚かなかったのは、天皇から一つ貰っていたからだ。スターリンに原爆を一つあげたことは、陛下は勿論ご存知だった。

一方、アメリカとの関係を維持した海軍主導の戦後を作ろうとした連中は高松宮様を中心に動こうとした。海軍にはフリーメイソンが大勢いる。荒木貞夫などはフリーメイソン中のフリーメイソンであるから、絞死刑にもならない。一票違いで終身刑である。タイムズの表紙にもなる。皇道派であるから、天皇の行動に口を挟まない。天皇が原爆を一つ日本の広島に落とさせて、戦争をやめさせたい、とルーズベルトに頼まれたら、それに従う。

結局第二次大戦は最初から最後まで陸軍と海軍の争いである。天皇は海軍側についた。瀬島龍三は陸軍の参謀であるから、三笠宮と組んでソ連に原爆をプレゼントした。アメリカへの原爆プレゼントは高松宮経由である。またこれは堀川辰吉郎（当時53歳）が、主導で導いた感がある。堀川は高松宮の父親である。勿論大正天皇の子ではない。近年亡くなられた三笠宮崇仁殿下は高松宮より10歳も年下である。天皇家はそれぞれの役割を持って生まれてきた兄弟家族の集まりである。表と裏がある。血は少し繋がっていれば良い。原爆投下は表の天皇の結論である。広島原爆は3月23日以降作られた、と思われる。誰が作ったのか。もしソ連に原爆を先にやったことを知られたら、アメリカは俺にもくれということになる。

その原爆を誰が作ったかの問題であるが、巷では湯川秀樹博士だというので、落合莞爾先生に聞いてきた。すると湯川は昭和18年に文化勲章を貰ったんだ。阪大の講師がどうしてもらえるのか（原爆を作ったからだ）。36歳の時である。筆者の記憶では、本当は朝永振一郎が阪大の講師になる予定だったが、湯川はちっとも論文を書いたり、成果を挙げられなかった。昭和9年にすでに中間子論という理論を掲げたが、実証できていなかった。ニールス・ボーアが1937年に訪日の時、湯川に対して、君はそんなに新しい粒子を作りたいのかと批判した。ところが中間子に似た宇宙線の中の粒子をカール・デビッド・アンダーソンが発見したので、中間子の存在が認められるようになった。1939年にソルベー会議に招待され、そこでアインシュタインらと友好を結んだ。それがきっかけでノーベル賞を昭和24（1949）年を獲得した。日本人初である。アインシュタインは原爆開発に熱を注いでいたから、湯川の理論は原爆製造に一役買ったのであろう。またフリーメイソンとして連合国側と繋がった。ボーア以上の原爆製造能力が、湯川にはあったから、ウラニウム原爆の核分裂の完成という段階で、世界から評価された。日本政府は急いで文化勲章を湯川に与えた。中間子論でなく、ほぼ原爆製造者、ということである。この時、グローヴス准将は諦めていたウラニウム型の原爆とプルトニウム型の原爆の平行開発に踏み切れたのである。どんなカプセルに入れるかまでは湯川は考えなくてもよく、ただウラニウムで原爆ができる。材料さえあれば直ぐできるという手応えが、フリーメイソンからの要請と相まって、文化勲章を貰ったのであろう。仁科芳雄教授ではない。湯川は仁科教授の受講者であって弟子ではない。仁科教授はサイクロトロンを作って量子物理学を発展

湯川秀樹（左）は、原爆を作ったからノーベル賞、オッペンハイマー（右）は、ノーベル賞もらえなかった⁉　後ろの黒板はUCLAバークレー校のオッペンハイマーの教室のもの。マンハッタン計画が1942年に始まった頃。湯川博士は渡米して作り方を教えているように見える⁉

させた人である。

ではどこでメイドインジャパンの原爆を作ったのであろうか。鉱物資源のありかは本州ではなく北朝鮮である。湯川が北朝鮮まで行って企画したとは思えないが、昭和20年3月から2、3ヶ月の間に、物理学者や技師が北まで行ってマンハッタン計画ほど大がかりなものではないが、あるいはオークリッジの技師を呼んで密かに作ったのかもしれない。イギリスやドイツの物理学者と共同で行った可能性もある。とにかくオッペンハイマーよりも天才だったのだ。

人道的なことをアメリカのマンハッタン計画の物理学者は感じて先に議論するが、湯川秀樹という人は、学問優先の人で、学問の進歩が一番大事と思う鋭い目をしていた。筆者は一度だけ岐阜で湯川の講演会を聞いたことがある。鼻声の小声で喋るが、五本の指を広げてこの学問を伸ばすべきで、この学問は発展させたらいかん、みたいなことを言っていた。小学校の理科の長谷川泰典先生と聞いていた。湯川が広島原爆を作ったとしたら、筆者はショックだが、それまで仁科芳雄先生のせいにしていたので。しかしながら、米国のマンハッタン計画はそれだけ焦っていたということである。アインシュタインが湯川と会って、これは使える、これで原爆は作れると思ったのだろう。残るは材料だけの問題だった。

第六章 1945(昭和20)年3月23日に大島浩を通して、日本の天皇陛下はヒトラーから560kgものウラニウムを貰った

仁科教授がサイクロトロンを作って量子物理の仕事をするぐらいだから、原爆の使用不使用にかかわらず、戦争によって量子物理という学問の進歩は目覚しかったと言えよう。そして既述のように、スターリンに一つ、アメリカに投下用と地上設置用の最低2つ、新潟に落下したと思われる不発弾を入れると既に昭和20年8月9日の段階で、3つも天皇は米国に差し上げたのであろうか。ヒトラーからの560kgのウラニウムは、第二章で述べたとおりである。米国はプライドの塊であるから、日本から原爆を貰っても、メイドインUSAだと言い張るだろう。天皇は自前で作った原爆を見たとき、原爆とは言わず新型爆弾と呼んでいたが、「これをアメリカや他の国に落とすなよ、落とすなよ」と軍部に伝えた。ルーズベルトとの間で約束を取り交わしているのだから、使いたいだろうが、ワシントンDCに落とすなよと。原材料は直接ボストンバッグに入れて、多分ロスアラモスへ送り、リトルボーイに火薬とともにウラニウムを詰め込んだあとは、パンクしながらトラッ

クで運んだのだった。湯川博士の作った原爆なら、アラムゴートの砂漠で実験する必要がない。

雇われ日本人による広島市内での地上設置分は、多分おそらく北朝鮮で濃縮ウラニウムとして原材料を確保し、そのままピストルカプセルに入れて、元安川が始まる原爆ドーム反対側の川べりに置いたのであろう。パイロットのポール・ティベッツが肉眼で川の真ん中目掛けて落としても、十分上からと下からの原爆が重なる位置にある。広島城天守閣ではなく、元安川の分かれ目が目標だった。爆発後川岸の堤防がやや凹んでいる写真を見たことがある。川が土砂でせき止められるほどではない穴の大きさだ。もっとも戦後の米軍調査でも、日本人がどこに地上原爆を設置したかは、米国エネルギー省からも結論付けていない。グローヴスは放射能関係は一切議会で報告していない。死亡者数と建物の破壊の報告だけしかしていない。

湯川は技師にどんなカプセルに、何の火薬とともに入れたらいいかを聞かれて、爆弾の設計まで関与したに違いない。よって完成品を作ったことになる。原爆爆発の理論だけで米国には喜ばれない。考えてみれば、核反応さえさせればいいから、熱でも圧力でも衝撃波でも強力な音でも、あるいはピストルのようにウラニウムの塊同士をぶつけ合う方法でも核分裂を開始し始めることが考えられる。一つの中性子が核に衝突すればいいのだ。

オッペンハイマーたちは爆弾投下させねばならない。しかも地上600mの人間に被害が及ばない空中で炸裂させねばならないから、爆弾設計に苦労した。その点ウラニウムはプルトニウム原爆に比べて設計は簡単である。戦後の核実験は全て固定式で、誰も実践的に飛行機から落としたりしていない。英、仏、ソ連、インド、パキスタン、中国、北朝鮮(順不同)全て地上、地下核実験である。アメリカはビキニ環礁で、環礁の中で水爆実験した。ちなみに福島第一原発は、1号炉も3号炉も小型原爆の打ち込みが発火になった。日本は当時原発炉がなかったから、プルトニウムの知識はあっても、そこまで大がかりな研究はしていなかった。

戦争に勝つためには、NYやロンドンに日本製の原爆を落とさねばならないのに、米国に献上してしまう。こちらの研究成果を敵国側に、戦争中に渡してしまう。日本人の心の優しさなのか。国家や国民を犠牲にしても、喧嘩をしない国なのか。日本は何と悲しい運命なのか。ましてや、広島の子供たちは、落とされても落とされなくても、そういう運命だったかもしれないと人は言って諦めるが、まだ生き残った人が生存しているだけに、悲しい。みんな三途の川の向こうへ行ったら、原爆の原因をどう先に行った人に報告したらいいかと思っている。

２０２３（令和５）年8月6日ＮＨＫ総合のドキュメンタリー番組がちょうどウラニウム原爆を特集していて、ベルギーの死の商人が１００トンものウランをドイツやアメリカに売ったという話をしていた。ちょうど本稿を書いていたので気がついたが、日本製の原爆は北朝鮮の羅津（らじん）あたりのウラン鉱山から採取してきたと思っていた。当然足りないので、ベルギーの商人から買ったのではないか。米国も買ったのではないか。天皇とベルギー王朝は親戚関係にあるから、求めやすい。

米国は喉から手が出るほどウランが欲しかったので、現地で奪ったわけでもなく手に入るのなら話は簡単である。日本は孝明天皇というベルギー王朝の親戚がいる。祖父の光格天皇がベルギー王レオポルド1世とは兄弟関係のつながりで、10トンや20トンは手に入ったのだろう。1トンも自然のウラニウムがあれば、原爆はできる。天皇経由でベルギーから持ってきたウラニウムで湯川秀樹博士が原爆を作ったか、残りの原材料をアメリカオークリッジへ運んだか、イルミナティなら戦時下でも何でもできる。

陛下は広島原爆もスターリンに差し上げた原爆のことも全部ご存知であった。戦争を終わらせるために、米国ではできなかった広島原爆を湯川秀樹を介して、ルーズベルトにあげてしまった。日本のこの年に落としてくださいと。この取引をルーズベルトはしたので、戦争続行派から殺された。天皇はこの行為によって、極東軍事裁判で、戦争犯罪人にはなれない。むしろ東條英機が「天皇のご命令は絶対だから」の言葉をポロッと出してしまった。キーナン検事は慌てて言い直させた。天皇に罪を負わせてはならない。「そうか、戦争せねばならないかなあ。」と渋々でした」と言い直させた。ウエッブ裁判長は、それで事情がわかった。本来ならば、天皇がここへ出て来ないといけないのに、と思っていたであろう。

この戦争終結は8月9日が最も肝心な日であった。陛下はこの日に電報が届くようにしていたのに、戦争を続行したいDSが内容証明電報を受け取らずに、長崎にメイドインUSAのプルトニウム原爆を落としてしまった。どれだけキリシタンが大勢長崎に住んでいようが、大浦天主堂が長崎市にあろうと、落とした。予定は小倉であった。予定ではポール・ティベッツがプルトニウム原爆投下のパイロットのはずであった。トリニティ実験の写真を持ってテニアン島にて待機していた。「君たちはこれを明日見るのだ」と叫んだ。

米国は自前の原爆をどうしても日本の都市に落としたかったのである。ポール・ティベッツはウラニウムとは知らされていなかったのかもしれない。もう一つ来るということは陛下はご存知なかったと思う。全精力を傾けて、余りにも不安定なプルトニウムを濃縮してファットマンという構造のカプセルに入れた。不安定な核種を8月9日まで保たせるためには、天才級数学者を動員してファットマンを完成させた。その時の複雑で難解な計算の経験でできたのがコンピューターである。

Emperor and Atomic Bomb

The author analyzed the historical truth of Hiroshima and Nagasaki, using newly published documentary by US government. Untold data or facts are disclosed three years ago. Oppenheimer's biography also was referred to consider their effort to make an atomic bomb.
The conclusions in this book are :Hiroshima bomb is made in Japan. Emperor Hirohito has agreed with USA to use. Hiroshima bombs were exploded on the ground and from the air at the same time.
Hiroshima bomb was made of uranium 235, which came from Japan or Nazis. Nagasaki bomb is made in USA. Emperor seems not to agree with falling it. Nagasaki bomb was exploded only from the air. Nagasaki bomb was made of plutonium 239 which was very unstable. Yukawa Hideki, Ph D had something to do with Manhattan Project.
Trinity Experiment was performed on July 16th 1945 to explode plutonium bomb on the ground, not from the air. No experiment was done concerning uranium in USA.
Little Boys (uranium bombs) were transported from Los Alamos to Tinian by ship and airplane. Three days after the complete transportation USS Indianapolis was exploded by the Japanese submarine 伊58 and sank in Philippine sea.
Paul Tibet fell one bomb over Hiroshima city definitely without any question. Nobody knows who settled uranium bomb on the ground of the city. Dead man's shadow certificated the burst of the atomic bomb on the ground or the building some meters high. Paul Tibet felt air pressure twice from below in the B29 plane.
Groves and Oppenheimer did not know how to use and/or when to fall the Fat Man. Fat Man has already been in Tinian and ready to go. Emperor's telegram has sent to Washington DC on August 9th via Switzerland, mostly accepting Potsdam declaration. However, it was too late to block second atomic bomb over Japan.
Emperor has already given another Japanese atomic bomb to Soviet Union around February 25, 1945 (new data). Stalin did not use this bomb till the end of WWII.
Roosevelt died on April 12 1945 probably due to poisoning. He was not needed any more in the world, because of making too much relationship between Emperor and Stalin.

Michihisa Kano. M. D.

嘉納道政

原爆の核種	ウラニウム	プルトニウム
投下先	広島	長崎（小倉は不投下）
海軍と陸軍の対立構造	天皇、海軍、荒木貞夫	天皇、陸軍、瀬島龍三
日本製原爆の献上先	アメリカへ献上	ソ連へ献上
現在の担当総理大臣	岸田文雄	安倍晋三、鳩山由紀夫
天皇の兄弟	高松宮（堀川辰吉郎）	三笠宮（堀川辰吉郎）
現在の国際政治	G7	BRICS
天皇の転向	二二六事件後の天皇	二二六事件前の天皇
宇野正美的政治家分類	出雲族	秦氏
イルミナティの派閥	戦争終結派	戦争続行派

湯川博士のもう一つの仕事は原発炉から運び出すプルトニウムをいかに安定化してファットマンという球形のカプセルに備えつけるかであった。マンハッタン計画中に准将がここへ来て真青顔になったのもそれである。湯川のアイディアはファットマンカプセルの内側壁に万遍なくプルトニウムを並べ、中央で花火のように点火させればよい、という解決法であった。実際長崎原爆はこれで行ったようである。よって博士は実質的にマンハッタン計画の一員だった。アインシュタインに頼まれたのである。

本書を書き終わったときにもう一つの情報が入った。メイドインジャパンの原爆が二つ、長崎県佐世保市内のレンガ倉庫の中に貯蔵されていたというのである。そのうち一つは解体して東京のソ連大使館に保管されまもなくモスクワに送られた。

残りの一つは広島の地上設置用原爆として持ち出されたものと思われる。残念な話だ。

佐世保原爆保管所

「ピカッと強烈に光った物体が、満月位の大きさで透明なオレンジ色、そのまわりに輝く光の輪が次々と八つほどできた。外側の輪が地上に接した瞬間、大きな火柱が立ちのぼる、それを中心に火災がひろがると見た瞬間、光る物体は消え去った。そして爆発音が響き、熱風が襲ってきた」（『広島原爆戦災誌』第三巻、山本稔）

ポツダム会談でのスターリン

第33代米国大統領トルーマン

レズリー・グローヴス准将

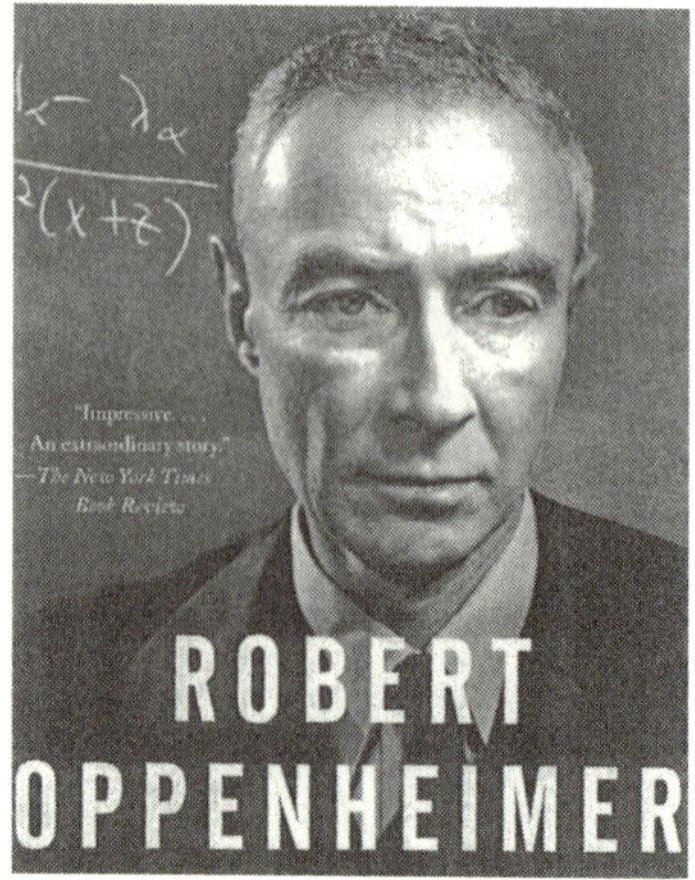

ロバート・オッペンハイマー

広島原爆航空写真

上の写真と同じ上空から江田島越しに地図上で原爆を見たもの

昭和46年（1971）４月16日　広島ご訪問

第二部

ヒトラーと大島浩（駐独日本大使）

――ウラニウム560kgは
こうして日本に渡った!?

第一章　アドルフ・ヒトラーは悪の代名詞

アドルフ・ヒトラー（１８８９－１９４５）は悪の代名詞のようになっているが、清廉潔白な政治家というのは世の中に存在しないし、もしいたとしても出世しないだろう。ヒトラーの個人研究をはじめてもう25年以上経つ。今日ヒストリーチャンネル等は相変わらず第一次、第二次大戦の古いフィルムを流し、どうして戦争が始まったかとか何が原因で負けたかとか、ナチス高官の悪(わる)のランク付けなどをしている。

ヒトラーが日本にどのくらい興味を持っていたか今のところ分析できない。大島浩がベルリンに登場するまでは、日本人などというのは猿の程度であるとの認識をテーブルトークで語っていることがあった。テーブルトークとは戦争中夕食テーブルを囲みながらナチスの高官たちとざっくばらんにヒトラーがしゃべる内容をマルティン・ボルマンが筆記するのである。その中には人類の文明史の話やアトランテック大陸のことも出てくる。今日の文明は初回ではなく何度も何度も文明は生まれては滅んで、一からやり直して来たと信じている。沖縄の海に沈む文明国家の遺跡や、モヘンジョダロのような放射能の集中して高い地域、バミューダトライアングルの電磁波の渦のような話も過去の文明世界として出てくる。

大島がどのくらい日本のことをヒトラーにしゃべったかわからないが、とにかくヒトラーは大島を好んで呼んでトークしたり、天皇のことを聞いたりしていた。大島浩は駐独日本大使を二度も務めた軍人である。外務省の役人でもなく軍人なのに（武官）大使になり、主として日独防共協定と日独伊三国同盟の締結に力を注いだ。

大島が岐阜県出身であることは知っていたが、岐阜市出身だと勘違いしていた。愛知県に隣接する恵那郡岩村町出身である。岩村城で有名な恵那南部の小さな城下町に父陸軍大将大島健一の子として生まれた。

２０２１年9月21日にＢＳＮＨＫが「大島浩の告白」という番組を放映し、２０２２年8月13日に再放送したのを見たが、面白かった。ジャーナリストが神奈川県茅ヶ崎市にある大島の自宅を訪れ、１２０分もあるテープにヒトラーやリッベントロップ、松岡洋右外務大臣とのやりとりが、述べてある。ジャーナリストが家に入ると、正面に大島がヒトラーと握手をかわしている写真が掲げてある。左側が大島で右側がヒトラーである。こう眺めると、ヒトラーは背が高い。

大島家はやがて東京へ引っ越し、ドイツ語をドイツ人家庭教師により教わっていた由で

（左）大島　（右）ヒトラー

ある。この時代の特徴かもしれないが、英語ではなく、ドイツ人教師にあの論理的なドイツ語を小児期より徹底的に教わるというのは筆者にとって、うらやましい限りである。筆者は大学へ入ってからNHKドイツ語ラジオ講座を聴き、大学でもドイツ語を第二外国語として選択した。仏語など全く興味がなかった。

戦前のドイツベルリンの古本屋で働いていたエンネ・ゲルバーが留学中の神戸商業大学（現・神戸大学）佐野一彦教授と古本屋で知り合い、結婚し、岐阜県美濃加茂市伊深町へ永住した話がある。彼女は93歳で亡くなるまで山間部で日本人と同じもんぺを着、農業に従事しながら岐阜や愛知県の大学でドイツ語を教えていた。佐野えんねは杉原千畝、大島浩とともに岐阜では超有名人である。誰でも知っている。1995年に佐野えんねは亡くなったが、彼女はナチスドイツ政権ができたときアドルフ・ヒトラーの演説を聞いたことがあると言っていた。ヒトラーの印象は、「変な人」であった。変なとは娘川端春枝が伝えた言葉で、ドイツ語でPsychopath《サイコパス》という意味だったらしい。

ヒトラーについては相変わらず窮極の悪人として扱われているが、当時は冷静で賢いドイツ国民が熱狂してついて行ったのである。ヒンデンブルク大統領が死去してからは、ヒトラーが独裁者となり、ヒューラー（総統）と呼ばせ、ナチスの網領である①東欧モスクワまでの領土（ドイツ人生活圏）拡大、②ユダヤ人・経済的政治的ユダヤのヨーロッパからの絶滅、破壊を主張した。ちょうど今ウクライナ侵攻が行われているが、ヒトラーもウクライナまで占領し、モスクワまであと20㎞まで侵攻した。しかしモスクワを占拠できなかった。

大島浩は1921（大正10）年以降断続的にベルリンを訪れ、ナチスの台頭を見ているわけであるが、1933（昭和8）年1月30日にナチス政権ができてからは大島はドイツ国民から絶大な支持を受けた。

第二章　今なぜヒトラーなのか

ヒストリーチャンネルやナショナルジオグラフィックを鑑賞していると21世紀の戦後、77年も経過しているのに、相変わらずヒトラー、ナチス、ホロコーストに関わる番組を流している。皆勉強しているのだ。

2022年2月24日からロシアはプーチンなる独裁者がウクライナに侵攻して、ロシア人の多く住む国土の一部を占領した。筆者から見てもこれはヒトラーによる対ソ戦のリベンジのような気がする。即ちナチスドイツは1941（昭和16）年6月22日から対ソ戦を開始した。結果は独負けでスターリングラードやレニングラードの戦いを通して泥沼に陥り、36万人ものドイツ兵は捕虜になり、生きてドイツへ帰ったのはわずか6000人であった。

単なるヒトラー個人研究家にすぎないので、学者のように毎日ヒトラー研究ばかりしているわけにはいかない。しかしながら、そもそもアドルフ・ヒトラーなる人物は第二次世界大戦を引きおこした人物であるのに、なぜか日本人でヒトラー研究者というものは稀有なのである。かつて成蹊大学の村瀬興雄、歴史作家永峯清成、当時外務省の役人だった加瀬俊一と加瀬英明くらいだ。ヒトラーについて松岡洋右外務大臣がベルリンに来た時にヒトラーがどう松岡に喋ったかの一文がある。三島由紀夫も石原慎太郎もヒトラーについては興味があったようであるが、大きな作品としては残していない。日下公人は第二次大戦全体の考察が多く、どうしたら日本は勝てたのか、の著作は面白かった。現代の日本人は、対米戦で勝てる方法が存在したなどということは考えもしない。負けたのはアメリカだけだという認識も今はない。

ナチスドイツの戦い方についての疑問は長年2つあった。①ダンケルクから35万人の英国兵が船に乗って引き上げようとした時、やろうと思えば可能なのにヒトラーは35万人を捕虜にしなかった。そして彼らは米兵と組んでノルマンディー上陸作戦（1944年）で再度ドイツを攻めて来た。なぜか。②ヒトラーはナチス綱領を作った時から東ヨーロッパ、モスクワまでをドイツの生活圏として国境を広げるため戦争を行ったのに、モスクワまであと20㎞という地点で方向転換した。しかもそこにスターリンがいるのを知りながらだ。なぜ二方へ分かれ、スターリングラードとレニングラードの双極作戦に転じてしまった。なぜか。スターリンは自らの意志でモスクワに留まると宣言していたのにだ。

これらの疑問は自分なりに解決したつもりであるが、ヒトラーの行動の中で、たとえ戦争中といえども裏切り行為があるような気がしてならない点が前々からあった。それは、独ソ不可侵条約（1939年8月）を結んでおきながら、対ソ戦（1941年6月）を始めたことである。

二国の間で条約を結んでおきながら、突然ソ連国境を破ってソ連に侵入する。これはヒトラーといえども裏切り行為ではあるまいか。裏切った方が最終的に負け、というのは世の常である。

独ソ不可侵条約には裏条約という密約が存在していて、第二次大戦がはじまった。同時にポーランドを分割し東方はソ連が奪ってもよい、としたのである。よって1939年9月1日から独とソ連が同時にポーランドへ雪崩れ込んだ。

多分ヒトラーにとって独ソ不可侵条約というのはポーランドを半分獲捕しておいて、英仏戦にまず対処しようとしていたのではないか。独ソ不可侵よりもソ連との国境を作る方が最終目的だったからだと思う。

日本人は義というものを大切にするから、大島浩駐独大使も独ソ不可侵条約締結が出現したときはそれを成立させたリッベントロップ外務大臣に対し抗議をした。また東京にいる平沼騏一郎首相に、「欧州事情は不可思議」と言わしめた。大島浩という人物は独外相に文句が言える立場にあったのである。

ロシアのウクライナ侵攻（2022年2月）が始まって半年経過した頃、米国の中間選挙前の段階で共和党の前大統領で次期大統領で再選を目指すだろうと噂されるドナルド・トランプが「（ロシアのウクライナ侵攻がある程度終わったあと）次は日本だよ」と発言した。

前々からロシアは日露戦争はまだ終わっていない、と言うし、南下政策は常に持っている国だ。さらに第二次大戦が終わったあと日本の分割案があって、北海道はソ連が獲るはずであった。ちなみに「本州は米国、四国は英国、九州は中国の予定であったが、蔣介石の反対で全て実現していない（山本健造『大東亜戦争は正当防衛であった』）」（星雲社）引用。

今日令和6年の段階で日本がロシアと戦うことになるかどうかは予測もつかないが、ヒトラーが対ソ戦で失敗したことを同盟国であった日本の政治家や国民はよく覚えておいても損はしないのではないかと思うのである。この小論は対ロシアのことだけをとり上げるつもりはないが、ロシアという国はそれだけしつこいのである。

第三章　大島浩はA級戦犯

大島浩のことは、大阪の中東問題研究家、宇野正美先生が教えてくれた。岐阜出身だと言う。確かに岐阜や名古屋の東海地方には、大島姓が多い。筆者も岐阜出身のため特に親しみを感じる。尖閣諸島の魚釣島の旧所有者も岐阜の栗原という人であった。歴史の節目節目に忘れたころ岐阜出身の人物が出てくる。大島も美濃武士の子孫であろうか。壬申の乱（672年）では美濃武士が活躍した。

岐阜県と言っても広いが明智光秀の出身地、あるいは明智城のある岐阜県可児市よりも東で現在の恵那市岩村町の出身である。父健一氏（1858・6・19－1947・3・24）は岩村藩士の子である。大正5年3月第二次大隈内閣陸軍大臣であった。浩は1886（明治19）年4月19日に岩村町で生まれた。ヒトラーは3歳年下だ。

一家はやがて東京へ移り、大島浩は愛日小学校（牛込）に通った。この頃から在日ドイツ人の家庭に預けられ、ドイツ語とドイツ流の躾を受けた。

軍人となってからはドイツ人青年に付いて、『ロシア革命論』や『獄中からの手紙』（著者ローザ・ルクセンブルク、ポーランド出身の女性革命家、カール・リープクネヒト、共産主義革命家、両者共1919年1月に暗殺されている）を読んで勉強した。ルクセンブルグは社会民主党、リープクネヒトは共産党であり、いずれもヒトラーと敵対関係になった。昔の軍人は共産主義者の書物を読む。

父健一に会うたびに「今日もドイツ語単語を10個覚えたか」と聞かれる。筆者も医学生になったばかりの時に独語を学んだが、一日10個も覚えていない。今ではIch liebe dich（愛しています）とnatürlich（当然だ）だけだ。

1921（大正10）年以降断続的にベルリンに駐在している。1933年1月30日にヒトラーが政権を獲ってからはナチスと親しく交流するようになった。ドイツ大使を二度も務め、ドイツやソ連の情報を東京に送っている。暗号を連合軍に解読されて枢軸国側の情報は米英に筒抜けであった。

戦後は当然ナチスドイツのことを一番よく知る日本人として極東軍事裁判にかけられる。ヒトラーや側近たちと深い親密な関係を法廷で暴露することもなく陳述し、判事の一票違いで死刑を免れている。もし大島の立場なら同時期ニュルンベルク裁判中で、リッベントロップらがまだ裁かれ中の時に余計なことは言わないし、その必要もないであろう。ニュルンベルクではアルベルト・シュペーアも若かったこともあり、ヒトラーとの不要な発言はしておらず身を守れた。極東軍事裁判はきちっと米国記録映画に残っているので、大島の声を聞くことができる。太い声だ。

アメリカの歴史学者カール・ボイドは大島の存在と役割に注目しており、書簡のやりとりもあった。ボイドの言う大島評は知識も豊富で、ヒトラーや側近たちもその能力を高く買っていたという。そして側近たちにも弱味を見せないヒトラーが、大島だけには心を許すことがあったという。「独裁者というのは全責任を負わねばならないから大変だ。これが国会で決めたことにすれば気は楽なのだが」と大島に向かって述べたという。大変重要な歴史的資料だと思われる。そんなことも連合軍側の判事たちは調査もしていなくてよくもまあ大島を裁いたなと思う。戦後も彼は口を閉ざし続けたが、ようやく三宅正樹というノンフィクション作家が12時間もの取材テープを回した。大島の肉声でヒトラー像がずいぶん違ったものに見えてきた。NHK BSで「ヒトラーに傾倒した男〜A級戦犯・大島浩の告白〜」を2021年8月14日放映に繋がる。大島の人柄も少し見えた気がする。本書で取り上げるのはヒトラーやナチス幹部が大島に何をどう語り、大島はどのような意図でヒトラーやナチスに向き合ったのか。「戦争をミスリードしたのは自分(大島)だ」という意味やひとりの日本人軍人がヒトラーから「ドイツ国策最高決定メンバー扱い」されるほど信頼されたのはなぜか。あれだけ大島から筒抜けの情報を連合軍が持っていたのに、ノルマンディーで英軍が大損害を受けたのはどうしてか。「ドイツが敗れたら困るから」日本の松岡外相はベルリンまでやって来たと言わせた理由。大島やヒトラーがあれだけ、「独ソは今後どのような関係になるかわかりませんから、モスクワに帰りに寄らない方がいいですよ」と明言した。にもかかわらず、松岡はモスクワ駅まで迎えに来たスターリンと日ソ中立条約を結んでしまった。これでは時々刻々変わる欧州戦側の大島情報が日本政府や東條英機首相に全く伝わっていないではないか。

さらには大島個人のナチスドイツに対する思い入れが強すぎ、連戦連勝で「天才ヒトラー」が負けるはずはないと東京へ大本営のような有利な情報だけを流してしまったことも、敗因の一つになった。世界戦争とはこれ程までにミスジャッジの読み重ねで勝敗が決まり、しかも大島浩のような徒党を組まない軍人が例えば日独防共協定をひとりで作って、ナチスに同調させるような仕事をするなど未だに信じ難い。以上のような観点から、本書は述べていく。

第四章　日独防共協定

大島浩について調べていくと彼の最大の仕事は日独防共協定（1936〈昭和11〉年）のような気がする。大島が単独で行った外交実績である。

防共、即ち共産党勢力から同盟して国を防る、ということである。ロシア帝国が滅んでソビエトという共産党国家ができた。しかしながら、その10年前に日本はロシアと戦争をしていた。日露戦争である。

日露戦争中にロシアのロマノフ王朝ニコライ2世がドイツ皇帝ヴィルヘルム2世と密約をかわしており、日露戦争中にドイツはロシアを攻めないという取り決めをしていた。これでロシアは西から攻め込まれない保障ができて安心した。日本との戦いに集中できる。ユーラシアの広い土地を持つロシアとしては万が一両面戦争になっては力が分散して負けてしまう。

これをビョルケの密約と呼ぶ。

ビョルケの密約を破棄してヒトラーは日本と組まねばならない理由が存在した。それはイタリアのムッソリーニの動きであった。

1934（昭和9）年大島が駐独大使館付武官になったころムッソリーニ政権のイタリアは、ヒトラーの生まれ故郷オーストリアに侵攻ないしは保護しようとし、オーストリア首相エンゲルベルト・ドルフースに対し、オーストリアのナチスを弾圧するよう指示していた。ところがオーストリアナチス党は首相の家族がイタリアに遊びに行っている間に首相を殺害するという事件（1934〈昭和9〉年7月25日）が行ってしまった。

怒ったムッソリーニは4個師団をオーストリア国境に進撃させた。ヒトラーが翌1935（昭和10）年3月16日にヴェルサイユ条約破棄を宣言し、再軍備を進め（前年長いナイフの夜後国防軍に全面的にヒトラーに忠誠を誓わせている）ていたので、イタリアは伊英仏の同盟関係を結ぼうとした。さらにフランスは仏ソ同盟を設立させた。ヒトラーは孤立した。

こうしてムッソリーニはエチオピアを侵略し、ヒトラーは人生最大の賭けであるラインラントに進駐し成功した。自信をつけたヒトラーはオーストリア首相殺害問題に対し、ドイツと無関係である旨独パーペン副首相をオーストリアに派遣するなどして事体をおさめた。ヒトラーはどうしても生まれ故郷オーストリア併合が必要不可欠であった。よって日独防共協定を結び、さらにイタリアをドイツに味方させることにより、三国で協調する必要があった。ムッソリーニはドイツと協定を結びスペインのフランコを助けることでオーストリアへの野心を諦めさせた。この辺のヒトラーによるムッソリーニの取り込みが上手いところであるが、多分イタリアとフランコスペインあるいはアフリカのエチオピアそして東洋の日本という自分の好む国々と同盟、あるいはエチオピアやスペインなどスファラディユダヤ人（血統ユダヤ）の民族に対するあこがれは元来ヒトラーの体内にあったのかもしれない。

ムッソリーニが血統的ユダヤ人かどうか調べていないが、最近の研究では日本の天皇家がレビびと支族で血統ユダヤ。最も簡易的に分類すると世界はスファラディ系ユダヤ人対宗教的ユダヤ人の戦いでアシュケナージと呼ぶ。キッシンジャーもアインシュタインも、アシュケナージ系。スターリンはスファラディ、ヒトラーは母系がスファラディという研究成果がある。大島はヒトラーと出会ってから、自らとヒトラーのハプスブルク系ユダヤ人王族血統（つまりヴィクトリア女王の夫がドイツハプスブルク系でその孫が母クララヒトラーという説あり）に親近感があり、そのハプスブルクの中に伏見宮家の血が入っている可能性（落合完爾説）があるからである。大島も恐らくスファラディ系ユダヤ人だ。

父からもらった『太平洋戦争』（不詳）という本を読みはじめて、一番最初に書かれていたことは、北を攻めるか南を攻めるかということであった。陸軍の大島も当然ソ連を攻めるか、シンガポールの英国を攻めるべきかを考えたと思う。もしソ連を攻めて日本が敗けたら、今現在日本という国はなくて日本人の多くがソ連という共産主義国の下で生きねばならないことになっただろう。

日本は南を攻めることを選び、北のソ連は昭和20年8月18日から日ソ中立条約を破って戦いを始め、9月3日まで続く。ロシアは8月9日から対日戦をしたと主張するが、それは満州だから違う。北方四島まで獲られたのであるが、税制・働き方改革（安倍政権）をみるとまあ現代日本は実質的にマルクスやレーニンが泣いて喜ぶ共産主義国になってしまったなと思う。だから防共はできなかったと言ってよい。

大島もロシアに対してドイツが譲るという「ビョルケの密約」を今回もされると困ると思ったのであろう。日本はドイツと組んで反ロシア、反共で行く方が絶対に正しいと思っていた。このとき大島は陸軍士官学校に学んでいた。

日露戦争では「密約があったから強力な近衛軍をシベリアや満州国境まで持ってくることができた。だから……」と大島はテープにて回想している。日本陸軍の仮想敵国は明治以来ロシアで、その準備をしていたのだ。日本の対ソ戦である。

ヒトラーはナチスの最終的な目標であるモスクワ～ユーラシア全体の、ゲルマン民族による領土的支配とユダヤ人の絶滅ということのためには防共、反共という旗を掲げることは思想的に有利に働く。アメリカもイギリスもナチスは反共勢力としてソ連と戦うというのなら黙ってしまうであろう。反共思想を敵に回せないだろう。

　第一次大戦後にロシア革命がおこり、世界中の国々が共産革命をおこされたら支配者階級として困る時代であった。大島はドイツと防共協定を結ぶことで場合によっては極東と西欧のあいだのインドやアフガニスタンを取りうる。シベリア鉄道を南から破壊することでソ連の力を弱体化することができる。

　大島は交渉相手を外相のリッベントロップと国防省の情報部長のカナリスに絞った。一般的に掛け引きが上手でないドイツ人ではあるが、カナリスは割合に謀略に長けていた。大島の目指すところは反共のイディオロギー的な協定ではなくて、対ソ連を考えた具体的な作戦が附属されていたという。インドやアフガンあたりに特務機関を置いたり滑走路を作ってソ連を攻めるというものであった。その証拠に満州航空とルフトハンザ航空のあいだで、日独満航空協定（１９３６〈昭和11〉年12月）が締結されていた。

　対ソ戦がはじまったら南からソ連攻撃する。先手先手で、日本も対ソ戦に備える。なんと雄大な構想ではないか。

　時系列的には１９３６（昭和11）年7月にスペインで人民戦線政府に対する内乱が勃発

したためヒトラーが日本に急接近しはじめ、共産主義・インターナショナルに対し対決宣言をした。続いて日独防共協定を世界に公表するかどうかを日独で争った。結局協定本文を公表、秘密附属協定を非公表と妥協された。

さらに秘密附属協定第一条に「条約締結国の一方がソ連から攻撃された場合、他方はソ連の利益になる措置を一切とらない」と規定してあった。大島は「両国共通の利益のため日独連携による対処とすればよいではないか」と意見を言った。

ところが昭和11年当時軍事力は日本がずっと上で、ドイツは国防軍がヒトラーによるSAの粛清などの直後で、ようやくヒトラーに忠誠を誓ったばかりであった。よって日本の外務省はドイツの負け試合の尻ぬぐいをしたくなかったから、先送りになった。

問題は秘密附属協定第二条で、もし条約期間中にソ連と新たな政治的条約を結ぶ場合は日独相互の同意が必要と規定された。ところが既存の政治的条約（日満ソ国境協定、独ソのラッパロ条約・ベルリン中立条約）について争われた。ドイツはラッパロ条約は安全保障の点から失効させられないとし、日本は日満ソは経済協定であるからと反論した。

大島は日独防共附属協定の「規定と両立しない」を「精神と両立しない」と変えさせることで、ラッパロ条約を間接的失効に追い込んだ。附属協定を発展させる形で10月に「（ソ連を対象とする）情報交換および謀略に関する日独両軍取極」に調印した。この大島とカナリスによる謀略協定は、日独両軍の正式協定となり、大島は正式に駐独大使になった。ラッパロを言葉のあやによって失効させたつもりであったが、リッベントロップはこれを元に独ソ不可侵条約を締結したような気がする。

同年11月25日にリッベントロップの事務所で日独防共協定は調印された。ソ連は日ソ漁業協定、北樺太石油石炭採掘権承認の破棄、日本領事館閉鎖、極東ソ連軍の増強を行った。

1936（昭和11）年に日独防共協定を結んだあと、ころころ気持ちが変わるムッソリーニはヒトラーと気が合いだした。オーストリアを諦めていっしょにスペインのフランコ将軍を助け、日独防共協定に参加したいと言い出した。大島の仕事は三国協定に拡大したが陸軍の中国侵攻（支那事変勃興　昭和12年）が悩みの種であった。中国国民党を攻めるのはやめてほしいと。

ムッソリーニイタリアがいなくなったオーストリアは一発の銃弾が発せられることもなく、ヒトラーに併合されてしまった。1938（昭和13）年3月12日。故郷オーストリアに対し、錦を飾ったヒトラーはリンツで10万人の人々が出迎え、ハイル・ヒトラーを叫んだ、ハーケンクロイツ（卐）の旗を振っていた。副首相のパーペンは回想録で、ヒトラー

日独防共協定　1936（S11）年.11.25

共産インターナショナルに対する日独協定の「秘密附属協定」（現代仮名使いに改め）

大日本帝国政府及びドイツ国政府は、ソヴィエト社会主義国連邦政府が、共産インターナショナルの目的の実現に努力し、かつ、これがため、その軍を用いんとすることを認め、右事実は、締結国の存在のみならず、世界平和を深刻に脅かすものなることを確認し、共通の利益を擁護するために以下の通り協定せり。

第１条

締結国の一方がソヴィエト社会主義国連邦により挑発によらざる攻撃を受け、または、挑発によらざる攻撃の脅威を受くる場合には、他の締結国は、ソヴィエト社会主義国連邦の地位につき、負担を軽からしむるがごとき効果を生ずる一切の措置を講ぜざることを約す。

前項に掲ぐる場合の生じたる時は締結国は、共通の利益擁護のため執るべき措置につき直ちに協議すべし。

第２条

締結国は、本協定の存続中、相互の同意なくしてソヴィエト社会主義国連邦との間に、本協定の精神と両立せざる一切の政治的条約を締結することなかるべし。

第３条

本協定は日本語及びドイツ語の本文をもって正文とする。本協定は、本日署名せられしたる協賛インターナショナルに対する協定と同時に実施せらるべく、かつ、これと同一の有効期間を有す。

は恍惚状態であったと書く。

「神がドイツ国の指導者となるようにこの町から私を呼び出したとすれば、そうすることによって　私に一つの使命をさずけたと言わねばなりません」

この町というのはリンツのことでヒトラーはリンツに大美術館を作る予定であった。また父アロイス・ヒトラーが生まれたのもリンツ郊外の村である。

「そしてその使命とは私の愛する故郷をドイツ国に……復帰させることをおいてほかにない私はその使命を信じそのために生き戦った。そしていまその使命を果たしたと信じるのであります」

ヒトラーにとって大ドイツ帝国を作るのが目的であり、オーストリアはドイツ人によるドイツ語をしゃべる国である。チェコのズデーテン地方もそうである。イギリスも同じアーリア人の国であり、兄弟のようなものだから、まさか第二次大戦でイギリスがドイツに宣戦布告をしてくるとは思っていなかった。

「私は全てのドイツ国民が自信を持って自分の故郷を指すことができるようにするでしょう」

ヒトラーはひと晩ホテルで泣きあかしたといわれる。結構情緒的な男である。ヒトラーはウィーンへ行進しホーフブルク宮殿でオーストリア併合を宣言した。10万人の市民の前で演説した。筆者も演説バルコニーまで上がってみたことがある。

ドイツ人は我々日本人に対して優しいし親切だった。何せヒトラーは20歳の頃父親の財産を使い尽くし、浮浪者収容所（ウィーン）で雑魚寝生活であった。ウィーンの下宿で同室だったアウグスト・クビツェクは、このときヒトラー総統に会いに行っている。手紙を出したら返事をくれるし、ワーグナー祭へ招待されたときはホテル代や汽車の切符代も出してくれたという。ヒトラーはクビツェクに会うとき監視なしで会ったので米国ＣＩＡは戦後驚いたという。気さくに古い友人、日本から来た大使館員大島とも会ってくれたのであろう。演説のときのイメージと私生活はずいぶん違う。

この年大島浩は予備役編入で駐独大使に就任した。

第五章　ヒムラーとの接触、スターリン暗殺計画

極東軍事裁判ではキーナン検事から、スターリン暗殺計画を大島がヒムラーと組んでやったのではないかとしつこく聞かれた。「大使の私やSS長官がスターリン殺しなど計画するはずがない。（スターリン暗殺をするとすればもっと下っぱがやるものだ）」と発言した。ヒムラーという男は「他の誰かがいなくてもホロコーストは起きただろうが、ヒムラーだけはもしいなければホロコーストは絶対に起きていない」と言われる程几帳面で細かいところまで気づき、メモ魔であった。元養鶏業のビジネスをしていただけのことはある。

1939（昭和14）年1月31日大島はハインリッヒ・ヒムラーと密談していた。大島は既にベルリン郊外のファルケンゼーという所に土地を買った。6人のロシア人を雇い、10人の工作員に爆弾を持たせてコーカサスのソ連の国境を飛び越えさせてスターリンを別荘で暗殺しようというものであった。ところが冬のオリンピックが行われたソチの町で全員つかまって殺されてしまった。

それはもう、スターリンがいなくなれば日独ともに戦争がしやすいだろうと思う。大島

は欧州内にいる反ソ組織、白系ロシア人らの計画をうまく利用しようとしたのではないかと思われる。このあたりをヒムラーと密談し、ヒムラーもスターリン暗殺に一役買ったのではないかと思われる。

大島がヒムラーと喋った内容かどうかわからないが、スターリンについて、こうテープで述べている。

「スターリンってのがね、私は今もそう思っていますが、梟雄(きょうゆう)というか悪いことをする分にはそれはもう実に悪い奴ですけれども、一番偉い奴はスターリンだと思うんです。ルーズベルトでもトルーマンでもチャーチルでも戦争に勝てばよいという考え方でやっていた。スターリンだけはね、勝った後に自分がどういう獲物を取るかということも前から工作していた。だからね、二、三歩彼らより先に出ているんですよ」

小生も第二次世界大戦で勝ったのはスターリンだけだと思っている。

またヨセフ・ゲッペルスも大島のことを見ており、こう評価している。「大島は常に我々の思い通りに動いている。勇敢で兵士のようにまっすぐだ。日本の利益を追求しているが、その上、私たちの利益のために考え、行動している。いつかドイツに彼の記念碑を建てる必要があるだろう」

大島浩の記念碑は建てられなかった。

第六章　もし日独伊軍事同盟が存在しなかったら

1936年の日独防共協定が締結する前にリッベントロップがやって来た。当時の外務大臣はノイラートで、リッベントロップではなかった。

「日独の間に防共同盟を結ぶという可能性はないだろうか」

大島は「それはちょっと難しい」と答えた。なぜかと言うとナチスドイツはヴェルサイユ条約の膨大な賠償金をつきつけられた現実を完全に解消するため、一方的に破棄し再軍備を開始（1935年3月）する前（正確な日付不明）、10万人の軍隊であったからだ。「日本はその何倍もの規模の軍隊を持っているから」陸海軍の一員である大島が少し考えただけでも損失の方が大きいので「難しい」と返事した。

ドイツは第一次大戦の敗戦で陸軍兵力10万人に制限され、戦車や戦闘機の保有も禁じられていた。ドイツと政治的提携を強めることには積極的だが、軍事的提携には消極的だった。日本は朝鮮半島や満州を制圧している強力な時代である。

ヒトラーの政権は1933（昭和8）年1月30日からで、間もなくナチス党がのし上がるきっかけになった戦力集団SA(突撃隊)と10万人国防軍が対立しはじめた。エルンスト・レームSA隊長らの粛清を行ったのが1934(昭和9)年6月30日から7月2日(長いナイフの夜事件)。これでレーム以外にシュライヒャー(将軍で前首相)、ナチスのナンバー2だったシュトラッサー、バイエルン首相のカールなど2000人を殺害。これでヒトラーのライバルがいなくなりナチスの強力化がなされる。

ヒトラーにとってSAもかわいかったが近代戦となればよりすぐれた国防軍を伸ばすことが重要であった。有名なニュルンベルクの党大会で国防軍にヒトラー個人に忠誠を誓わせることができたのはヒトラーの粛清という行動力が認められたからである。スターリンでさえ、「ヒトラーはなかなかやるじゃないか」と注視していたという。

1935(昭和10)年3月にヴェルサイユ条約破棄と再軍備を宣言、1936(昭和11)年11月に日独防共協定締結。1938(昭和13)年大島は駐独大使に任命されていた。

1938年8月5日大島はリッベントロップに「ホテル・カイザーホフに来てくれ」と呼ばれた。昼食を供にした。既に二度もドイツ軍を視察した大島は、ヒトラーによって国防軍が実に立派な近代的兵力になっていることを知っていた。なぜこの時期かという疑問の答えは、多分ヒトラーがチェコのズデーテン地方のドイツ人を救い、奪うため、ドイツ軍をチェコ国境に集結させていた段階だったからと思われる。9月30日のミュンヘン会議、英仏独伊の首脳会談の準備段階だったからだと思う。

チェコを完全に解体するには国力が不足し、ヒトラーも「せいてはいけない」と言っていた。チェコが第一次大戦後ズデーテンという周囲を取り囲む土地をドイツから奪っていったからである。

大島はこの段階では、

「実は、もうドイツが軍事パートナーとしては不足なし、と。むしろその時分には日本の方がかえって危ないんじゃないかと思うほど、ドイツの軍備は完了しておったわけです」

とテープで述懐している。

これならよしと思った大島は「軍事同盟のようなものを持ったらどうだろう」とリッベントロップに聞いた。今度は彼は「考えさせてくれ」と言い、すぐに「明日の晩も飯を食いに来てくれ」と言ってきた。

「そしてその間にリッベントロップはヒトラーに会いに行ったのですよ。それは言わないけど」。大島にはわかるのだ。

〝ヒトラー〟の答えは、「まあいろいろ考えたが、どうも我々の方もそういう約束を結んだら良い時期に来ていると思う。これはまだ私一個人の考えでドイツ政府の考えをいうことはできないけれども、恐らくドイツ政府も異存はあるまい」。婉曲的なリッベントロップの言いまわしだが、ヒトラーが日独軍事同盟に賛成したというのだ。機は熟した。我々も対ソ戦に向けて準備中である!? と。

大島はすぐさま「ドイツが日本との軍事同盟に積極的」の情報を大本営参謀本部に伝え、陸軍上層部からは日独同盟（日独伊防共協定強化）に向けた交渉を本格的にするよう指示がなされた。

大島は戦後、自らのミスリードで日本や同盟国ドイツが負けてしまったと後悔するが、大島が先に言いだした日独軍事同盟をまるでドイツ側からの軍事同盟と言い出したかのようなことを言っている。ヒトラー心の真実はわからない。

いずれにせよ、相手の懐に入りこんでヒトラー大好き人間大島が、独善的に日独同盟を作り上げようとした。ヒトラーは最初は眼中になかったかもしれない同盟である。大島という日本人をウォッチすることでアイディアが進んだのかもしれない。結果はともあれ、もし大島がベルリンにいなければ、日独同盟はなかったであろう。スパイでもなく、武官が駐独大使になった過程をヒトラーは全て把握していたのである。ヒトラーだったから大島はそれだけやったのか。ゲーリングならそこまでしなかったのか。岡崎久彦は三国同盟は松岡外相がやったのだと批判する。

最終目標は対ソ戦で勝つことである。ヒトラーにとっては、日本との軍事同盟で、極東のシベリア軍が移動することなく東を防（まも）ることになるから当然ドイツに有利だ。日本もそれほどまでにドイツが軍事的に強化されているのなら日本の頼もしい相手となる。仮想敵国に対し、両面から攻め込める。日英同盟が１９２３（大正12）年8月17日に失効した後、自らの力以外で頼りになる世界の国はナチスドイツしかなかった。アメリカはしかし、仮想敵国は日本であったから、日独同盟となると脅威に感じるはずである。国連としても日本とドイツがつっぱしるのはやっかいなことである。しかし世界戦争には参加しないと宣言するアメリカは英国に働きかけるしかない状態であったろう。

遠くベルリンに駐在する大島にとって勃興するナチスドイツを目の前にしながら、日本に対しては、これからヨーロッパで戦争がおこるかもしれず、世界秩序が変動する現実を伝えておかねばならないことは使命であった。日本では日中戦争という侵略領土拡大戦争を継続中であった。満州は日本の生命線として傀儡はいいけれども、華中華南まで獲るというのはやめてほしかった。百歩譲って南京を獲得したら止めてほしいと思っていた。もっとヨーロッパを注視してほしいところだ。

政治家は未来におこりそうなことに対処しておらねばならない。日本陸軍は日中戦はほどほどにして、日独と組むことにより、何かおきても日本が豹のように飛びかかれるようにしておいてくれというのが大島浩の考えだった。ドイツを助けるつもりで日独同盟をやろうというのである。それなのに日本政府は能天気で中国戦のことしか考えていない。石原莞爾だけは大島の考えに賛成だったようだ。

大島がドイツとの同盟関係を持ち出したもう一つの理由は、ドイツが伝統的に中国国民党との結びつきがあり、軍事顧問団を派遣したりしていることであった。泥沼化する日中戦争の相手は必ずしも国民党だけではなかったが、蒋介石の南京引き上げ（南京大虐殺1937〈昭和12〉年12月）もおこり、翌年駐独大使に昇格しようと思ってたらしい。東條英機以上に猛進している。岐阜県人らしい。筆者も猛進するところがあるからよく批判される。

日独同盟に反対したのは海軍で、当時アメリカイギリスの反発を食らうだろうと予測した。国連からリットン調査団が柳条湖事件ののち派遣され（1932〈昭和7〉年3月）、報告書が提出された（同年10月2日）ばかりであった。大島も躍起になっていたころである。翌年日本が、次いでナチスドイツ政権が国連を脱退した。日本が1933（昭和8）年3月27日、ナチスドイツが同年10月14日だ。日独だけが国連を脱退したので、孤独を感じたリッベントロップが日本の大島に対し、日独同盟をもちかけた。大島に断られたが、タイミング的に小生が思うに大島は、昭和8年末の段階で運命共同体になったらよかった。それ程にヒトラーとナチス政権が好きならば。弱そうな独国防軍を助けるつもりで、賭け

〈閑院宮家系図〉

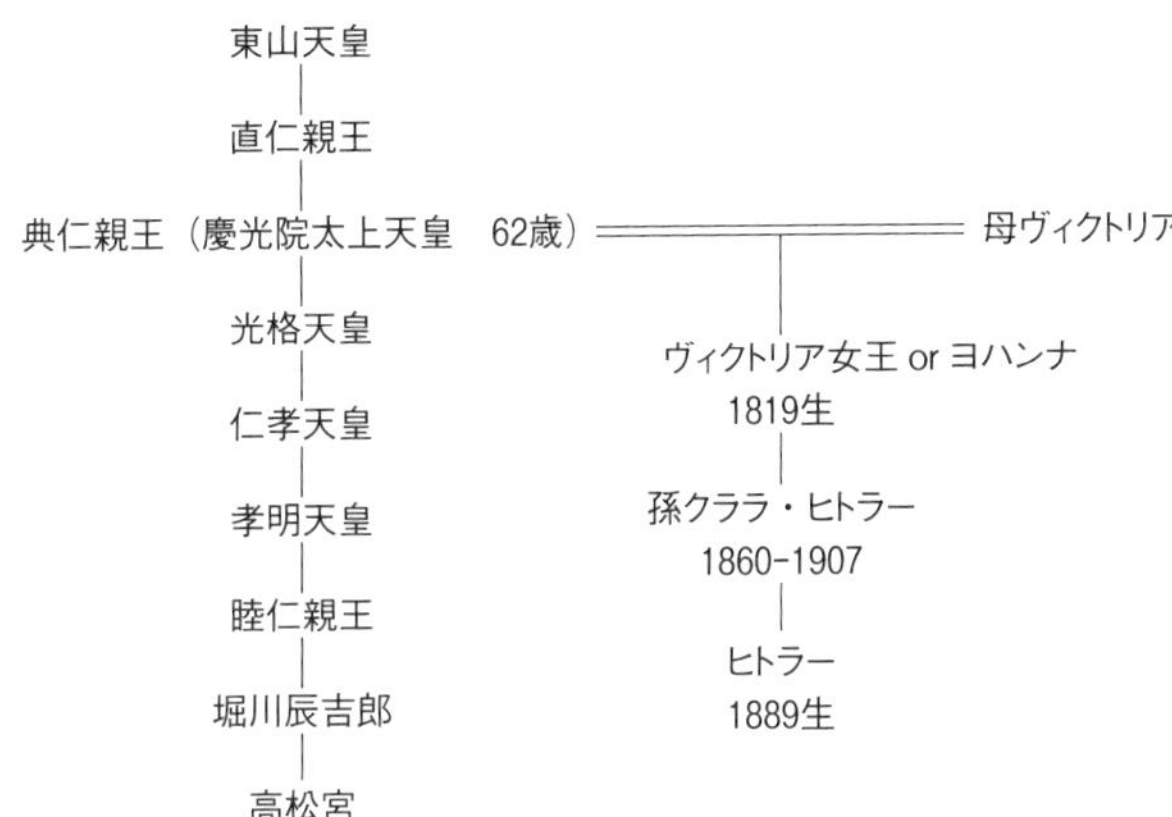

だと思ってこの時期に軍事同盟の方を先に始めてしまった方がよかった。日独防共協定というのは、イデオロギーの同盟であり、当然スターリンを怒らせる。ソ連という共産主義反対も含めて対ソ戦をする意志を宣言すれば英仏は理解してくれたと思う。

第二次大戦をおこすにあたっては、ヒトラーの最大の誤算は、イギリスがまさか独に逆らうと思っていなかったことだ。同じアーリア民族である。ドイツのサクス：コバーグ・ザールフィールド公娘のヴィクトリアは英国のヴィクトリア女王の母であり、またヴィクトリア女王はサクス：コバーグ家のいとこアルバートと結婚し、日本の閑院宮家ともつながっている。ヒトラーはその辺りまで知っていたので、独英戦争はありえなく、また直感的に閑院宮家がハプスブルク家に親戚関係があるのを知っていたらしい。ハプスブルク家出身の母親（クララはヴィクトリア女王の孫という説）を持つ身である。日独は第一次大戦で中国の青島で争っているものの真正面対峙ではない。1933年の段階でどんなにドイツが軍事的に弱くても、今は助ける立場だと考えても良かった気がする。

この辺りが行く行く運命の変化に関わる。①政権でき立てで軍事力が弱いところ、②長いナイフの夜で幹部と対立政治家の粛清、③ヴェルサイユ条約破棄を経て、即ち1935年3月頃までに、リッベントロップがヒトラーの意志を持って先に大島に近づいたものと思われる。日本は残念なことをした。

小室直樹・日下公人著『太平洋戦争、こうすれば勝てた』の名著も、敵に勝つことよりも、自らが傷つかないことを優先する日本的決断で日本は負けたとしている。また彼らは日独伊三国軍事同盟を破棄すれば、ドイツはソ連に勝てたとする。著者も日独防共協定でなく防共同盟ならば、ドイツはソ連に勝てたと思うし、現実の日独伊三国同盟も、「伊なし」ならドイツはソ連に勝てたと思う。あの2ヵ月間（1941年6月~8月、ドイツはイタリアのためにバルカン半島征服に時間を要したので、冬将軍にやられた）がなければモスクワ突入はできた。寝た子ソ連を構えさせてはいけなかった。

小室・日下両人が言うように日本がイギリスを叩けばドイツはソ連に勝てたというが、至言だ。ヒトラーは松岡にシンガポールをまず叩けと言った。山下奉文はそうしたのだが、その前にフリーメイソンで愚か者山本五十六がパールハーバーをやることで米軍が参戦するきっかけを設けてしまった。松岡による日独伊ソの四国同盟の夢想も最大の誤りの一つである。

ともかくドイツと組んだことを悔いる文化人は多い。理由は欧州戦にアメリカを参加させてしまうことになったからである。が大島テープによると、1935（昭和10）年の段階でリッベントロップ側から日独同盟の話があり、大島による5年後の締結は遅きに失したのであった。

多分ヒトラーとしては日独同盟よりも、ポーランドに侵入することを第一に考えていた。また英仏の西部戦線を優先するため、1939（昭和14）年8月23日に独ソ不可侵条約を締結せざるを得えなかった。またドイツが9月1日にポーランドに侵攻した時ソ連もポーランドの東半分占拠の裏取引をしてしまった。その時ソ連はバルト三国まで獲得してしまった。ヒトラーは激怒した。

1940（昭和15）年日独伊三国同盟調印の時点は、第二次大戦が始まった後なのである。これが小室・日下両人に同盟はない方がドイツの独自のやり方で進みうるからよいと言わしめた。その方がヒトラーは喜んだろうと彼らは言っている。第二次大戦といっても欧州戦と日本側の大東亜戦争は違う戦争なのである。この辺は渡部昇一氏も指摘していた。よって筆者としては伊ぬきの日独同盟を昭和10年にヒトラーがヴェルサイユ条約を破棄した段階で、リッベントロップの言うまま（恐らくヒトラーの意思であろう）締結しておいた方がよかった。イタリアのムッソリーニはこの頃オーストリアのことでヒトラーと敵対していたのだから。

大島は自分が言い出した日独伊三国同盟なので政府に強く働きかけたが、首相、陸相、海相、蔵相による〝小田原評定〟が続くだけであった。日本は決断することができなかったのである。

その最中にヒトラーはソ連との間に独ソ不可侵条約を締結し、日本は訳がわからなくなった。独ソ不可侵は大島にとって信頼を裏切られた如しのリッベントロップ行為であった。平沼内閣は「欧州事情は複雑怪奇なり」と言って即内閣総辞職した。ヒトラーは何でも月始めからものを進めるので、9月1日からポーランド進行を決めていたのであろう。日本の小田原評定を待ってられなかった。あるいは日独同盟などどうでも良くなったのかもしれない。先に日独同盟を結んでいたら、ソ連は挟みうちになっているから、必ずしも独ソ不可侵条約を結ばなくてもポーランド侵攻できたかもしれない。大島ひとりで政府を動かすることができないがヒトラーに信用されていたなら、先を読んで昭和10年の段階でことを進めるべきだった。

現実的には破竹の勢いで独軍はポーランドへ入り、仏パリまでも勢いよく戦闘を進めた。日本はその勢いを感心し「バスに乗り遅れてはいけない」として日独伊三国同盟は１９４０（昭和15）年9月27日に締結された。ナチスドイツによるパリ陥落（１９４０年6月25日）のあとである。こんな時に松岡が行ってももう遅い。

大島浩が独ソ不可侵条約（１９３９年8月23日）締結後始めてリッベントロップに会ったとき、彼は平謝りに陳謝したという。しかし情とか友情など政治の世界にはない方がよい。田中角栄は情で失敗したような気がするし、弟子の小沢一郎は義がなさすぎて失敗した。

もっと恐ろしいことに、日本は「ヒトラーがソ連と戦わぬのなら」とノモンハン事件の敗北も相俟ってソ連との宥和政策に切り替えようとした。大変な間違いである。松岡に対して大島とリッベントロップは「東京に帰ったら天皇陛下によく言ってください。ドイツとソ連は今後どういう関係になるかもしれませんから、帰りに寄るモスクワでは、事務的に（あっさりと挨拶して帰ればよいです）」とした。ナチスドイツは天皇が総大将だと思っている。

大島はもちろんヒトラーの本心を知っていたから、松岡の日独伊ソの四国同盟はありえ

日独伊三国同盟　1940 (S15).9.27

大日本帝国政府、ドイツ国政府及び、イタリア国政府は、万邦をして各その得しむるを以て、恒久平和の先決要件となりと認めたるにより、大東亜及び、欧州の地域における当該民族の共存共栄の実を挙ぐるに足るべき新秩序を建設し、かつこれを維持せんことを根本義となし、右地域においてこの趣旨による努力につき、相互に提携しかつ協力することを決意せり。

第1条　日本国はドイツ国及び、イタリア国の欧州における新秩序建設に関し、指導的地位を認め、かつこれを尊重す。
第2条　ドイツ国及び、イタリア国は日本国の大東亜における新秩序に関し、指導的地位を認め、かつこれを尊重す。
第3条　日本国ドイツ国及び、イタリア国は前記の方針に基く努力につき相互に協力すべきことを約す　さらに、三締結国いずれかの一国が現に欧州戦争または日支紛争に参入し居らざる一国において攻撃せられたるときは、三国はあらゆる政治的経済的及び。軍事的方法により相互に援助すべきことを約す。
第4条　本条約実施のため、各日本国政府、ドイツ国政府及び、イタリア国政府により任命せらるべき委員よりなる混合専門委員会は遅滞なく開催せらるべきものとす。
第5条　日本国ドイツ国及び、イタリア国は前記諸条項が三締結国の各と「ソヴィエト」連邦との間に現存する政治的状態になんらの影響をも及ぼさざることをかくにんす。
第6条　本条約は署名と同時に実施せらるべく、実施の日より10年間有効とす。

右期間満了前、適当なる時期において、締結国中の一国の要求に基づき締結国は、本条約の更新に関し、協議すべし右証拠として下名は各本国より正当の委任を受け、本条約に署名調印せり。

昭和16年9月27日すなわち1940年「ファシスト」歴18年9月27日ベルリンにおいて本書3通を作成す。

ないし、そんなことをしたら余計に日独関係がややこしいことになることをしる。そう言ったのに松岡はモスクワで日ソ中立条約を結び、日本は昭和20年8月18日（戦後）からソ連に攻められ、ドイツはスターリングラード戦で初めて敗北してしまった。

松岡は極東軍事裁判のときに戦争のことを忘れてケロッとした顔だったが、家族は肩の狭い思いをし、家には石を投げつけられ、「父は可哀相な死にかたをした」と長男謙一郎（故人）が述懐する。軍事裁判中に結核で死亡した。

ヒトラーの目指す所を正確に大島は東京に伝えるべきであった。独ソ不可侵条約は英仏戦に一定の目途が立ったら、破棄して対ソ戦を始めるつもりだったのである。そして実際に1941年6月22日、バルサロッサ作戦が始まった。日本の太平洋戦争はさらに半年後からである。もし日ソ中立条約がなければ、ヒトラーの言うようにパールハーバーではなくいきなりシンガポールを叩いて対英戦争だけでよかったのである。朝堂院大覚氏（継体天皇子孫レビびと）によると日本はアメリカに負けただけで、イギリス、フランス、オランダ、中国、オーストラリア、インドその他ソ連を含めて負けていないのである。なるほどそうである。スターリンはヒトラーの真似をして中立条約を破棄して敗戦後の日本（北海道、千島列島南樺太）に攻め入った。

パールハーバーがなければ日本は勝ちゲームだったとも言える。もし「こうすればドイツは第二次大戦に勝てた」という本を書くとすれば日独防共協定の締結の前に日独軍事同盟を結ぶべきであった。大島はヒトラーに信用されているのだから日本人の外交戦略の不得手さをヒトラーに伝えるべきであった。対ソ戦に関し極東の事情を知った上、1940年9月、三国同盟締結は断ることが理想だった。本書を書きながら思うことは、アドルフ・ヒトラーという男は表面的には強気であるが内心に弱さがある。よく知らない日本や極東のことになると未知数が多い。ふらふらと大島の過剰な応援にその気になっていることがある。

ある時大島はヒトラーに直接聞いたことがある。あなたは酒を飲みますか？　飲みます……。筆者はヒトラーがビールやスコッチを飲む姿を想像もできない。菜食主義者でチョコレートばかり食べていると思っていた。またある時ヒトラーは大島に向かって、「独裁者は大変だ。全て自分の責任になる。これが国会で決めたことであれば、責任者は国会になるから楽だ」と。

そのようなことを言ってもナチスの指導者になって委員会を廃止したとき、ナチスがシュトラッサーの裏切りで分裂しそうになったとき、そして首相になったとき、総統になったとき、「全て私ひとりが責任を負う。間違ったら今すぐピストル自殺する」と叫んだ。

その力強いヒトラーが時には独裁者は大変だとか、お酒も飲みます、と打ち明けるだろうか。単なる駐独日本大使に対し……。

第七章 ナチスドイツ側から言い出した日独同盟の経緯 大島弁

独ソ不可侵条約を締結して1週間後に第二次世界大戦は始まった。平沼内閣は総辞職をし、大島も帰国した。リッベントロップは大島に陳謝した。あれは本当に申し訳ないと。大島とリッベントロップで作った日独防共協定なのに独ソ不可侵とするなんて。

リッベントロップは大島大使や日本政府との間の防共協定を無視して、あるいは破約して、独ソ不可侵を結んだというが、資料によるとこれまで再三口がすっぱくなるほど、大島を通じて、独ソ接近の可能性を示唆していた。1939（昭和14）年3月伊藤使節団来独時、そして4月20日にも匂わせていたという。同年7月末にはアメリカが日米通商航海条約を破棄してきたので、日本の反英米感情は高まっていたところである。8月25日、有田八郎外相は2日後、独ソ不可侵をみて駐日ドイツ大使オットーと大島に対し、防共協定違反と三国同盟交渉終結の抗議文を送り、28日平沼内閣は総辞職した。

日独防共協定には秘密附属協定が付加されていて、その第二条に相互の同意なくしてソヴィエト社会主義国連邦との間に、本協定の精神と両立せざる一切の政治的条約を締結することなかるべし、とある(P．100参照のこと)。また十数回の防共協定調印に至る過程で、第二条の「本協定の精神と両立せざる」は元々「本協定の規定と両立せざる」であったがリッベントロップは規定の一言を拒んでいたため、大島が変更した経緯がある。1936(昭和11)年の段階で、ドイツとしてはソ連への侵略ないしはドイツが古い時代に結んだ「ラッパロ条約・ベルリン中立条約」という独ソ不可侵の原型が頭にあったから、日独防共では共産主義反対の精神であって、独ソは互いに国境を侵さないという条件は理に叶っているとした。これで対英仏戦をまず先攻できる。直後から東京の大島と日独軍事同盟も作っておき、ソ連を挟み打ちするという構想だったと思われる。

よってリッベントロップの裏切りはあるが、反共防共というのはイデオロギーであり、ソ連国民を共産主義から助けるために、独とソ連は当分戦争しないという条約とする。賢い。こう大島は述懐する。大島はヒトラーの気持ちを見抜いていた。

こうして第二次世界大戦は勃発した。ドイツ軍はポーランドへなだれ込んだ。昭和14年9月1日。ヒトラーと大島の関係は崩壊したかと思われた。大使の職を東郷茂徳に引き継ぎ東京へ帰った時、日独軍事同盟を結ぶため、今度はドイツからリッベントロップに派遣された特使ハインリッヒ・スタイマーがやって来た。外相に会わずに東京柏木の大島家を訪れた。

リッベントロップは日本が何を考えているかわからん、と言うのである。独ソ不可侵条約のおかげで、日本はソ連のノモンハン事件は敗北。陸軍の「北進」論者は後退、インド辺りに滑走路をつくってソ連国内のシベリア鉄道をぶちこわす「西進」論もぶち壊しになった。日独伊三国同盟を結ぶということは、アメリカイギリスを敵に回すことにもなる。よってこの間1年程三国同盟は頓挫していた。しかしながら独の余りにも見事な進撃が続いたので復活した。

松岡洋右外務大臣はスタイマーをよく知らないので、大島に電話して教えてくれと言った。便箋に大島が同盟条約の骨子を書いて大島は松岡に渡した。政府にいない大島が書いた骨子を松岡が持っていて、大島がスタイマーに電話をかけた。「今から松岡の所へ行ってくれ」と。スタイマーが松岡の所へ行って、こうこういうわけだけれども、「宜しい。結ぼう」となり、急転直下結ぶことになった。ドイツは6月、パリに入城した。1940(昭和15)年9月27日ついに三国同盟は締結された。同年12月大島はベルリンに戻った。

大島弁、その二。日中戦争は泥沼。アメリカとイギリスとの関係が悪化している日本にとって、独ソ不可侵条約を結んだドイツは日ソ関係をいつでも解決してやる。だから日独同盟を結ぶことは利益があるだろう、というリッベントロップの気持ちが大島にはよく理解できた。

しかしながらドイツはソ連を潰してしまうことで、戦後は日本もロシアとうまくいくだろうし、イギリスはドイツに支配され日本は中国を含めた極東(大東亜共栄圏)になる、という構想だったらしい。あくまでも独ソ不可侵は英仏国をやっつけてしまう時までの一時的な条約でしかないということだった。条約は破棄するためにある。

このあと今度はオットー駐日大使が大島を呼んだ。晩飯を食いながらご相談したいと。「今回、ロシアを日独伊三国同盟に入れることを日本はどう考えるか。私からそんな風に持ち出してみたい」どうだろう、そうすれば中枢国はユーラシア、アメリカイギリスはしめ出される。「それは結構だ」(すっきりしている)、と大島は返事した。日独伊ソは松岡の夢想ではなかった。オットーのアイデアだった。

独ソ不可侵も発想の転換であるが、日独伊ソはもっと発想の転換である。ヒトラーの心の中にスターリンを助けて防共反共の国を作るという発想があったかもしれない。四国同盟はその前から松岡の考え方でもあり、大島は自らの発想をねじ曲げることになる。

三国同盟に関しては、当時海軍上層部の反対、外務省も慎重であった。しかし松岡洋右は「このままでは米英の言いなりになる」と、強硬に同盟締結を主張した。

1940（昭和15）年9月27日、日独伊三国同盟は調印締結された。

①ムッソリーニイタリアがお荷物になること、②松岡外相としてはこのあとソ連が中軸側に一員として入ることが前提になること。

この二点が三国同盟の失敗点だったと筆者は考える。また③アメリカが既に始まっている欧州戦に加わらないこと、加わりたくて仕方がないことを忘れていた。もし英米ソの軍事同盟になったらどうなる？　不可侵条約を結んだドイツはソ連を永遠に攻められなくなる。あの時オットーがどうして四国同盟論を大島に尋ねて来たかわからないが、防共協定を無視して不可侵を結んでしまった罪ほろぼし、または本気で対ソ戦を諦めたのかもしれぬ。

松岡は大島が再度駐独大使になって出向くとき、壮行会でこう誉め上げた。「大島閣下の数十年にわたるドイツ研究は造詣深く、ドイツ政府首相とは膝を交えて話すことのできる、絶大なる個人的信用を築いておられる」。

ドイツの歴史学者ベディンガー氏は日独伊三国同盟をこう分析する。①これでアメリカの参戦が早まった。②アメリカのルーズベルト大統領は日本がこの同盟にうまく入り込んでいる。即ち日本は米国脅威の対象となった。③同盟がなければ日中戦争（1937〜）は日本にまかせ、アメリカはアジアで宥和政策を行おう（参戦するとしても欧州戦（19

37〜〉だけ)と思っていたのにバカだと、④東と西が結合して世界戦争に突入せざるを得なくなった。独側、ヒトラーの分析である。

筆者もそう思う。日独防共よりも前の日独同盟に大島は無反応。欧州戦と独ソ不可侵が始まってしまってからの独側からの三国同盟の誘いの遅きに失したこと。以上により日本と独は負け組になってしまったと思われる。大島より松岡が、ヒトラーよりもリッベントロップが、歴史をかき回してしまった気がする。ヒトラーはスターリンのことを憎くなかったし、大島はヒトラー以上にソ連の脅威と日中戦争(支那事変)の愚かさを痛感していた。松岡はとにかく甘すぎた。松岡は極東軍事裁判中に病死し、リッベントロップは絞首刑になった。

第八章　松岡外相の日ソ中立条約は誰が見ても失敗

大島は二度目の駐独大使としてベルリンに戻ったとき、ドイツは1年前とちょっと雰囲気が異なっていることを感じた。ソ連との関係に変化が生じているのだ。ドイツ兵がどんどんソ連国境に移動していた。ヒトラーはいよいよソ連を叩くのか。

1941年4月、松岡外相がベルリンにやって来た。市民は大歓迎したが、松岡の「独ソ不戦」の信念を曲げようとはしなかった。ウィンストン・チャーチルは第二次世界大戦が始まって日英開戦が始まる前に、松岡洋右に対し、「ドイツは早晩ソ連に侵攻する」と警告した。大島も対ソ国境へ軍を進めていることを知ったから、松岡にソ連に接近することは止めておけとアドバイスした。

ソ連とフランスは昔から同盟関係にあったので、ソ連は常に連合国側であり、枢軸国側に合流するわけがなかった。それで駐仏大使の芳澤謙吉は1931（昭和6）年に外相就任のため帰国途中にモスクワに立ち寄る。既にこのときソ連側から、日ソ中立条約を打診されたという。日本政府は日ソの中立は共産主義を輸入することに等しいとして、1年考えて賢くこの話を断っていたのにである。

しかしながら、駐ソ大使の建川美次は松岡スターリン会談による日ソ中立条約のお膳立てをした。この時大島は松岡以外に建川にも電話して、中立条約を締結しないように働き掛けるべきであった。また１９４１年当時駐ソ大使になった東郷茂徳は日独伊同盟に反対する。日ソ中立路線で行こうと思った。松岡は折衷案として日独伊ソ四国同盟案によってアメリカに対抗する力が得られるとした。これは仏ソ同盟関係を知らないからである。

スターリン自身もヒトラーによる対ソ戦を予見していたのである。スターリンにとって四国同盟には当然応じないが、日ソ中立は渡りに船で、願ったり叶ったりであった。松岡のことを心中でどれほど見下したことであろうか。こいつは馬鹿なんじゃないかと。

わずか15分。松岡・スターリン会談で中立条約は結ばれた。骨子は次の通りである。

第一条：日ソ両国の友好

第二条：相互の中立義務

第三条：条約の効力は5年間

◎期間満了の1年前までに両国のいずれかが廃棄通告しなかった場合は、5年間自動延長される。

第四条：速やかな批准

〈日ソ中立条約〉

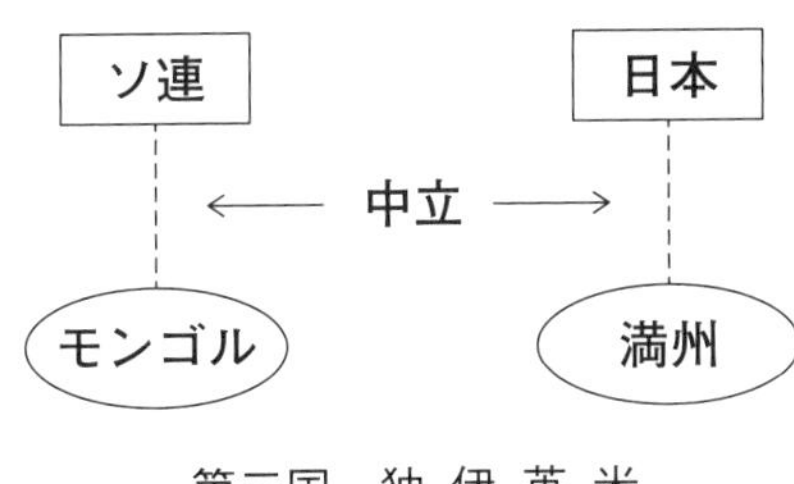

第三国　独、伊、英、米

モンゴルと満州は攻め入ってはならない

中立条約といえども、その内容は相互不可侵、及び一方が第三国に軍事攻撃された場合における他方の中立（全四条）。さらに注目すべきは、満州国（日本）とモンゴル人民共和国（ソ連）がそれぞれの領土の保全と相互不可侵の義務付けを含む声明書の構成になっていることだ。

この条約の問題点は大きく二つあって、ひとつは条約は5年間有効で、5年後自動更新できること。もう一つは満州は日本と同一、モンゴルはソ連と同じ扱いであることである。こうなるともしアメリカが日本から満州を攻めて来たとき、ソ連とモンゴルは中立。もしドイツがソ連かモンゴルを攻めてきた場合は、日本と満州は中立となる。

日本がアメリカと戦うだろうことを予測したスターリンは、対独戦が5年で終了した場合（1946年4月）に、この条件を破棄して満州を攻め込む予定であった。そして最終的に日本の北海道まで奪う心積もりであった。現実的には約1年早くことが進み、スターリンは1945（昭和20）年2月のヤルタ会談でルーズベルト大統領に対し、日ソ中立破棄とドイツ敗北後3ヶ月経過で対日戦を認めさせた。ソ連は実際同年4月5日に中立条約を破棄した。

中立条約の失効である。

4月5日に外務省に条約を破棄するという連絡があったという説と、ソ連は4月25日に連絡したという説がある。日本政府としては、日ソ中立の立場は1946年4月25日に終わり、更新はないとの認識であった。よって昭和20年8月9日にソ連軍が満州になだれ込んだときは驚いた。また同年8月18日に千島列島と南樺太から南下してきた時はほとんど戦えず、東京からの命令で、武器を置くしかなかった。ソ連側の当初からの戦略であった。以上の事実は日本政府と対ロ領土交渉の重要な外交的根拠として残しておくべきである。国際法違反となりうる。中立条約なので満州への侵入も許されない。

事態を理解するため、日本がソ連と逆のことをするであろうか。即ち、日本は日支事変を続行して中国奥地まで入り込んでいたから、もし第三者ドイツがソ連に攻め込んできたとき中立の立場で、何らかの期日にルーズベルト大統領を説得後、モンゴルに進攻したり、ソ連国内の例えばシベリアを攻め取ることができたであろうか。この場合は仮定として日本がアメリカと戦争をしていないことが前提である。

日ソ中立条約を結ぶということは、アメリカと戦わないということが条件である。日支事変をだらだら続けて、米ハルノートに対しては〝受諾〟して、〝だらだらやっていたら〟よかった。アメリカはまずナチスドイツと戦いたくて仕方がなかったのである。ハルノートには中国撤退の期限が明示されていない。とりあえず受諾する。

そこまでの戦争設計がなければ日ソ中立条約を結んではならなかった。中国国民党の蔣介石は条約第二条の中立の中に中国を応用してくれるな、と命じた。即ち蔣介石所有の中国は満州でも日本でもモンゴルでもない第三国でもない。第三国ではないから、蔣介石が日本を攻めても、現に中国は日本と戦っているので、条約締結後ソ連に中立の立場を取ってほしくなかった。要はソ連に助けを求めていた。

そうすると、日本とドイツの間には、蔣介石中国（第四国）が間に存在するので、小室直樹が主張する「日ソ中立条約は極東に限る条約」という解釈が成り立つ。即ち中国は当条約に含まれない。満州は当事国に含まれる。だから地理的に極東での中立条約であるとする。

ということはもしナチスドイツがウクライナ東域に位置するスターリングラードを攻めた場合、日本が近東地域に兵を送ってドイツを応援しても条約違反ではないのである。ヒトラーは極東にあたるスターリン所有のモンゴル（当事国）を攻めようとはしていないから、近東のソ連領土には援軍を出してもいい。ドイツはソビエトの極東まで奪取するつもりは全くない。せいぜいウラル山脈までである。

松岡外相の四国同盟論はアメリカと戦うことが前提であったから全く論理が空回りしていた。日ソ中立は日支事変の継続とパールハーバーなしの、シンガポール戦アリの戦略である。アメリカが石油を売らなくても、インドネシアに取りに行けば良いのである。

大島大使は松岡に対ソ国境まで随伴したわけではないが、モスクワへ向かう電車の中で言った。

「松岡大臣、これはもうドイツとソ連の戦争になりますよ。今モスクワへ行って日ソ不可侵条約を結ぶなんてことは絶対にしないでくださいね」。大島は中立条約を想定していなかった。

リッベントロップ外相は松岡に「ドイツとソ連の関係は今後どうなるかわかりませんから、スターリンとのことは事務的に済ませた方が良いですよ」、ヒトラーも「日本にお帰りになったら、天皇陛下にそう仰ってください」、と伝えた。以上加瀬俊一書記官が聞いている。しかし、松岡はヒトラーの『我が闘争』（当時は『余の闘争』）も読んだこともない。拙速に愚かにもスターリンと条約を結んでしまった。日独防共協定と日ソ中立条約は理論的に相容れない。日本はソビエトに対して中立ではなく、防共、反共なのである。

日ソ中立条約を結んでから2ヶ月しか経過しないでドイツの対ソ戦バルバロッサ作戦は始まった。1941（昭和16）年6月22日のことである。6月22日よりも3週間前の6月3日に大島はヒトラー山荘のあるベルクホーフに呼ばれた。当時ヒトラーは南アルプスを眺めるこの山荘にずっといた。

「ソ連のドイツに対する態度は外面友好的だが、実は反対である。私は常に相手より先に刀を抜く男である（大島浩和訳）」

大島は即座にその意味するところが理解できた。このような最高機密を大島だけに言うものだろうか。大島発打電6月5五日。

「独ソ関係は特に悪化し、戦争になる可能性、甚だ増大せり」

第九章　日ソ中立条約によって、第二次世界大戦は狂った

松岡は独ソ不可侵条約の真似をしたかったのであろうか。中立条約を取り交わしてしまった。大島と松岡は喧嘩していたわけでもなく、三国同盟の時も一緒に仕事をした。なぜ松岡は中立条約だけ強引にことを進めてしまったのだろうか。戦後極東軍事裁判、いわゆる東京裁判の時は、久しぶりに出会ったA級戦犯の知人ににこにこ会釈していた。日ソ中立条約は失敗だった、自分の責任であるという顔をしていない。罪の意識が全くない。自宅に石を投げられたらしい。片や大島は法廷に入ったとき、苦虫を噛み潰したような顔である。今回見つかった12時間のテープで告白するまでは、戦争のことを一切語らなかった。俺に全責任がある……。

なぜ多くのアドバイスにもかかわらず、このような条約を松岡は結んだのかという分析をせねばならぬ。筆者の考えを纏める。ひょっとしたら、松岡はフリーメイソンだったのではないかというのが嘉納説である。つまり１９４１（昭和16）年4月頃、訪独する松岡へイルミナティ、最近ではディープ・ステイト、ＤＳと呼ぶ者から連絡があり、「ベルリ

ンからの帰路にモスクワでスターリンが待っているから中立条約を結びなさい」なる連絡が個人的に秘密裏に来ていたのかもしれない。というのは以下の三つの理由がある。

1．1941年6月22日に独ソ戦が勃発した時、ヒトラー率いるドイツ軍はスムーズにウクライナ辺りまで攻め入った。ソ連のユダヤ国民は抵抗するどころか、スターリンから解放された思いでドイツ軍をむしろ歓迎していた。ヒトラーがユダヤ人を救ってくれると思っていたからである。それでもムッソリーニイタリアがユーゴスラビアで足を引っ張った分、対ソ戦は1ヶ月予定から遅くなったと言えよう。ドイツ軍がやっとの思いでモスクワへあと50㎞（20㎞まで迫ったという説も）まで侵攻したとき、既に12月で、冬将軍に見舞われていた。寒さと雪と泥沼の轍で、侵攻速度がダウンした。

この時スターリンはモスクワ市内にいた。側近はナチスドイツが目と鼻の先まで来ていることを心配して、スターリンに早くモスクワから脱出するよう説得した。スターリンはクレムリンにとどまっていた。スターリンはドイツ軍がこの先モスクワまで攻め込まないのを知っているかのように落ち着いていた。20㎞といえば高速で10分間だ。雪の中を走り込んでも半日でクレムリンへなだれ込むことができる。

ところがヒトラーはここまで来たのに、モスクワへの突入を諦めて、北はレニングラード、南はスターリングラードへ二手に分かれよ、と命じるのである。軍の方は驚いた。

全軍を二つに分けた。

数ヶ月でソ連を崩壊に追いやるはずが、結局この年はそれが達成しなかった。日本は12月8日真珠湾を攻撃した。日本政府は、たとえドイツがこの冬独軍の攻撃が止まりソビエトを叩けなくても、来年春には勝利するだろうと思っていた。だから11月26日米ハルノートを拒否した。太平洋戦争を開始した。なぜか。大島が言うようにドイツは優勢であり、必ず勝つと思っていたからだ。日本はドイツが勝つだろうから「バスに乗り遅れてはいけない」から、世界大戦に加わった。ヒトラーはフリーメイソン、大島はそうではないであろう。

一方もう一人のフリーメイソン、吉田茂はロンドンにいて、イギリス情報としてドイツはソ連に負けたと吹聴した。

2. 戦況は独軍が12月8日の段階で、モスクワまであと50km、20kmの地点まで来たのに攻め込めなかった。レニングラードやスターリングラードも大事であるがまず首都であろう。それなのに首都をあっさり諦める。なぜか。どうもヒトラー自身に上からの命令が下ったのではないか。スターリンはフリーメイソンではないかもしれないが、ロシア地下政府の指示で動くときがある。そしてイルミナティもロシア地下政府も水面下では繋がっている。だからスターリンは直ぐそこまで独軍が迫っているのに、逃げようとはしなかった。ヒトラーはモスクワ市街地を攻めないよと教えられているからである。

ヒトラーはオーストリア出身にもかかわらず、第一次世界大戦が始まったときに、ドイツ軍に志願して3ヶ月の訓練の後戦地に赴いた。ヒトラーはドイツのために戦っていることを自覚すると大変な喜びで興奮した。伝令部隊に所属していたが、フランス兵を15人もひとりで捕虜にして、鉄十字勲章をもらった。ヒトラーはこれが気に入り、総統になってからも鉄十字勲章を胸に飾っていた。

ヒトラーは結局軍隊に12年もいた。ミュンヘンに戻ったとき、ヒトラーはトゥーレ協会所属のフリーメイソンであり、軍隊の上司に頼まれて、6人しかいないドイツ労働者党を調べに演説会に侵入したのがきっかけで、ミイラ取りがミイラになったのではないけれども、ナチス党に入会してしまった経緯がある。だから軍隊で偉くなると自然に強制的にフリーメイソンに入らないと仕事ができないのかもしれない。ヒトラーがフリーメイソンであることは、大阪の宇野正美先生も認めたし、ベンジャミン・フルフォードも認めた。ただしベンジャミンは、トゥーレ協会ではなく何とか騎士団だと言っていた。トゥーレ協会だと言ったのは、村瀬興雄先生である。

筆者のヒトラー研究での最大の謎、なぜモスクワ攻撃を諦めたかは、イルミナティからの命令がヒトラーに入ったのだろうという解釈で解決できた。ちなみにもう一つの謎、戦争初期に35万人のイギリス兵を捕虜にできたのに、仏ダンケルクの海岸から本国へ返してしまったことだ。これはイルミナティの命令ではなく、ヒトラーが個人的に英国とは戦争したくない、英兵は殺したくない、同じアーリア民族だから、という理由であろう。もちろん35万人の英兵を捕虜にしていたら、断然ドイツは勝てたかもしれない。情のある方が負ける。

兎も角、破竹の勢いで5ヶ月間でモスクワ陥落寸前まで来たのだから、普通の感覚だとドイツ軍はそのまま何とかモスクワを攻め落とす。よって極東のシベリア軍は対独戦のために西に移動してこない。

小室直樹が言うように、12月8日の真珠湾攻撃のあと日本からヒトラーに対して、ドイツはアメリカに対して、宣戦布告を告げる必要なし、日独同盟はここで破棄すると言えば良かった。これでヒトラーはアメリカを敵に回さず、春になったらじっくりモスクワを落とせば良い。そうしたらスターリンの首は獲れた。

3．ところがそうはいかない理由がもう一つあった。山本五十六である。この人がフリーメイソンであった。あるいは小沢一郎のようにフリーメイソングループに所属している人であった。笠原多見子元衆院議員に直接聞いてもらったから知っている。

令和4年9月に安倍晋三元首相の国葬を岸田文雄総理大臣が強引に実行した。筆者はどこかで見たことがあるような歴史的場面だなと感じた。山本五十六の国葬である。昭和18年6月5日の国葬では、その棺の中身は空っぽである。まるでビルマ戦線から戻った兵隊の棺桶には葉っぱ一枚入っているだけの状態と同じである。彼の帽子が棺の上に乗っかっている。国民は棺の中にブーゲンビル島上空で待ち伏せされて墜落した山本五十六の遺体が収まっていると思った。

ところが、遺体は見つかっていないのである。飛行機が島の中で墜落し壊れた写真は筆者も見た。信長と五十六は遺体がない。

宇野先生が言うには戦後山本をニューヨークで見かけたと証言する人も現れたし、76歳で兵庫県で天寿を全うしたとも聞いている。即ち、山本海軍大将はブーゲンビルで死んでいない。彼もフリーメイソンだった。真珠湾攻撃をやり、米国を第二次大戦に参加させ、山本の持論である短期決戦で戦争を終わらせる。即ち昭和18年5月5日で終わらせる予定であった。しかし東南アジアの仏像の金を潰して持って帰れ、半分は天皇家のもの、半分はロスチャイルドのもの、との命令が来た。昭和20年の原爆投下まで戦闘を長引かせられた。山本は仕事をしたので、戦争の責任を負う必要がないから、76歳まで生きた。神戸で死んだのである。

同じことは安倍晋三氏にもある。安倍氏は2年前にとっくに死んでいた。だから菅義偉さんに総理が替わった。7月8日の暗殺現場は、クライシスアクター、アクトレス（看護師役宮本晴代など）ばかりだ。山上徹也は安倍氏を殺していない。あんな自前の銃で人は殺せない。裁判が始まった。山上は殺しましたと言うが、安倍を演じる役者は、血色の良いまま、救急隊には「安倍晋三です」と答え、東大寺公園で、ヘリコプターに乗り換え、奈良県立医科大学では開胸して玉を取り出す手術もせず、胸のレントゲン写真一枚も撮影せず、銃弾のありかがわかる、遺族である安倍昭恵は夫を殺した犯人が憎いと言っていない。先日の殺人事件では、一般国民の遺族が「犯人は一日でも早くこの世からいなくなってほしい」と叫ぶ。もちろん一人しか殺していないから死刑にはならない。山上も劇をやっているのである。だから罪を簡単に認めた。そのように言えと言われているからである。安倍晋三、フリーメイソン中のフリーメイソンである。フリーメイソン33階級からその上のフリーメイソンイルミナティに出世した。

だから奈良から遺体とおぼしき体は全身ガーゼでぐるぐる巻きにされて東京へ戻って来た。本当に元総理を助けるつもりなら、そのまま心臓マッサージとマウス・ツー・マウスしながら救急車のまま、時速120㎞で跳ばして大学病院へ玄関から運び込むであろう。そしていきなりオペ室へ運び、緊急手術である。ケネディのようにそれをしなかった。必要がないからである。大学病院の屋上へヘリが到着したとき、心臓マッサージもマウス・ツー・マウスもしていなかった。筆者はずっとテレビの映像を見ていた。ひょっとしたら、安倍晋三氏も昭恵夫人も今頃大好きなUAEのアラビアンホテルでワインでも飲んで余生を楽しんでいるのかもしれない。そして山上はお駄賃3億円もらって、別の人間が刑務所暮らしをするか、本人は10年で解放されるか、麻原彰晃のように獄中病死したということにして家に帰されるかもしれない。

山本五十六はフリーメイソンだったのである。しかしながら1941（昭和16）年12月8日よりも前に、ドイツ軍がモスクワ直前で劣勢だということも山本は知っていた。陸軍参謀本部瀬島龍三でさえ頼みのドイツが劣勢と知ったなら、ハルノートも受け入れて、時間を稼ぎ、真珠湾攻撃はしなかったと言っている。つまり、日本としてはナチスドイツが負けたら困るのである。

ルーズベルト大統領は、時々刻々日本がパールハーバーを攻撃しようとしていることを知り、魚雷を米国戦艦に撃ち込もうとしても上官は見て見ぬふりをした。ハワイの米軍はやられるのを待っていたのである。山本とルーズベルトは繋がっていた。ルーズベルトはもちろんフリーメイソンの一員である。ユダヤ人である。1940年大統領選挙の公約でアメリカは第二次世界大戦に参加しないと誓った。しかしイギリスが負けそうだったので、助けを求めた。日本が米国の準領土のハワイを攻めてくれたら、戦争に参加できる。だから戦艦アリゾナなどもう使えないポンコツ船を並べておいた。そして山本の指令で真珠湾をちょっと攻撃して帰って来てしまった。南雲中将の言うように、二次、三次の攻撃をして徹底的に米海軍をやっつける必要があった。山本はそれを制した。

大島もひょっとしたら、フリーメイソンで、ドイツがモスクワを目の前にして、苦戦していることを知りながらも、応援のために、真珠湾攻撃が現実的にあるように、ドイツ優勢の情報を参謀本部に送っていたかもしれない。世界は米国の参戦が必要だったのである。ヒトラーはイルミナティを越える力を持っていたので、我が儘を押さえつけるのに必死だったと思う。だからたとえドイツが負けてもヒトラーは逃げても良い、戦後裁判にも掛けない、と言われていたかもしれない。とにかくモスクワ攻撃はしなかった。日本は太平洋戦争に突入してしまった。アメリカは参戦できた。ヒトラーは3日考えて米国に宣戦布告した。

大島はヒトラーに懐柔されていたから、日本に嘘情報を流したという歴史家もいるが、そうは思わない。大島は冷静なヒトラー観察者である。ドイツが勝つこと、日本が勝つことを考える。だから大島はモスクワ回避の選択を意外に冷静に受け止めたであろう。松岡もフリーメイソンかもしれない。戦前当時約1250人の日本人フリーメイソンがいた。

ヒトラーは共産主義が嫌いだったから、多くの政治犯を収容所に送り込んで殺したが、スターリンだけには評価してほしいと思っていたきらいがある。だから必ずしもフリーメイソンだけの理由でモスクワを引き上げたのではなく、実際劣勢で、一か八か賭に出ることをしなかったのかもしれない。イルミナティと意見が合致したのであろう。

ヒトラーはアルゼンチンで生きとるぞ、と父はよく言っていたが、１９４５（昭和20）年4月30日にヒトラーはエバ・ブラウンとともに、総統地下壕から長い地下トンネルを通って、テンペルホーフ空港へ、そこで女性パイロットのハンナ操縦の飛行機でスペインのカナリア諸島へ行き、2週間潜伏した。その後、Uボートでアルゼンチンに向かった。１９８８年頃まで生きていて、ドイツへ帰ろうと飛行機を離陸したときに沼に墜ちて死んだそうである。ヒトラーの牧場は今はパラグアイという国に変わっているが、ＧＷブッシュがその牧場を所有し、隣が旧統一教会の牧場だそうである。

以上が松岡が強引に日ソ中立条約を結ぼうとした理由と背景である。さらに言うならば、裕仁天皇も立派なイルミナティである。世界史というのはイルミナティ同士の力のぶつかり合いのような気がする。日本史というのは天皇家というイルミナティの継続である。天皇家は世界王室連合のトップだったイルミナティであり、ロスチャイルドは、グノーシス派イルミナティ。ロックフェラーもそうである。さらにアメリカファーストのイルミナティやロシア地下政府もある。中国共産党はフランスロスチャイルド大東社が資金を与えて、蔣介石を負かして中華人民共和国を造った。裕仁天皇は１９３６（昭和11）年二・二六事件の時、転向した。それまではユーラシアの一員政策一辺倒（秦氏）から、国内に小さく収まる政策集団（出雲族）へ転向した。即ちグノーシス派ノイルミナティの言うことを聞かざるを得なくなったのである。宇野正美の言うところの「負ける戦争」をせざるを得なくなったのである。だから、アメリカを参戦させ、東南アジアの金を奪い取り、広島・長崎の原爆を受け入れないわけにはいかなくなった。「そうか、戦争しなくてはならないか」と仰って始めた。マッカーサーが戦後天皇に会ったとき、天皇は「自分はどうなっても良いから、国民にパンをやってくれ」と懇願した。マッカーサーは、こんな高貴な方なのだとすっかり尊敬し始め、極東軍事裁判にも呼ばなかった、と言われる。天皇を死刑にしたり有罪にするつもりであったが、マッカーサーはフリーメイソン33階級という随分下の方なので、とてもそんな力はない。恐らくイルミナティから命令が下って、天皇を裁くな、とされたのであろう。マッカーサーの温情ではない。

ヒトラーが１９３９（昭和14）年８月23日に独ソ不可侵条約を締結したのも、ソ連を攻めるなというイルミナティからの命令だったかもしれない。チャーチルもスターリンに甘い。兎に角どんな職業でも、欧米ではフリーメイソンに入らないと仕事ができないのである。小説家でもそうである。フリーメイソンに入会すると有名にしてくれる。最近過度にテレビやYouTubeに出ているなと思ったらフリーメイソンのメンバーになった人だと思えばよい。

大島は陸軍大臣の息子だが、ヒトラーはオーストリア・ハンガリーの財務省官僚の父を持つ。祖父がロスチャイルドである。それだけかと思っていたが、最近は母クララが、ヴィクトリア女王の孫説が出ている。だからイルミナティ・フリーメイソンの一員であり得るのである。ユダヤ人でも何人でもフリーメイソンに所属できる。

ナチス幹部のアルベルト・シュペーア軍需相は若かったが、ニュルンベルク裁判で死刑や終身刑にならず、25年で済んだ。恐らくフリーメイソンだからであろう。法廷ではシナリオを読んでいるような仕草だった。

ゲーリングやリッベントロップもフリーメイソンだと思うが、ヒトラーの代理が必要だったので、死刑になった。実際ゲーリングは死刑執行直前に服毒自殺した。大島は一票違いで終身刑となり死刑は免れたが、10年で解放された。ヘスは1987年8月ベルリンの戦犯刑務所で獄中首つり自殺した。フリーメイソンかもしれない医師メンゲレは、双子を使って新薬の治験など人体実験をかなりやったが、裁かれもせず、アルゼンチンかブラジルに女性と潜伏し続けていた。アイヒマンのようにイスラエルに連れてこられ裁かれ、死刑になることもなかった。メンゲレは逃げ切った。ずいぶん経過して殺害されたという説もある。TVでメンゲレだとされた焼却遺体は本人のものかどうか証明されていない。ヒムラーは独軍捕虜キャンプに紛れ込んだが、見つかって青酸カリを飲んで死んだ。

よって誰が考えても合理的でない日ソ中立条約は、松岡がフリーメイソンで、上からの詐欺的命令だった可能性が強い。四国同盟など本人の理想空想だけで条約が締結できるものだろうか。ヒトラーと松岡は同じフリーメイソンだったとしても、イルミナティからの命令をお互いに知らない場合がある。アメリカはまずドイツを潰すために、極東のシベリア軍を西方へ移動させる必要があった。中立条約はアメリカからの命令だった可能性もある。

繰り返すが小室直樹が言うところの中立条約とは、極東での中立であって、このような条約が存在しても、日本はスターリングラードに兵を送っても良かったのだ。アメリカと日独が戦争をしないためのまだ手はあった。

日ソ中立条約は結ぶわ、ハルノートを簡単に拒否するなど、アメリカの思うつぼであった。ハルノートでは日本軍の中国からの完全撤退には、期限が決められていないので、ハイやります、と答えれば良い。小室は蔣介石をやっつけてから撤退すれば良いとする。丁度その頃、仏大東社の支援により毛沢東が力を付けてきて、蔣介石を監禁後（西安事件、1936年12月12日）、国共合作路線を約束させて解放（同月25日）した。毛沢東は蔣介石を殺すことを考えたが、スターリンが反対した。そんなことをしたら共産党から除名すると。よってフランスとソ連は繫がっており、さらに中国共産党と繫がっていたから、日本としてはハルノートを受け入れ、毛沢東と蔣介石をやっつけてから、中国から撤退すれば良かった。毛沢東とも戦っているからもう少し待て、とアメリカに返答すれば良かった。日独防共協定をも十二分に果たせたことになる。ヒトラーも最後までヨーロッパが共産主義化することを恐れて戦っていると主張した。日本が東南アジアを解放したという美談はいらない。

ヒトラーもイルミナティに少し逆らったのだから、日本もイルミナティに少しだけ逆らっても良かった。天皇という世界王室連盟というイルミナティのトップを押さえているのだから、彼らはやり方が巧みだ。

大島はヒトラーモスクワ攻撃直前での苦戦を苦戦と報告しなかったことは汚点である。日中戦争に反対し、心配し、そのうち命取りになるからと助言していた。既に中国に深入りしすぎるところまで来てしまったのだから、ハルノートは適当にイエスと言っておけと指示すれば良かった。ぐずぐず日中戦争をしていれば、真珠湾攻撃の時期を失い、相手方も困るだろう。真珠湾のシナリオは崩すことが幾らでもできた。大島はナチスドイツの勢いが墜ちてきたなどとても言えなかったのだろう。この時の日本はドイツが頼りだったからだ。

第十章　ナチスドイツ、スターリングラード敗退

日本は真珠湾攻撃をし、太平洋戦争が始まり、スターリンは安心してシベリア軍をヨーロッパ側へ移動させた。既に１９４２（昭和17）年ドイツがスターリングラードをほぼ征服した後で、赤軍はその街をグルリ一周取り囲んだ。今や攻撃する側が守る側に代わり、守る側が攻撃側になった。スターリングラードで戦うドイツ軍はきっとヒトラー自身が援軍に来てくれると信じていたが、やがてそうでないことがわかった。ヒトラーからの電令はスターリングラードを死守せよの一点張りであった。階級を上げてやると言っているのに、どうして彼らはそこで戦って死ねないのだろうとヒトラーは発言した。１９４３年（昭和18）2月2日ついにドイツ軍は敗退した。36万人が捕虜になった。このうち戦後母国に帰ることができたのはわずか６０００人だった。同じ年イタリアは連合軍と休戦調停し、逆にドイツに宣戦布告した。

１９４４（昭和19）年6月6日、ノルマンディー上陸作戦が始まり、同年7月20日、シュタウヘンベルクによる何回目かのヒトラー暗殺未遂が起こり（ヒトラー暗殺失敗は計40

回あると言われる)、連合軍と休戦協定を打診したロンメル将軍が同年10月14日服毒自殺させられた。

1945年に入ると東はソ連軍から、西は連合国からヒトラーは攻め込まれ、ベルリン市内は赤軍に攻撃された。ヒトラーはついに4月30日自殺した。5月7日ドイツは無条件降伏した。戦後ベルリン市内で多くの赤軍兵士とのハーフの子供が生まれた。数は少ないが米軍、英軍の強姦もあったという。女性の3人に1人は強姦された。

ソ連はヤルタ会談で決まったように、ドイツ降伏3ヶ月後の8月9日から対日戦を開始した。満州国境から南下し、8月11日から南樺太へ侵入、8月18日千島列島最北端、占守島を攻撃した。日本の無条件降伏の後も攻撃であった。こうして9月2日のソ連代表も含めて降伏文書の調印したとするにもかかわらず、9月5日までソ連の攻撃は続いた。

日ソ中立条約は1946(昭和21)年4月まで有効だったのであるから、極東で、また準日本領土に当たる満州(中国東北部、万里の長城まで)に攻撃を掛けたのであるから、国際法違反である。中立条約を一方的に破棄したので、日本政府は現在なお、ソ連ないしはロシアと平和条約を締結していない。今後の課題である。放棄していない。

広島・長崎原爆に関して述べると、ナチスドイツは当時既に原爆を完成させており、ヒトラーが当時、「これ以上市民を原爆で犠牲にすることはできない」と原爆使用は却下した。想定した原爆使用の都市は、ロンドンとモスクワであろう。ヒトラーの興味は原爆からV1、V2兵器に移った。フォン・ブラウン（イーロン・マスクの父）らに兵器開発を任せていた。完成間近でドイツは破れたのである。しかしナチスドイツの科学的技術は相当高いものと思われる。

原爆開発に遅れたアメリカは、最初はウラニウム型の原爆開発を進めたが、材料のウラニウムの収穫量が圧倒的に足りなかったので、プルトニウム型の原爆開発に転換した。ヒストリーチャンネルで先日マンハッタン計画についての詳しいドキュメントを放映した。よって長崎の原爆は米国製であるが、広島の原爆はウラニウムなので、米国製ではないことを証明した。

ヒトラーと大島が戦後会ったという証拠はないが、1955（昭和30）年に大島が仮釈放されているので、きっと大島はヒトラーに会いに行っているのではないかと思う。岐阜出身の偉人は孤高の人が多く、徒党を組もうとしないが、明智光秀のように、天才に接触すると十分その能力を発揮して伸ばすことが多い。光秀の場合はもちろん信長である。豊臣秀吉は名古屋市出身であるが、信長の天才性を学んだというより自身の天才性を発揮している。よって光秀は2人の天才に出会ったことになる。大島浩を見ていると、ヒトラーという政治的天才性を持った人間と得意なドイツ語世界圏で出会ったので、単なる武官から二回も駐独大使になるまで能力を発揮した。ヒトラーがユダヤ人の虐殺をしなければ、完璧な政治的天才と言えるだろうが、ホロコーストを実行した。しかしながら、結果的にイスラエルというユダヤ人の国ができたのも事実である。ヒトラーとする仕事は楽しくて仕方がなかったのではないか。

大島によって独裁者のイメージが変化した。外向的にも内向的にも力強い限りの狂ったような演説が身内話のときも同じだと思っていたが、身内で喋るときは低い声で静かである。恋人ゲリ・ラウバルの話をするときはいつも涙を浮かべていたという。血も涙もある男に変貌した。大島の前では人間味を露呈していたようだ。第二次世界大戦で勝ったのは、チャーチルでもド・ゴールでもルーズベルトでもなくて、スターリンだと思う。それ以外はいない。ヒトラーも大島もそう思ったのではないか。

１９４６年（昭和21）10月16日にヨアヒム・フォン・リッベントロップが死刑になった時、大島は哀痛の念を表明した。大島回想テープで述べている。しかしながらヒトラーが自殺したと聞いた１９４５（昭和20）年4月30日のことは何もテープに残していない。何をしていたときにラジオのニュースで知ったとか哀痛の一念表明がない。当時ナンバー2でもあったルドルフ・ヘスは１９４１（昭和16）年5月10日にスコットランドに飛んでしまったので、ヒトラーは激怒した。大島はヘスより信用されていた男である。

筆者の父はよく言っていた。「ヒトラーはアルゼンチンで生きとるでな」。極東軍事裁判でもフリーメイソンに対する呼称が区別される。東條英機はフリーメイソンではなかったから、キーナン主席検事は「トージョー」と呼び捨てにしていた。そのうち1年近く経って、「トージョーサン」と呼ぶようになった。岸信介もフリーメイソンだったから、東條内閣で内務大臣をしていたのに、A級戦犯にもならなかった。それどころか、戦後日本の総理大臣になってくれないか、それとも死刑か、と聞かれて、「総理で、イルミナティに従います」と誓った。よって改訂安保条約を通してしまった。おかげで日本はアメリカの完全な属国になってしまった。田中角栄はフリーメイソンに入らなかったから偉い。あれほどまでの人情は欧米では不要だ。戦後78年経過し、ドイツは地政学的に縮小したけれども、東西ドイツは統合した。オーストリアやチェコのズデーテン地方はチェコスロバキアに戻り、チェコとスロバキアに分かれた。

日本は南樺太と千島十八島を獲られてしまった。しかも日本はイルミナティに支配されたアメリカ合衆国の51番目の州に成り下がっている。決して独立していないから日本政府の独自路線は歩めず、やりにくい。盲従するだけだから楽と言えば楽なので、政治家の質は落ちるばかりだ。今の日本には夢がない。

実はヒトラーはアンゲラ・メルケルという娘を残した。１９８８（昭和63）年頃南米からドイツへ戻ろうとして飛行機を飛ばしたが、沼に墜ちて事故死した。ナショジオかヒストリーチャンネルで元ＦＢＩの職員４人が調べた結果を語っていた。もちろん遺体は見つかっていない。大島は仮釈放後、自由な身になり、１９７５（昭和50）年に89歳で死亡した。ヒトラーは99歳まで生きたことになる。

第十一章　ヒトラーから大島へのプレゼント

１９４５（昭和20）年3月24日、ヒトラーからカール・デーニッツに命令が下った。

「ドイツの先端技術を速やかに日本に移転せよ。最後に日本のこれまでの友好に報いてやろうではないか（『東条英機の親友　駐独大使　大島浩』中川雅普著　セルバ出版　Ｐ．２０９）」

カール・デーニッツはナチスドイツの海軍元帥。ヒトラーは負け戦がわかっていたので、日独同盟の何年間の間、大島を介しての友情に対して、以下のプレゼントをしたのである。

ウラニウム５６０kg、実機のジェット戦闘機Ｍｅ１６３　１機、Ｍｅ２６２　２機である。それらを最後の日本派遣のためのドイツ海軍Ｕ２３４に載せて、キール軍港を出港した。同艦に友永・庄司両海軍技術中佐が乗っていたが、同年5月6日にドイツは連合国軍に降伏し、5月8日Ｕ２３４は米国駆逐艦サットンに降伏。ジェット機は事前に処分していた。友永・庄司は情報漏洩を恐れて、自殺したと言われる。ヒトラーからウラニウムをもらって帰国途中だったという情報のことか。しかし小さな固まりでアルミケースに収まるだろうから私物として、ウラニウムは積み卸ししたに違いない。極東の日本までU２３４が辿り着いたかどうかは明記されていないが、これを含む41機のUボートのうち、ドイツまで無事戻ることのできたのは４隻のみである。ウラニウムを載せたUボートは、沈没させられずに降伏したが、米軍がそれをアラモアナ研究所に持ち込んだ話はない。もし米国政府がヒトラーのウラニウムの存在を確認し戦勝品として奪い取ったならば、きっとアラモアナ研究所に運んで原爆製造に使用しただろう。

筆者も今まで何度も聞いた広島原爆の噂は、made in Germanyと書かれてあったとか、東京大学の仁科教授が作ったとかの話で、恐らくこのヒトラーのウラニウムのことであろう。ヒストリーチャンネルで、何年か前に、放映した。オッペンハイマーがこの時期に選ばれ原爆を作るように大統領から命じられている。当時米国の原爆開発はドイツよりもずいぶん遅れていたので、まずはウラニウムからの製造を試みたが、失敗した。試験管の中に材料を集めても底から一㎝ほどにしかならないのである。写真を見たことがある。これでは10ｇぐらいだ。録画した。

ウラニウムでは量的に間に合わないので、オッペンハイマーはプルトニウムの原爆を製造することに変更した。

トルーマン回想録によると、戦争の最後に日本に原爆を落とす予定の日本の都市は４ヶ所並べてある。新潟、広島、小倉、長崎である。このうち恐らく新潟が最初の投下都市であったが、不発弾で、その不発原爆を持って帰った日本人がいたそうである。北海道へ移動させたと。初めて空から落としたのであろう。でも米砂漠で実験したときも飛行機に原爆を載せて落とした、という映像はないし、鉄塔の上に置いておいて火を付けたという感じに見える。

早々とヒトラーが原爆を完成させたというのは有名な話で、しかしヒトラーはこれ以上民衆を殺す気にはならない、という発言があって、敵基地を狙うV1やV2ミサイルに興味が移った。よってウラニウムは要らなくなったのであろう。プレゼントされたウラニウムはソ連国内で集めてきた物材かもしれない。北欧かもしれない。

落下させても原爆のカプセルの中に爆弾を入れないと炸裂しない。そういう映画があった。原爆少年。よって長崎の原爆はダイナマイトを入れて落としたのであろう。しかし広島の場合は、米国製ならそうしただろうが、直接関与しない日本製！　だった。わざとウラニウムを日本の広島で破裂させよ、の命令による投下だった。よって戦後のアメリカ軍による広島市内の科学的調査は綿密であった。建物や人間の黒い影が随所に見つかるが、その影の方角から何処で原爆が炸裂したかを正確に計測していた。結果は、地上10mあたりのビルの屋上である。最近炸裂直後の広島市内の写真が発見されて見たが、確かに町中のそんなに高くないところで光の根源を見受けられる。

飛行機から落としたとしても、広島の場合はキノコ雲の画像が空の中でうまく撮れていないのである。折れ曲がっている。恐らくエノラゲイから写真を撮ったと思われる。雲が既に空中まで上がっていて、細くて途中で〝折れて〟いる。風に吹かれて曲がったのだろうか。それとも撮影ミスか。偽造か。長崎の場合はきれいなキノコ雲がまっすぐ空まで上がってくる。ファットマンの方はロスアラモス研究所からそーっと運び出し、テニアン島まで運んだ。小倉へ落とす予定のプルトニウム原爆であり、雨のため小倉城が見えなかったので急遽長崎へ飛んで落とした。

一方3日前エノラゲイに積み込まれたカプセルの中には何も入っていない。空のカプセルを落としただけである。ウラニウム原爆は京都で作られ、広島へ陸で運んだのだろう。天皇は新型爆弾が落とされたと発表した。なぜ made in Japan の原爆を自らの国に落とさねばならなかったかという理由は本書には書かないつもりであるが、宇野先生がいつも講義で言う「日本はわざと負ける戦争をやった」という意味だと今は解釈している。この戦争は1943（昭和18）年5月5日に終わるはずだった。原爆など落とさなくても日本は戦争を続ける力も武器もなく、敗戦寸前であった。第一部「天皇と原爆」を参照されたい。イルミナティの考えるところや行動は実に筆舌に尽くしがたい。

第十二章　大島を通して述べるヒトラーの日本観

ヒトラーは『我が闘争』ぐらいしか書き残していないと思われがちであるが、実は個人的遺書、政治的遺書を始めとして、テーブルトーク上下二巻など、その映像に負けず劣らず膨大な言葉が残っているのである。日本観もテーブルトークと同じようにマルティン・ボルマンに口述筆記させている。

「我々にとって日本はいかなる時でも友人であり、盟邦でいてくれるだろう。この戦争で我々は日本を高く評価し、尊敬することを学んだ。そして、日本との関係はさらに密接で、強固なものとなるであろう。日本が直ちに我々とともに対ソビエト戦に介入してくれなかったのは確かに残念なことである。それが実現していたならば、スターリンの軍隊は今この瞬間にブダペストを包囲していなかったし、ブダペストにも来ていなかったであろう。

我々両国は共同して、1941年（注、昭和16年真珠湾攻撃前）の冬が来る前にソ連を殲滅していたらルーズベルトは我々とことを構えないよう細心の注意を払ったに違いない。さらに1940（昭和15）年フランス降伏時、アメリカは大統領選の真っ最中で、その時、日本がシンガポールを攻略すれば、戦争の転機となったであろう。事態はどうであれ、我々と日本の運命共同体は存続するであろう。我々はともに勝つか、それともともに滅びるかである。ロシア人が日ソ中立同盟という神話を今後も長く堅持するであろうとは、まず考えられない」

日ソ中立条約をスターリンが希望したからだ、と言ってくれる。これは日本にとって助かる言葉である。松岡のせいにしていない。さらにヒトラーは日ソ中立〝同盟〟を今後も長く堅持するとは思えない、と言った先見の明はすばらしい。ヤルタ会談でスターリンがルーズベルトから、ドイツ降伏後3ヶ月したらソ連は満州から日本を攻めて良い、という許可を貰ったというが、ソ連は最初から約束を守らなかったのだ。

ちょうど3ヶ月後の昭和20年8月9日、長崎原爆の日からスターリンは満州を南下した。前述の、条約の中には満州は日本と同じ、外モンゴルはソ連と同じ、であるから日ソ中立に満州は含まれる。しかし満州は攻め込まれた。プルトニウム原爆をトルーマンが落としたその同じ日に、言い合わせたようにスターリンは条約破りを始めたのである。しかも、天皇陛下が敗戦のお言葉を述べられて、何日も経過した8月18日からスターリンは千島十八島の最北、占守島から攻めてきた。満州侵入赤軍は満州のあと南樺太へ侵入し最終的に北方四島へ入り込んだ。さらには北海道を半分攻め落とす計画であったが、9月2日マッカーサーが相模湾の船上で調印した頃、戦争をやっと止めたとする。

ヒトラーは１９４０（昭和15）年6月14日、ドイツ軍がパリに入城した時に、日本がシンガポールを攻めてくれたらと言う。しかし大島は前年の9月から帰国しており、この年12月になってようやく三国同盟後駐独大使になってベルリンに戻ってきたのである。ヒトラーと大島のこの1年間の空白が負け戦の運命を決めたのかもしれない。

またヒトラーが対ソ戦を始めるのが１９４１（昭和16）年6月22日であるが、同時に極東から日本軍がソ連を攻めてくれたらと言う。しかしながら、何も知らない松岡はその年4月にひょこひょこ二度もモスクワを訪れ、スターリンと中立条約を結んだ後であった。とても6月22日から条約を破棄して、ソ連を攻めることはできないであろう。松岡は帰路モスクワに立ち寄って、日ソ中立か不可侵を決めてこようと思っているとヒトラーに告げた時、リッベントロップ外相は「それはできっこないですよ」と諭した。この辺りがドイツにとっても日本にとっても天下分け目であった。嘘でも良いから日本は勝たねばならなかった。大島もこの時はヒトラーのそばにいたから、対ソ戦が間もなく始まることを松岡に諭したはずだが、松岡は四国同盟の空想に取り憑かれていたから、無理な話であった。無念なことである。

第十三章　『ヒトラーと大島』クロニクル（年表）

1933年（S8年）　1月30日　ヒトラー政権誕生
2月24日　日本国連脱退
10月　ドイツ国連脱退

1934年（S9年）　5月　大島浩　駐独大使館武官就任
6月30日　長いナイフの夜（レーム粛清）→国防軍ヒトラーに忠誠誓約
8月2日　ヒンデンブルク大統領死亡（86歳）

1935年（S10年）大島少将　3月16日　ドイツ、ヴェルサイユ条約破棄（再軍備開始）
伊オーストリア侵攻、オーストリアナチス党、ドルフス首相暗殺、伊英仏同盟
仏ソ同盟、ドイツ孤立。伊エチオピア侵略

1936年（S11）　2月26日　二・二六事件

1937年（S12年）

3月7日　ドイツ、ラインラント進駐
11月25日　日独防共協定
7月7日　支那事変（盧溝橋事件）
伊独、スペインフランコを助ける。
9月　ムッソリーニ来独、オーストリア放棄　日独伊防共協定

1938年（S13年）
大島中将

3月12－13日　ドイツ、オーストリア併合
大島予備役編入・駐独大使
5月　独軍ズデーデン地方国境へ展開（誤報）
9月29日　ミュンヘン会議（英チェンバレン、仏ダラディエ、ズデーテン割譲容認）

1939年（S14年）

3月15－16日　独、チェコスロバキア解体
5月11日－9月16日　日ソ、ノモンハン事件
7月末　米国、日米通商航海条約を破棄
リッベントロップ、大島に独ソ接近示唆
3月4月　伊藤使節来独
8月23日　独ソ不可侵条約締結、平沼内閣崩壊

9月1日　ドイツ、ポーランド侵入、第二次世界大戦勃発
大島、帰朝命令、大使依願免職

1940年（S15年）
6月14日　ドイツ軍パリ入城
9月27日　日独伊三国同盟　調印
12月　大島駐独大使再任命

1941年（S16年）
4月　松岡外相ベルリン訪問、松岡・ヒトラー会談、大島同席
松岡・スターリン会談、4月13日日ソ中立条約調印
6月22日　独ソ戦勃発「バルバロッサ作戦」
11月26日　（日本時間27日）米国国務長官ハルが最後通告
12月8日　日本、真珠湾攻撃、太平洋戦争勃発

1942年（S17年）
2月8－15日　シンガポール陥落
6月4－7日　ミッドウェー海戦、敗戦

1943年（S18年）
1942年6月28日－1943年2月2日　独、スターリングラードで、独敗退
9月8日　伊、連合国と休戦調印

1944年（S19年）	6月6日	連合国ノルマンディー上陸作戦
1945年（S20年）	2月4－11日	ヤルタ会議
	4月5日	ソ連、日ソ中立条約破棄、日本は1946年4月25日からの不延長と理解
	4月30日	15時　ヒトラー自殺
	5月7日	ドイツ無条件降伏
		大島連合国軍に拘束、米国へ移送
	8月6日	広島、8月9日長崎原爆投下、中立条約を破棄してソ対日参戦
	8月15日	日本敗戦
	8月18日	占守島の戦い、千島北東端4日間の戦い。日本軍武装解除させられる
		樺太赤軍が9月2日までに北方4島を占拠
	9月2日	戦艦ミズーリー号で降伏文書の調印式
		大島、ＧＨＱが逮捕命令
1945年（S20年）		大島、Ａ級戦犯起訴

１９４８年（S23年）　大島、終身刑の判決
１９５５年（S30年）　大島、釈放
１９７５年（S50年）６月６日　大島浩　死亡（89歳）

第三部

天皇家はワンワールド!?
ユダヤ祭祀の一族
「レビびと」を追う！

第一章　第25代武烈天皇まではレビびとではない

スウェーデンボルグの『霊界日記』を読んでいると、第一章目からExodus Exodusとあって、いつまで経過しても彼は旧約聖書のExodus即ち出エジプト記のことばかり探究している。

旧約聖書は確かに創世記からはじまって、次が出エジプト記である。創世記はこの地球や人間の誕生のことが書かれており、人間はネピリムという神のＤＮＡが人の娘のところに入って生ませた子のことである。そして恐らくネピリムからノアが子孫として生まれ、セム、ハム、ヤペテを生んだとする。

そのセムの息子が誰で、ハムの息子は誰で、ヤペテの息子が、と永遠に続くのだが、セムの子孫にアブラハム、イサク、ヤコブが生まれる。それからさらに延々と息子たちの名前が出てきて、ようやく出エジプト記に続く。

「アブラハム・イサク・ヤコブ」のヤコブと共に家族を連れてエジプトへ行ったイスラエルの子らの名前が、ルベン、シメオン、レビ、ユダ、イッサカル、セブルン、ベニアミン、ダン、ナフタリ、ガド、アセルである。

これらの人々の子孫をおおざっぱにレビ族（本書ではレビびと）とかガド族と呼ぶのだが、神はエジプトで奴隷として暮らしているこれらの人々を、モーゼやアロンの声を通してシナイ山やカナンの土地に連れもどそうとする話が出エジプト記 Exodus である。この部分はユダヤ人が一番最初に自らの存在を知り、国を与えられ、文明や宗教の基礎を作ろうとする祖先中の祖先の話なので、また旧約聖書には未来の預言が詰まっているから、世界の偉人は一文字残らず探求しようとする。

出エジプト記でも神が6日のうちに天と地と海を作って、7日目に休まれたから安息日土曜日は人間も休むように命じられる。そして第二十章には有名な十戒　一、あなたは殺してはならない　二、姦淫してはならない　三、盗んではならない　四、隣人について偽証してはならない　五、隣人の妻をむさぼってはならない、等と宗教のはじまりが書かれている。それ以外に殺した者は必ず殺されなければならない、とかある。さらに雄牛や雄羊などの神へのいけにえについてが述べられる。

135ページになり、ようやくレビ記となる。レビびとのことについてはいわゆる他のユダヤ民族と違って彼らはこの神からモーゼやアロンを通して伝わった言葉を厳格に守る司祭であり、他の民族のように土地を与えられないのであった。

古代イスラエルの各民族の土地と場所を地図で示すが、確かにレビ族の土地はない。そして本書はこのレビびとが日本の天皇家であるという証明をするために書いている。

さてもういちどヤコブの子供たちのいわゆる支族についてであるがヤコブは最初レア・ラケル姉妹のうち、妹のラケルを正妻として迎える予定であったが、神様にだまされてベッドの中に入って来たのは姉のレアであった。そしてこの夫婦のあいだに生まれたのがルベン、シメオン、レビ、ユダ、イッサカル、ゼブルン、ディナである。久保有政先生によると、ルベンが忌部氏。即ち古代朝廷における祭祀を担った氏族。織田信長は忌部氏といわれる。

天皇家の血筋が途切れることは、今までに大きく二回あり、一回目は神武天皇から第25代武烈天皇のところまでで一端終わり。十代遡って応神天皇からの子孫第26代継体天皇からはいわゆるレビびとと言われて江戸末期の孝明天皇までいく。明治からは皆さんご存じの通りである。朝堂院大覚総裁は自らのことを第26代継体天皇の子孫が父方で、実際は嵯峨天皇の子孫であり、母方は伏見宮家だと仰る。

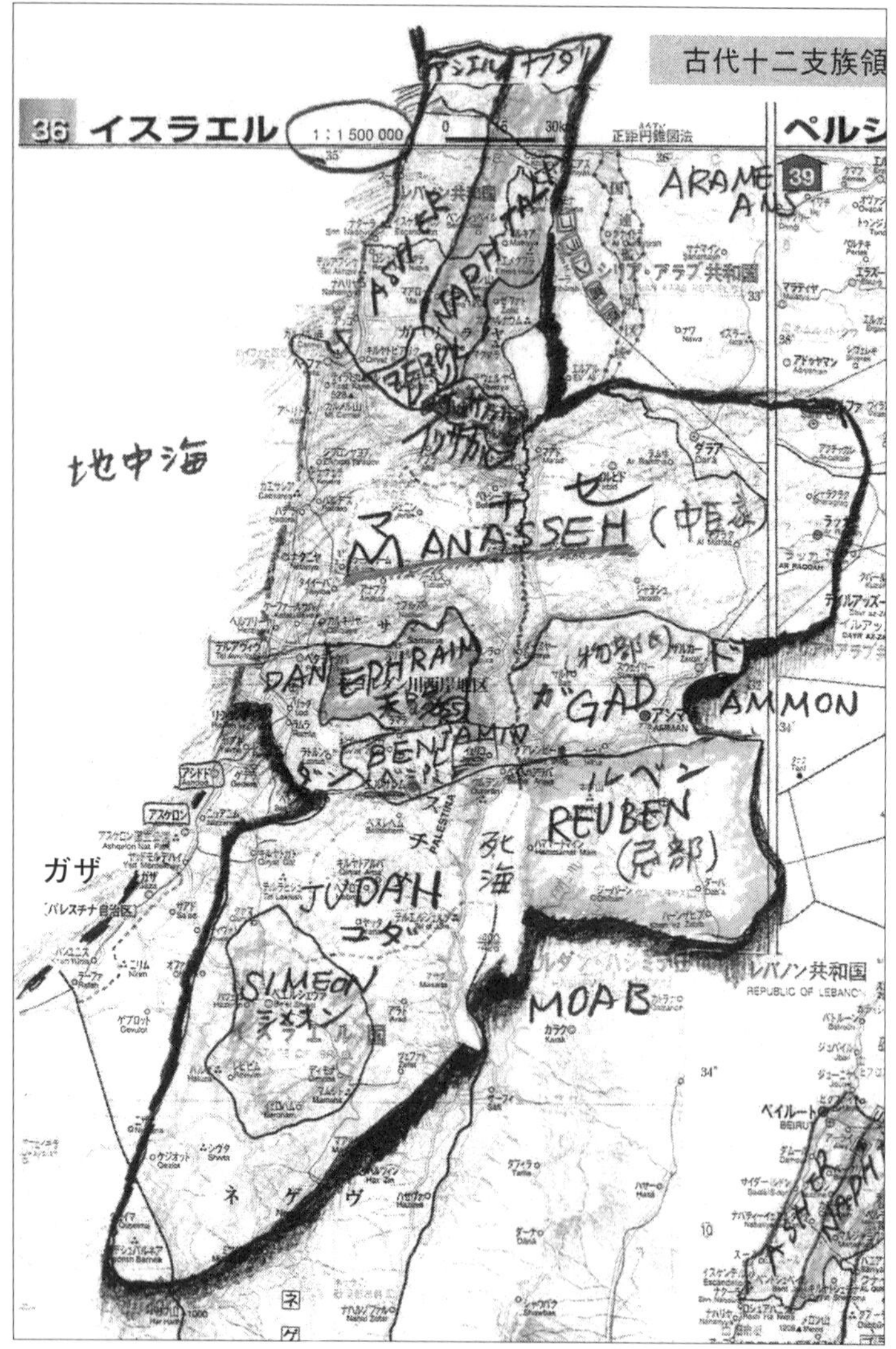
古代十二支族領
36 イスラエル
1:1 500 000
正距円錐図法
ペルシ
ARAMEANS
シリア・アラブ共和国
地中海
ASHER
NAPHTALI
MANASSEH
EPHRAIM
DAN
GAD
AMMON
BENJAMIN
ルベン
REUBEN
死海
JUDAH
ユダ
SIMEON
シメオン
MOAB
ガザ
パレスチナ自治区
レバノン共和国
REPUBLIC OF LEBANON
ベイルート
BEIRUT
ネゲヴ

嘉納道致作成図

〈ヤコブの妻と子供たち〉

姉レア：ルベン、シメオン、レビ（26代継体天皇～今上天皇）、ユダ、イッサカル、ゼブルン
妹ラケル：ヨセフ、ベニアミン
ヨセフの妻アセナト：エフライム（神武～25代武烈天皇）、マナセ（中臣）
ラケルの女奴隷：ダン、ナフタリ
レアの女奴隷：ガド（物部氏）、アセル

（ ）内は久保有政氏『「ヤマト」自らの宗教「神の道」古代イスラエル人中臣、物部、忌部となったイスラエル三部族はマナセ、ガド、ルベン天皇家の系図とエフライム族』から。

一応武烈天皇は騎馬民族で関東よりに多い血統として残っているが、これはエフライムの子孫であろう。この辺りは男女の兄弟の順番や人数でエフライム自身が神武天皇ではな

いかと証明したことがある。かくの如き研究は多勢がやっており、筆者は旧約聖書から天皇家の血統をユダヤのしかもヤコブのどの妻からの子供かをひもといているだけなので何ら画期的ではない。

なお天皇家が日本列島とくに近畿に来る前に先に上陸していたいわゆるスキタイ人の子供でもある物部氏（鈴木姓が多い）はガド族であり、姓も昔はガドというからには神武から武烈天皇までがガド（帝ミカド）と思って誤っていた。

エフライムこそが神武天皇家である。また中臣鎌足など中国からやって来た藤原氏などはマナセの子孫のようである。マナセ何某という役者がいた。坂本九所属はマナセプロダクションと呼び、坂本九は何となく出雲系ユダヤ人に思えてならない。現代日本には出雲族と秦氏がいて、簡単に分けられないが、エフライムの古代天皇系は坂本九や橋下徹のような顔で、秦氏とはレビびと、レビ族系で伊勢神宮をまつる人、ないしは鼻の形がワシ鼻で大陸的で大がらの人が多いような気がする。

これら12～14支族が世界中にちりぢりバラバラになり、どこへ行ってしまったのか見当もつかなかったが、先日ミャンマーでマナセ族の子孫が見つかった。よく調べたらこれら古代ユダヤの支族たちの代表は日本に来ているし、いわゆる欧州王族貴族はダン族の血統がつらなっており、イギリスもベルギーもロシアも王室はダンであろう。ハプスブルク家はドイツ出身の王室だが、今のところダン族かどうか不明である。

本来ならば正妻の妹ラケルの長男ヨセフから生まれたエフライムが日本の天皇家としてまず極東に来たのであるが、天皇制という心の底まで大和民族という一体感を作り出すためには司祭として神から直接の言葉をもらい、また契約の箱をテント（天幕）の囲いの内側で直接守り、儀式を行うレビびとが遠く日本まで来る必要があったのであろう。またエフライムの天皇家はいわゆる欠史八代、綏靖天皇、安寧天皇、懿徳天皇、孝昭天皇、孝安天皇、孝霊天皇、孝元天皇、開化天皇が含まれ、ネピリムなど外の惑星から来た神に近い存在の子孫のため寿命も長いので、八百年も九百年も生きていたことになる。当時は大陸や朝鮮半島で時が過ぎたものと思われる。実在したはずの崇神天皇（第10代）でさえ紀元前148年生まれで118歳にて御崩御されていることになる。旧約聖書の時代は100歳で亡くなるのは普通で99歳は早死にだと言われた。

レビ記には宗教的儀式についてこと細かく述べられているが。「雄羊の右のもも肉（イチボ）をとり、種を入れぬパンを（鏡餅）」とか獣のうちすべてひづめの分かれたもの、ひづめの全く切れたもの反芻するものは食べてよいが、らくだはひづめが分かれていないから食べてはならない。岩たぬきもひづめが分れていない、野うさぎもひづめが分れていないから汚れたもので食べてはならない。豚はひづめが分かれて切れているけれど反芻しないから汚れている。これらの食べてはいけない獣の死体に触わることも許されない。とする。どうして反芻やひづめごときにこだわるのかわからないが、天皇家はイチボの右側しか食べない、左のもも肉は汚れているから、という話は昔宇野正美先生から聞いたことがある。ではレビびとの食べなかった左のイチボはどうするのかと聞いたら、横浜か銀座で100g3万円以上になって出るそうだ。これは近江牛で天皇家が食した残りの牛肉の話である。

ひれとウロコのあるものは食べることができる。いなごも食べることができる。天皇家の食卓にもいなごが出ることがあるのだろうか。

我々庶民は、ルベンでもガドでもマナセでもないから豚肉も時々食べるが、ユダヤ人と自称する人たちは食べてはいけないのだろう。八咫烏の鈴木氏が筆者のことを「加納」と「落合」と「栗原」は中臣氏だからと落合完爾が言っているというのでさっそく調べた。確かに一文が出ている。昔の人なのに父は身長が高いので中国系だと思っていたが、ボストン留学中に隣に昆明から来ている女医さんがいて聞くと「加納（ジャヌ）」という名が華南に多いと教えてくれた。落合や栗原はどうかわからないが、加納の名をさずかる前が中臣で、その前がマナセ族なのであろうか。

汚れた獣の死体を運ぶ者は夕方まで汚れているから夜衣服を洗わねばならない、レビびとはとくに神の前でこういった衛生観を覚えておかねばならないのであろう。もし女が身ごもって男の子を産めば7日間汚れる。8日目に前の皮に割礼を施さねばならない。女は33日間汚れたままである。また聖なる所へ入ってはならない。このあとらい病の話が続く。

書けば書く程規律が厳しいので筆者にはとてもレビびとの生活の真似はできないが、「あなたがたは母を犯してはならない」とある。それは父をはずかしめることになるからである。もちろん娘を犯してはならぬし、叔父が姪を犯してはならないとある。ユダヤ人というのは選民の意識が強いので、以上の規定はユダヤ人同士の話である。彼らは他民族をタルムード上獣だと思っているので、レビびとが非ユダヤ人の姪を犯したりすることは許されるのだろう。同じユダヤ人同士で近親相姦などすることは、劣性遺伝が出やすくなるし、社会のけじめがつかず秩序が破壊されるからであろう。

しかしながら平成の時代に入って、皇太子の婚姻が遅れたり、男系男子が生まれないので、困っていたが、秋篠宮様の息子が、小泉純一郎内閣の時に生まれた。悠仁様である。

でも彼は秋篠宮様が天皇にならなければ皇太子ではないから、自動的に天皇に即位できない。問題の秋篠宮様（文仁親王）は父が入江侍従長のため天皇家即ちレビびとの血統とは言えない。

あの時秋篠宮様と高円宮様とあるひとりの女性が3Pをして、高円宮様の子供として悠仁さまが2006年にお生まれになった。高円宮様は2002年にテニスをしていて突然心室細動を起こされ亡くなっているが、いちど崩御されたことにしなければ、悠仁様をお生みになる父親にはなれないのだろう。高円宮様は三笠宮様の息子であり、三笠宮様は久邇宮朝彦親王の孫なので本物の伏見宮家、本物の裏天皇の血筋である。

よってたとえ高円宮様が未来の表の天皇を作るために現状は令和天皇の皇太弟の娘を犯したとしても、皇太弟自身はレビびとでもエフライムでもないのだから、問題はないのである。ちなみに入江侍従長相政は明治天皇の実質の正室柳沢愛子の弟の孫か何かなのだからレビびととは言えない。ユダヤの神様はお怒りにはならないというわけである。

その女性とは眞子様のことで、現在はレビびとからずっと離れた男性の妻小室眞子として生きておられる。将来天皇になられるレビびとを生んだのだから大した仕事をされている。

川島紀子様も実は裏天皇系の恐らく伏見宮家の子孫なので表の天皇は全て女系天皇と言えるが、何せ流産が多くあったので眞子様も佳子様も生んでいないだろう。

筆者は常々江戸時代孝明天皇は南北朝合一のとき第101代称光天皇に皇太子がいなかったので四代遡って崇光天皇（北3代）の子伏見宮栄仁親王の子伏見宮貞成親王の子、後花園天皇が第102代天皇となった。かなりややこしいのであるが、負けた後醍醐天皇側が猶子を作る目的の裏天皇の役を、やらねばならないのに、表の後花園天皇の父は伏見宮貞成親王であり、その父伏見宮栄仁親王も御父不詳なのである。

孝明天皇まで直結する第102代後花園天皇は南朝系の後醍醐天皇の子孫なのではないかとずっと思っていた。栄仁親王が崇光天皇（北三）の婿養子として入ったのならわかるが、その子貞成親王も伏見宮家を名乗っている。その息子が後花園天皇なのでどう考えても南朝系の天皇ではないか、南北朝で負けた後亀山天皇が北朝の後小松天皇に三種の神器をお返ししている。

一体どういうことなのか、北朝による表の天皇とは？

筆者もずいぶんこのユダヤ人の血統について悩んだが、答えの鍵は伏見宮貞成親王にあった。どうも貞成親王は足利義満が後円融天皇の皇后とのあいだにできた子らしいのである。即ち足利北朝で、その息子が後花園天皇であり、弟の貞常親王は後花園天皇とは血統的には遠く、この貞常親王から久邇宮朝彦親王までは一貫して伏見宮家という本物の天皇の血即ちレビびとの血を受けついでいたことになる。

明治の時代に有猶川家が貞成親王は御父不詳と言ったのは義満のことであり、栄仁親王は後醍醐天皇の玄孫で、だから朝彦親王は、我々の血には吉野の血が入っていると言わしめた。もし伏見宮貞常親王が足利貞成の息子なら、朝彦をはじめとする伏見家は北朝の血ということになってしまうからだ。レビびとの血を守ることが裏天皇（猶子を拝する）の役割で表の天皇は南北朝以降は飾りだったのである。

猶子のために裏天皇があるといっても実際に表の天皇がいなかったり、いても夭逝した場合に伏見宮家から天皇に皇太子として表へ出ることは史上なかった。

江戸後期第１１８代後桃園天皇が崩御された時は裏天皇家である閑院宮家から光格天皇をもって来たが、閑院宮家は北朝東山天皇の第六皇子から創設されているため後醍醐天皇の血を受け継いではいない。即ちレビびとではない。

後醍醐天皇の子孫伏見宮家はＦ（伏見宮）21／23の邦家親王まで繋がっており、邦家親王の弟守脩親王は第一代梨本宮となり、邦家息子たちは晃(あきら)親王から山階宮家、朝彦親王から久邇宮家、能久(よしひさ)親王から北白川宮家、博経(ひろつね)親王から華頂宮家、載仁(ことひと)親王は第六代目以降の閑院宮家となっていて全てレビびとと言ってよい。

李朝最後のエンペラー李垠(りぎん)氏が皇后に迎えたのは梨本宮方子様であるが父親は第三代梨本守正王である。梨本宮といっても親子関係ではなく、守正王の父親は久邇宮朝彦親王の息子である。即ち、李朝もよく判っており、李朝の皇后は天皇家のレビびとと明確に言える血統をもらったわけで表天皇の血ではない。

〈後醍醐天皇家系図〉

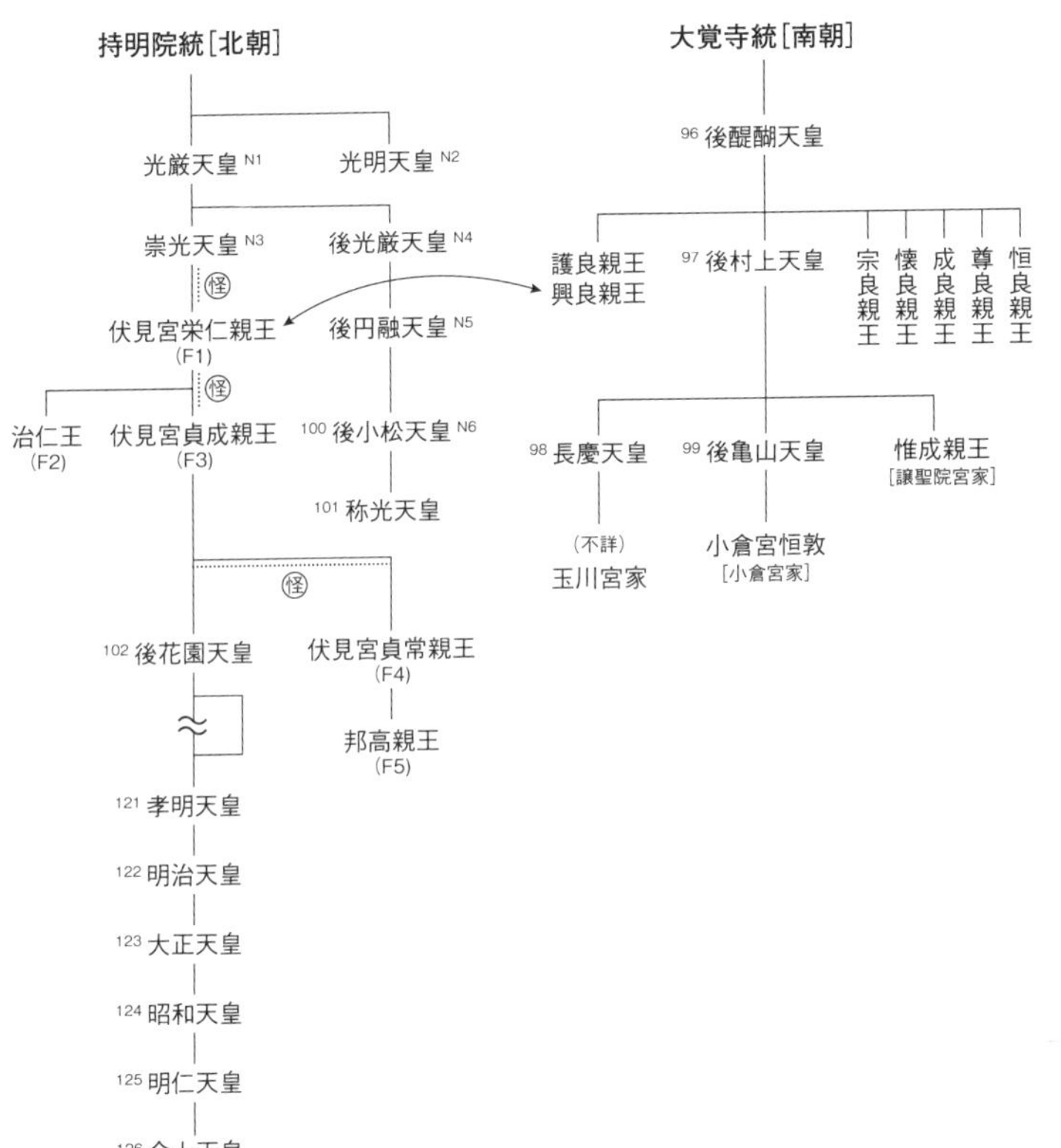

※筆者は若くして亡くなった護良親王の子興良親王が栄仁親王（Ｆ１）にすりかわったのではないかと考える。
※著者は治仁王（Ｆ２）が貞成親王に殺されずに生き残って生んだ子が貞常親王（Ｆ４）と考えている。
※いずれにせよ、レビびとと言えるのは南朝天皇とＦ１、Ｆ２、Ｆ４以降までと思われる。
※Ｆ：伏見宮　Ｆ２が渡欧している。

また表の天皇家も例えば昭和天皇のご兄弟である秩父宮様、高松宮様、三笠宮様らの父親は全て異なり、先日御崩御された三笠宮様は朝彦親王の子多嘉王ではないかと言われ、また平成上皇は三笠宮様の息子で昭和天皇は毛利八郎氏（西園寺公望養子）の息子と言われている。

南北朝合一以降の表天皇は足利北朝だと書いたが足利義満といえども先祖は清和源氏なので、第56代清和天皇は継体天皇（26代）の子孫であるからレビびとと言えないこともないが、薄まってしまっていると思う。また毛利八郎氏とは毛利元就隆元の子孫であるから桓武平氏ではあるからレビびとと言ってよい。毛利家は本姓は大江広元の四男なので藤原の血も入っており、レビとマナセの混血ともいえよう。筆者の母方先祖は長井なので大江広元の子として毛利家とは遠い親戚にあたる。しかしながら長井家は途中で美濃大橋家と合流し、大橋は後醍醐天皇の子孫（玄孫）と血統の合流があるので、レビびととしての血液の方がマナセより強いかもしれない。父方は中臣から来ているのでマナセ族である。

２０２１年にミャンマーで２７００年ぶりに発見された古代ユダヤ支族の血流を持って残っていた民族はマナセ族のようで、レビびとではないらしいが、ユダヤの宗教上の習慣を今でも守り続けている旨である。子供たちのお顔は凜々しく、左頁写真の少女は千家典子さんに似ていると思った。新聞では「メナシェ」族と呼ぶが、メナシェはマナセに簡易

千家典子様（中日新聞より）

に通じる。6000人が住むというが、イスラエルへの移住ももうはじまっている。1948年にイスラエル国家ができたときに彼らは帰ろうとしなかったのであろうか。

イスラエルへ帰ってユダヤ教を実践したいというが、筆者もイスラエルへは一度行ってみたいと思う。ユダヤ教修業なら神戸のシナゴグでもできるし、レビびとなら日本の方が多くて、神道として純粋ではないが、豚も食べることのできる亜流として残っているのになと思った。

第二章　なぜ岡本公三はパレスチナ側に付いたのか

YouTube（２０２１年の映像）でテルアビブ乱射事件の生き残り犯人である岡本公三（１９４７・12・７生）が74歳の誕生日にパレスチナ人に囲まれてまるで聖者のようにされながら公に出て来た。白髪の普通の明るい老顔をみせていた。

事件の詳細はここでは述べないつもりであるが、簡単に書くとこうである。１９７２年５月30日、政治犯解放を目的として失敗したサベナ事件報復のため、ＰＦＬＰ（パレスチナ解放人民戦線）の義勇兵日本人奥平、安田、岡本は飛行機で、ロッド国際空港へ向かった。３人はターンテーブルで荷物を受け取るとライフル銃と手榴弾を手に周囲の乗客を殺戮しはじめた。１００人の死傷者で26人が死亡、カナダ人１人、イスラエル人８人、残りの17人はプエルトリコ人キリスト教信者であった。奥平と安田は警察との銃撃戦で死亡、岡本は外の旅客機を爆発させようとして滑走路に走りそこで取り押さえられた。

死刑はイスラエルではアイヒマン裁判の一度しか実施されておらず、岡本は死刑を主張したが、終身刑となった。１９８５年５月捕虜交換で解放され、レバノンですごすが日本政府は岡本の引き渡しを要求している。ＰＦＬＰにとっては岡本は神様となり、訓練を受けてユダヤ人殺害のためにイスラエルに向かった。岡本は鹿児島大出身で、パレスチナとかユダヤとは何の因果関係も環境もない社会に育ったはずで、日本では大学紛争、共産党闘争が盛んになりはじめる前であった。日本赤軍という名称もテルアビブ乱射事件のあとに重信房子らによりつけられた。

ＰＦＬＰが日本人を使った理由はアラブ人だとすぐバレそうだったからであるが、テロリストによる一般市民の無差別殺害は前代未聞であり、世界中から非難を浴びた。高校生だった筆者はなぜ日本人がユダヤ人を殺さなくてはならないのかとつじつまの合わない思いが残った。

当時パレスチナには日本人がよくやったと岡本らを英雄視する姿があったが、それも理解できないうちに日本では日本赤軍によるリンチ事件やダッカハイジャック事件、浅間山荘事件などがおこった。

また奥平は射殺、安田は自爆死したと言われている。事件自体自殺行為でありパレスチナ側イスラム教では自殺は禁じられているため大きな衝撃だったようである。その後、ジハードと称して、日本人のゼロ戦による特攻隊のように、パレスチナのイスラム信者でも自爆テロを行うようになったきっかけとも言われている。

事件後日本政府はイスラエルに特使を派遣し、佐藤栄作首相の手紙を渡し、岡本の父もイスラエルのゴルダ・メイア首相に謝罪の手紙を送った。

岡本公三は日本人であり、イスラエルとパレスチナの戦いは無関係のはずなのにどうして関わったか。あるいはユダヤの血が騒いだのか。

奥平というからには平氏かもしれない。岡本の岡は日本で誕生した姓名の可能性があるが、基本的にはスファラディの血ではないだろうか。現在のイスラエルという国は1948年に大英帝国がパレスチナからの統治から離れて世界中のナチスドイツのユダヤ人迫害からのがれて集って来たユダヤ人により一方的に宣言して作ってしまった国とも言える。

すなわちアドルフ・ヒトラーはスファラジ系とアシュケナージ系のユダヤ人の違い、あるいは血統的ユダヤ人と宗教的ユダヤ人の違いをよく理解していたと思う。また日本人というよりも天皇家については十分理解しており、マッカーサー以上にその血統の高貴さないしはユダヤの失われた支族との関係を熟知していたと想像できる。

松岡洋右がベルリンを訪れたときも「帰国したら陛下によく言ってください、今からドイツ（ユダヤ民族）とソ連（スラブ民族）の関係はどうなるかわかりませんから」と。

松岡はヒトラーのこの意味するところを理解できていなかったので、帰路途中にモスクワでスターリンと会い日ソ中立条約を結んでしまった。ヒトラーは激怒したにちがいない。

欧州大戦の結果はスラブが勝ってユダヤが負けた形になる。ヒトラーがユダヤ人かどうかは第三章で述べるが、ボルマンその他ナチス幹部はユダヤ人が多いのである。

ユダヤ人がユダヤ人を殺す。それだけ世界のユダヤ問題は複雑で、いつでも戦火の火種になるのである。現在のロシアによるウクライナ侵攻もウクライナというユダヤ国とスラブ民族国家の戦いであり第二次大戦のリベンジみたいなところがある。

さて、なぜ岡本公三がパレスチナの味方をしてユダヤ人の無差別殺戮に及ばねばならなかったのか。

この説明は少なくともオスマントルコ帝国の終焉まで歴史を溯らねばならない。オスマントルコ帝国が拡大し、ハンガリー方面を占拠したとき（1526年8月29日・モハーチの戦い）、ユダヤ教やイーデッシュ語、ユダヤ人がトルコになだれ込んで来た。これは有名なユダヤ教の改宗（コンベルソ）が中世期のスペイン・イベリア半島でおこり、キリスト教の圧力により多くのスファラディ系ユダヤ人（血統的）が迫害され、1348年の黒死病感染が流行したときは社会不安がユダヤ人のせいであると向けられるようになった。1391年に反ユダヤ暴動がおき、改宗がはじまった。そして1492年3月31日にスペイン王国のイザベル女王はユダヤ教追放令を出しキリスト教に改宗しない者は同年7月31日までに国外退去する命令を出した。

10万人を超えるユダヤ人が国外へ流出しヨーロッパ各地に逃れた中にオスマン帝国に逃れたユダヤ人も多かった。そしてユダヤ人の力もあって、帝国が東ヨーロッパや地中海パレスチナにも及ぶことになる。

１９２０年に帝国が第一次世界大戦を通して完全に崩壊したあとは、条約でオスマン帝国の大半は連合国に割譲され、そのスファラディ系ユダヤ人たちがパレスチナに棲みつくことになった。

彼らはユダヤ人（恐らくアシュケナージ系と思われる）と共同社会で結婚式があれば結婚式、葬式があれば葬式というように大英帝国統治下でアラブ人とともにアラブの社会に溶け込んで住んでいたのである。

有名なアラビアのロレンスはアラブの友人が多くできたのに、第二次大戦後、パレスチナの統治下の本国政府が無理やりユダヤ国家を作ってしまったので後悔していた。

スペインで改宗し、スペインを国外脱出しオスマントルコ帝国に入り、アラブ人と同化し、そしてパレスチナに帰ってきた元ユダヤ人、元レビびと、ガド族、マナセ族の人たちは第二次大戦後イスラエルの国から追い出された。結果的にパレスチナとイスラエルの争いがずっと続くことになった。

ＰＬＯのアラファト議長の顔を見たとき、こういう鳥顔はアラブ人というより本物のスファラディ系ユダヤではないかと思ったし、個人的に血と血で共感するものがあった。同様にレビびとであったかもしれない。ひとりの岡本という若い日本人の血を騒がせたのはパレスチナ側であり、アシュケナージ系ユダヤのイスラエルという国側ではなかったということは自然に知ることができるのではないかと思う。

筆者の考えではイスラエルとパレスチナの戦いはアシュケナージとスファラディの戦いであり、イスラエルの指導者は白人が多く、パレスチナの人の方は本能的な引きつけられる嗅覚を感じるのである。サダト大統領もエルドアン首相もスファラディ系ユダヤ人の可能性が大である。

第三章 ヒトラーの母クララはヴィクトリア女王の孫ではないかの説について

令和4年の2月にロシアがウクライナに侵攻したニュースが流れ、執筆中も戦争が終結していないがこの戦争は12世紀から続くスラブ民族対ユダヤ人の戦いの続きであることはあまり知られていない。

ヒトラーはユダヤ人を虐待しながらスラブ民族のソ連に攻め入った。ヒトラーは自身がユダヤ人なのにだ、とロシアのラブロフ外相は発言する。ラブロフは現在ロシアの実質的権力者である。プーチンではない。

しかしながら有名なヒトラーは四分の一ユダヤ人説というのは間違いで、ロスチャイルド家系のレオポルド・フランケンベルガーが父方祖父であると筆者は考えている。

祖母マリア・アンナ・シックグルーバーがオーストリアのグラーツ市にある資産家フランケンベルガー家で家政婦として働いていたことは事実だが、その家の息子との間にできた子が、父アロイス・ヒードラーである。父はヒードラーから読みやすいヒトラーに変更した。

ヒトラー自身も自らの祖父のことを知らなかったので、1930年末のある日ナチス幹部に「自分にはユダヤ人の血筋があるという者がいる。調べてくれ」と言った。新聞記事や甥のウィリアム・パトリック・ヒトラーの手紙を読んで調査する気になったらしい。

この仕事をまかされるのは側近のハンス・フランク（ニュルンベルク裁判で死刑）で、上記以外にも、父アロイスが14歳になるまでフランケンベルガー家がマリア・アンナに養育費を支払っていたことと、長年の手紙のやりとりが存在したこと、などを調べ尽くした。これが手塚治虫の『アドルフに告ぐ』の原材になった。

しかしながら後世の学者はレオポルド・フランケンベルガーがグラーツ市の住民リストにないことやグラーツ市が1848年までユダヤ人の居住禁止区域だったこと、などでアロイスの父がユダヤ人であることを否定し、母が正式に結婚したヨハン・ゲオルク・ヒードラーが実の父ということになってヒトラーユダヤ人説は否定されている。

しかしながら、ロスチャイルド系のフランケンベルガー家が出自なのだとヒトラーは自覚しているし、そもそもロスチャイルドという世界の金持ちで支配者階級は、ユダヤ人ではなく、筆者に言わせればハム族、あるいはカナン人なのである。

いわゆるユダヤ人の定義はアブラハム・イサク・ヤコブの血統的ユダヤ人（ここではス

ファラディ系ユダヤ人）と宗教的ユダヤ人（アシュケナージ系ユダヤ人）の二つに分けるが、本章で問題にしているのはその両方である。ロスチャイルドというのはアブラハムよりもずっと祖先のノアの箱舟で有名なノアの息子たちセム・ハム・ヤペテのまん中のハムから枝分かれした民族と思われる。いわゆるユダヤ人はセムからの子孫である。

よってヒトラーユダヤ人説ではなくヒトラーハム族説が正しい。ラブロフ外相もヒトラーユダヤ人説を主張したのはセム・ハム・ヤペテの子孫全部と宗教的アシュケナージ系ユダヤをもすべてごっちゃ混ぜにユダヤ人と称しているから、不正確である。

またナチスの幹部たち、ボルマン、ヒムラー（この人、昭和天皇に顔が似ている）、ハイドリッヒ、ローゼンブルグもユダヤ人の血を引いており、政治の内容と自らの血族は相入れないこともあるのだ。

とにかく、ロスチャイルドというイギリス王室やハプスブルク家の執事のような、世界の富の四分の三ほど持った家系に父アロイスが生まれたので、最初は靴職人の仕事から始まったが、努力して父はオーストリア・ハンガリー帝国の税務官吏にまで出世した。税務官吏は広義のユダヤ人に多い仕事である。第二次大戦で日本軍が奪った金の半分はロスチャイルドへ流れた。

さて、最近言われていることは、イギリス王室からの情報で（ベンジャミン・フルフォードがそう言う）、母クララ・ヒトラーはヴィクトリア女王の孫であるという説である。もしそうなるとアドルフ・ヒトラーは父方がロスチャイルドでハム族、母方がイギリス王室で、これは本物のユダヤ人のダン族ということになる。要するに父方でなく母方のユダヤ人の血（スファラディ）がヒトラーには流れていたということになる。イギリス王室がダン族、即ちアブラハム・イサク・ヤコブのヤコブの三番目の妻から生まれたダンとナフタリの系統ということになる。

ヒトラーが母方の出自を知って驚きそれを全部消そうとしたのかもしれない。彼は首相になり大統領をも兼ねた総統になるときまずい自らの出自を全て消した。

この新説はもっと詳しく調べる必要がある。

アロイス・ヒトラーがロスチャイルドの子供であることが、世界の番頭役のロスチャイルド家やハプスブルク家の間で公然の話だったので、アロイスは三度も結婚し、職業も革職人からオーストリア・ハンガリー帝国の税務署官吏まで勤め、退職金と恩給をもらう生活ができた。

彼の一番最初の奥さんはアンナ・グラスルという14歳年上の女性で、財産目当てと思われる。二番目はフランツィスカ・マッツェルベーガーでウエイトレスであった。フランツィスカは1884年に死亡し、次に結婚したのが家政婦で従来のヒトラー研究によれば戸籍上は姪にあたる女性、クララ・ペルツルだった。だから、母が結婚したヨハン・ゲオルク・ヒードラー（粉引職人）の弟ヨハン・ネポムク・ヒードラーの娘の子である。母が再婚するとき、アロイスはネポムクに引き取られたので、その娘ヨハンナはアロイスの妹にあたり、クララは姪である。公的にはアロイスはヨハン・ネポムク・ヒードラーが父ということになるから、血族結婚ということになる。

ヒトラーがヒドラーではないのはアロイスが自分の父の姓字を嫌ったせいと思われる。アロイスがヒドラー（Hudler）からヒットラー（Hitler）に変更した。戦前や今でも一部はヒットラー（水木しげる、三島由紀夫等）と書くが、戦後はヒトラーが多い。筆者のドイツ旅行では「ヒットラー」と聞こえた。

このヨハン・ゲオルクやヨハン・ネポムクはスラブ系らしいのでドイツ人でもユダヤ人でもない。しかしながら、もしアドルフの母クララ・ペルツルがロスチャイルドないしはハプスブルク家の大妃エリザベートがクララをアロイスに紹介したとすればダン族など王室系をまっとうとするユダヤ人である可能性が高い。日本にもダン族が一部入り込んでいる証拠があり、例えば加山雄三という俳優は、母方祖父が岩倉具視で、代々岩倉家は朝廷に遣えた公家である。加山雄三が作曲作詞する時は「弾厚作」名を使う。ダン族であることを意識しているからであろう。

さてアロイスの三番目の妻として英国王室やハプスブルク家の皇室の中から直接連れてくることはないと思うが、ヴィクトリア女王は男性4人、女性3人を生んでいるが、それぞれの子供乃至孫でクララに合致する1860年8月12日生誕－1907年12月21日死亡の孫娘はひとりもいない。クララは47歳で縦隔腫瘍（恐らく胸腺腫というTリンパ系組織の癌）で死亡しているのは記録で明らかだが、ヘレナという王女の娘が一番近くて1867年生－1900年死亡である。クララは（次頁別図1）若い時の写真顔が有名だが40代の写真を筆者は資料をみつけた。アドルフの異母兄弟の妹パウラに似ている。

ジャーナリストのベンジャミン・フルフォードが言うには、ヴィクトリア女王が別の男性との間に生まれた子の子がクララだという。

そうなると例えば前述のアロイスの戸籍上の父で農業専門家であるヨハン・ネームポムク・ヒドラーがヴィクトリア女王とのあいだにヨハンナという女の子が（1848年－1901）女王二十九歳のときに生まれ、そしてヨハン・ペルツルと結婚し、クララが生まれた案である。ペルツル家は精神疾患が多発する。

もう一つはヨハンナの夫ヨハン・ペルツルが女王の息子の可能性がある。しかしながらヨハン・ペルツルは1825年生－1901年死亡のため、1819年5月24日生まれの

Hitler's Beginnings

ヒトラーの母　　　　ヒトラーの父

（別図 1）

Left: Klara Hitler (née Pölzl), a woman of peasant descent. She died of cancer when Adolf was 19.

Right: Adolf's father, Alois Hitler, shows in this photograph something of the authoritarian personality which his son inherited.

40代の母クララ・ヒトラー。父の顔はヒトラーに似ていない女王が6歳のときに子供を生んだことになり、これは不可能である。

よってもしクララ・ヒトラーがヴィクトリア女王の孫だとすればヨハンナ・ネポムク・ヒードラーが女王とのあいだにできた娘の娘で、十分イギリス王室の血が入り、ダン族というユダヤ支族の血流をアドルフが持ち合わせるから新説母系古代ユダヤ人ということが成立する。

ユダヤ教においては常識になっているが、母親がユダヤ人ならば、息子も娘もユダヤ人を自称することができる。実際、神戸のシナゴクで金沢大の英語の教師をしていたユダヤ人（ニューヨーク出身）に聞いたが、夫人が日本人ユダヤ教信者である。父親でなく母に息子たちがユダヤ教になるかどうか、ユダヤ人になるかどうかを決めさせる権利があると言っていた。父親がどんなにユダヤ人であろうと子供たちをユダヤ人として認定する力はないのである。

よって、ひょっとするとアドルフ・ヒトラーという人物は母親がユダヤ人であることを知っていた可能性がある。ひた隠しに隠そうとしたのは父アロイスの出自ではなく、実母の出自であったのだ。だからクララの母ヨハンナも当然ドイツ系ユダヤ人だったのであろう。こう考えると先日の日本の皇室秋篠宮眞子様が小室圭さんと結婚されるとき父親の文仁親王は結婚反対のような顔をされ、（川島）紀子様は何もおっしゃらず、皇室を出て行かれ、婚礼のレビびと的神道による儀式も何もとり行われなかったのは、別の場所で証明するが、眞子様こそが正真正銘のレビびとであるからであろう。紀子様自身に娘の血統的判断、宗教的判断を下せる力を持ち、眞子様にはユダヤ支族の血の流れを受け継がせる必要を感じたから、そう判断し、公的には黙っておられたのであろう。川島家はレビびとであると聞いている。

アドルフは母クララが死亡したとき、ユダヤ人医師ブロホを呼び、ナチス政権を奪取したあともユダヤ人幹部を使い、そして母を看取ったブロホだけは第三帝国でユダヤ人強制収容所送りもせず、アメリカへ逃れても良いし、そのままオーストリアに残っても良いと命じた。ブロホ医師は「自分の母親の死に対しこれほど嘆き悲しむ若者を見たことがない。人生を捨てるかもしれない」と記録した。ブロホはアメリカへ移住した。

アドルフ・ヒトラーは「自分をユダヤ人と呼ぶ人がいる」とフランクに調査させたが、母親側の秘密を隠すためにそれをやらせたのかもしれない。ユダヤ人にとって母親がユダヤ人かどうかが大切なのだ。

筆者はこの段階でクララがヴィクトリア女王の孫であるとは信じていない。オーストリアのヴィトラ市で生まれ育ちそこで死亡した。１８０７年生まれのヨハン・ネポムク・ヒードラーという男が、まさか妻をめとってから１８４８年ごろヴィクトリア女王とベッド

第三章
ヒトラーの母クララはヴィクトリア女王の孫ではないかの説について

Hitler's Family Tree

ヴィクトリア女王　1819.5.24－1901.1.22

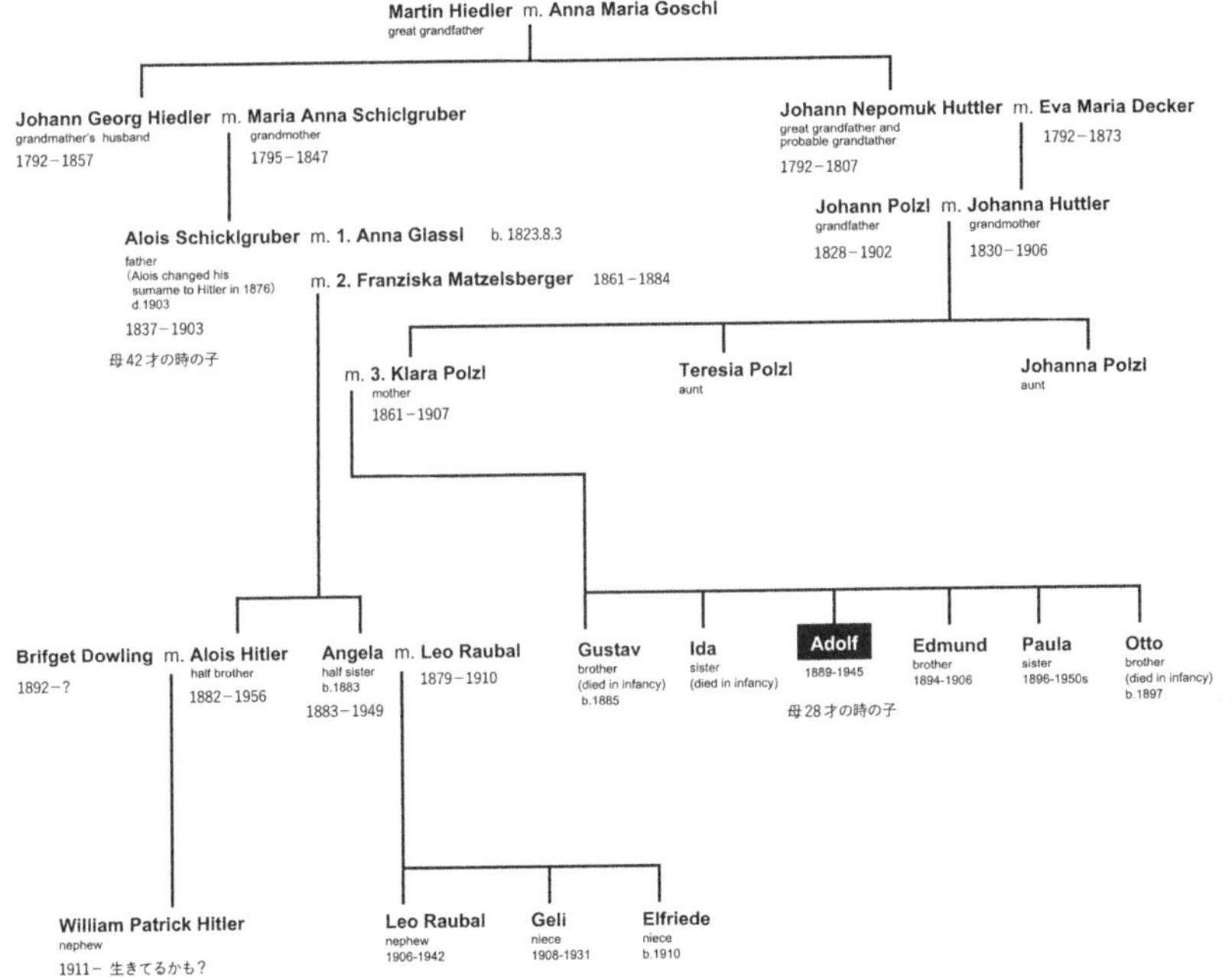

ウィリアム・パトリック・ヒトラー(P195)

を伴にできるわけがない。結婚は1829年11月3日である。その父親マルティン・ヒードラーは詳細不明だが母アンナマリアゴシュルはオーストリアジピタル生まれで1854年、12月7日に死亡している。もっともクララの母ヨハンナがもらい子ということもあるが、アロイスのために計画的に高貴な血統から娘を生ませる行動をとるだろうか。むしろヴィクトリア女王ではなくハプスブルク家のフランスヨーゼフ王の王妃エリザベートという根っからのユダヤ人女性の子がクララかもしれない。そうだとしてもアドルフヒトラーはダン族ユダヤ人ということになる。彼が強制収容したのはアシュケナージ系ユダヤ人だからである。

日本人はスファラジであろうとアシュケナージであろうとユダヤ人と言われる人は尊敬しているし、生きる底力のある人々であると思っている。

第四章　安倍晋三はレビびとか

コロナ第七波が流行しはじめた頃の裏情報である。安倍晋三総理大臣は自身がワクチンを打つのが嫌だから、総理の座を菅義偉に渡し、それからコロナワクチンが半年後から（2021年2月）はじまった。病気（潰瘍性大腸炎）のせいでなく、ワクチンを米国から買って自分を含めて国民に打つのが嫌だったから総理を辞めたと聞いたのが2022（令和4）年6月24日である。その2週間後、本書著作中に安倍暗殺事件がおこった。

奈良市近鉄大和西大寺駅の前で演説中撃たれたのである。テレビをつけたら安倍氏は既に救急車に乗って西大寺駅から東大寺公園に向かい、そこでドクターヘリに乗り換えて奈良県立医科大学（橿原市）に飛んでいた。やがて大学病院屋上のヘリポートにつき、ストレッチャーごと建物の中へ入っていったが、安倍氏の上半身はビニールシートで被われているから確認がとれない。左腕から点滴されて、4人の救急隊がストレッチャーを動かしていた。医者である筆者はてっきり心臓マッサージをしたりアンビューバッグで肺への酸素を送り込んでいるだろうと思いきや、心臓マッサージもアンビューバッグ揉みもしていいない。形だけしていたのか、今は中止しているのか、そもそも気管内挿管もしていない様子だった。気道確保は蘇生術のＡＢＣである。総理大臣を7年もやっていた人でもこの程度の扱いかと思った。怪しい。

翌日新聞紙上に多くの写真が出ていたが駅前で倒れたときの写真が印象的であった。二人の看護師さんの間で安倍氏の頭側から仰向けの写真である。5〜6紙観たが、大半はワイシャツの首から下が磨りガラス状になっていて、血液がよく見えない。カラーだから少しは真赤な血がついているように見える。これじゃあ出血量がわからない。直後から心肺停止というからには胸に大穴があいているのか、出血性ショックなのか。それにしても大出血も大穴もあいている様子もない。そもそもピストルやライフル銃で撃たれたわけではないから身体が吹き飛んだ様子がない。

スポニチ新聞は同じ安倍氏の写真をぼかしなしで載せていた。出血は左胸あたりに斑点状に少しだけ。やっぱり出血は少量かと思って安倍氏の顔へ眼を移すと、安倍氏は化粧をして演説をしていたのかと思うほど血色がよい。もしショック状態でも、青白い顔を予測していたのに、今もなお顔面や胸

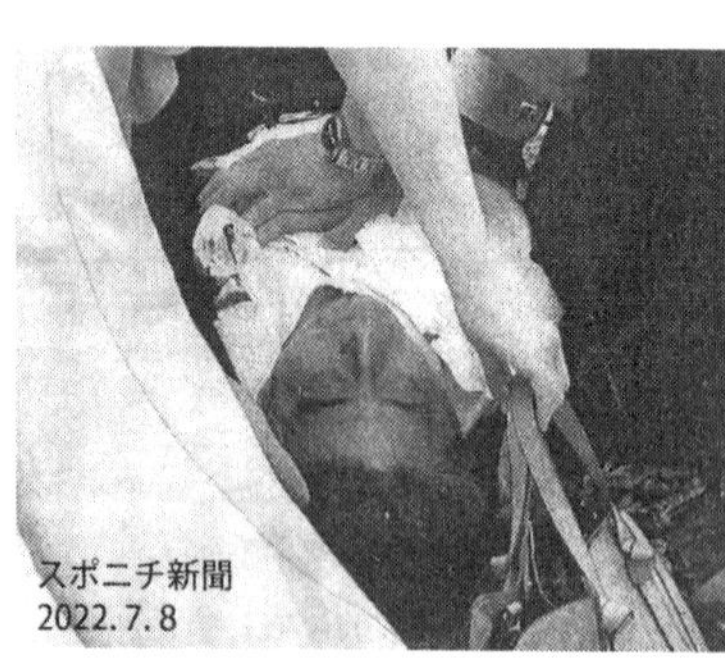
スポニチ新聞
2022.7.8

に血が行っているんじゃないかと思われるほど、顔色良好なのである。

日本看護協会の人たちが10人程演説を待っていたというから、偶然にしろ運のいい元総理だが、SPが5人もいて誰も元総理の身体防御に回ろうとしなかった。また心臓マッサージしているのは奈良県選挙区の参院立候補者佐藤啓氏の運動員である。オレンジの法被を着ているからすぐわかった。背広のSPたちはピストルも持たず棍棒もなしで犯人山上徹也容疑者をつかまえるのに忙しいといったところだが、山上は逃げようともせずすぐつかまった。

救急車の中で通常の如く自分の名前が言えるか確認して意識状態を把握した。「アベシンゾウです」と答えたらしい。即ち意識はあったということである。

自分の名前が言えたということです、との報道は間もなくなされなくなったが、心肺停止心肺停止とそればかりの情報で、どうして倒れたのか。倒れたといっても銃弾に当たった場合反対方向へバタッと倒れるのに、多数の人が安倍晋三の姿をスマホに収めていたのに、肝心の瞬間だけ流れない。くずれるように倒れたのか、心臓をぶち抜かれたのか。まもなく意識がなくなるはずなのに救急隊には返事をする……。県立医科大学病院では4時間半も蘇生をしたらしいが、東京から昭恵夫人が到着後、17時3分に死亡確認。

一回救急車に乗せたのだからそのまま大和西大寺駅から橿原神社を通って、安倍晋三先祖の神武天皇にお参りしながら大学病院へ直接行った方が早くて助かったのではないかと思う。そうかといって司法解剖は実施したかは不明。弾は見つかっていないという。救命救急の福島英賢教授は両側鎖骨下動脈から球が入って心室への穴が致命的とする。百本もの輸血（B型Rh（＋））をしたと言うが、開胸手術をしたという発表もない。本当に助けようと思ったら医者は開胸して心臓マッサージする。心タンポナーデになっているのなら血腫を抜いて、穴の開いた傷を縫合するだろう。胸部外科の教授が前へ出て来たわけでもない。シェーマ（絵図）による傷の説明もなかった。警察は安倍氏が左へ振り向いたとき、左上腕から弾が侵入し左脇から外へ出たとする。左上腕や鎖骨下動脈の損傷だったら看護師や医者が圧迫すれば止まるし、致命的にはならない。現場に呼ばれたのは中岡医師だったと記憶する。「安倍さんが撃たれた」と即連絡があったそうである。前日夕方に安倍演説のスケジュールが長野県から奈良に変更となる。医師も駅前で誰か超有名人が来たとは知らなかっただろう。

もし筆者なら救急車に乗り込み、外来の待っている患者はそっちのけで、心臓マッサージを40分でも50分でもすると思うが医師はそこまではしなかった。

どうもあやしい。何か欝々としたものが残る。

そもそも日本人が前総理大臣を殺すということがあるだろうか。三木武夫は総理大臣中に武道館の前で殴られた。伊藤博文は安重根によってハルピン駅で暗殺された。ケネディ大統領はダラスでオズワルドに撃たれたとされる。レーガン大統領はリボルバー銃でヒルトンホテルを出てくる所を撃たれたが肺手術で一命をとりとめた。橋本龍太郎は開腹手術の失敗で1カ月後に死亡した。小渕恵三は総理大臣中に脳梗塞で倒れ、入院中へパリンを過量に注射、脳出血をおこし死亡した。……以上いずれも日本人の場合は政治的要因が大きい。安倍晋三暗殺もまた政治がらみであろうと筆者は考える。山上容疑者は単なるオズワルド役であり、致命的な銃弾はもっと別のプロにまかせたような気がしてならない。暗殺の技術は進んでいて、握手したときに細かい傷から毒が回って即死する方法があることも聞いた。

いずれにせよ普通の日本人が、自分の国のトップに対して、ただ母親が統一教会に1億円騙し取られたという話だ。一応統一教会を支援していたと断定しても安倍氏を殺すだろうか。しかも安倍氏は天皇家（レビびと）の血が少し身体の中に流れていると言われている。オズワルドはどれだけ共産党かぶれだったかもしれないが、超人気者の大統領を狙撃するだろうか。誰かにたのまれて、教科書ビルにライフルを持って坐っていただけである。

また安倍氏が犬養毅のように度胸の座った男かわからないが、一発目の白い粉と爆発音、二発目の狙撃音で演説を中止して身を伏せるかっこうをするはずだ。ＳＰもそのために来ているんだからレーガン大統領を守るように急いで「伏せてください」とし自分が盾になるはずである。何のために奈良までついて来ているのかわからない。ましてや、くどいようだが、4分の1天皇家の血を持って生まれて来た長期政権総理である。申し訳ないが菅さんとは違う。麻生よりも守るべきＶＩＰではないか。

以上、筆者の考えだが安倍晋三氏は殺されていない。ドクターヘリで大学病院へ運ばれ、福島英賢教授が診たのは別の心肺停止患者で、ガーゼで全身ぐるぐる巻きにされて帰京したのは安倍さんではないと思っている。天皇家を暗殺してはいけないだろう。

筆者が安倍晋三という人の血統が気になり出したのは、他でもない。今から5年程前だ。安倍氏の父親が晋太郎氏でほとんど総理大臣になりかけた。安部晋太郎氏は日本語がよく読めない。晋三氏は漢字が読めないので、所信表明演説には役人がルビをいちいち振る。平成の成という字を書かせると「戍」となる。これでは小学校3年生の漢字のテストが零点である。

失礼なことばかり書いたが、安倍家はむしろ朝鮮半島出身らしいのである。筆者の友人河野光修氏は大阪で安倍晋三氏と握手したことがあるらしいが、身体の大きな人だったと。リチャード・コシミズ氏が言うにはこのように身体の大きく四角い顔の人は済州島に多い由である。

筆者は済州島へ行ったことがないから調査していないが、済州島には李朝の末裔が多く住んでいるらしい。李朝のラスト皇太子李垠氏は1970年5月に死亡（72歳）しているが、その夫人は有名な梨本宮方子様である。もっと有名な人は方子さんの父で梨本宮守正王である。このかたは、第二次大戦後の極東軍事裁判で唯一皇族からA級戦犯として逮捕命令が出、巣鴨プリズンに拘置されている。夫人は鍋島直大侯爵の二女伊都子さんである。守正王は久邇宮朝彦親王の第四王子であり、平成上皇の大叔父にあたる。

何で明仁上皇の大叔父にあたるのかと言われるかもしれないが（次頁家系図参照）、本書では余白が少ないから詳細は述べない。李垠氏の長男は李晋（1921－1922）氏であり、次男は李玖（1931年12月－2005年7月）氏である。

ここで晋という字が登場する。李晋氏は1921（大正10）年8月18日生まれで翌年1922（大正11）年5月11日平城で死亡するから八ヶ月半の赤ん坊のときに夭折したことになっている。しかし現実は山口県下関市の安倍寛という県会議員の家に養子としてもらわれている。この人が安倍晋太郎氏（1924年4月29日生－1991年5月15日）である。誕生日が大正10年と13年では3年近く違いすぎるのではないかと言われるかもしれないが、政治家の歳や誕生日というのはでたらめのことが多い。読者自ら調査されたし。

〈伏見宮邦家親王家系図〉

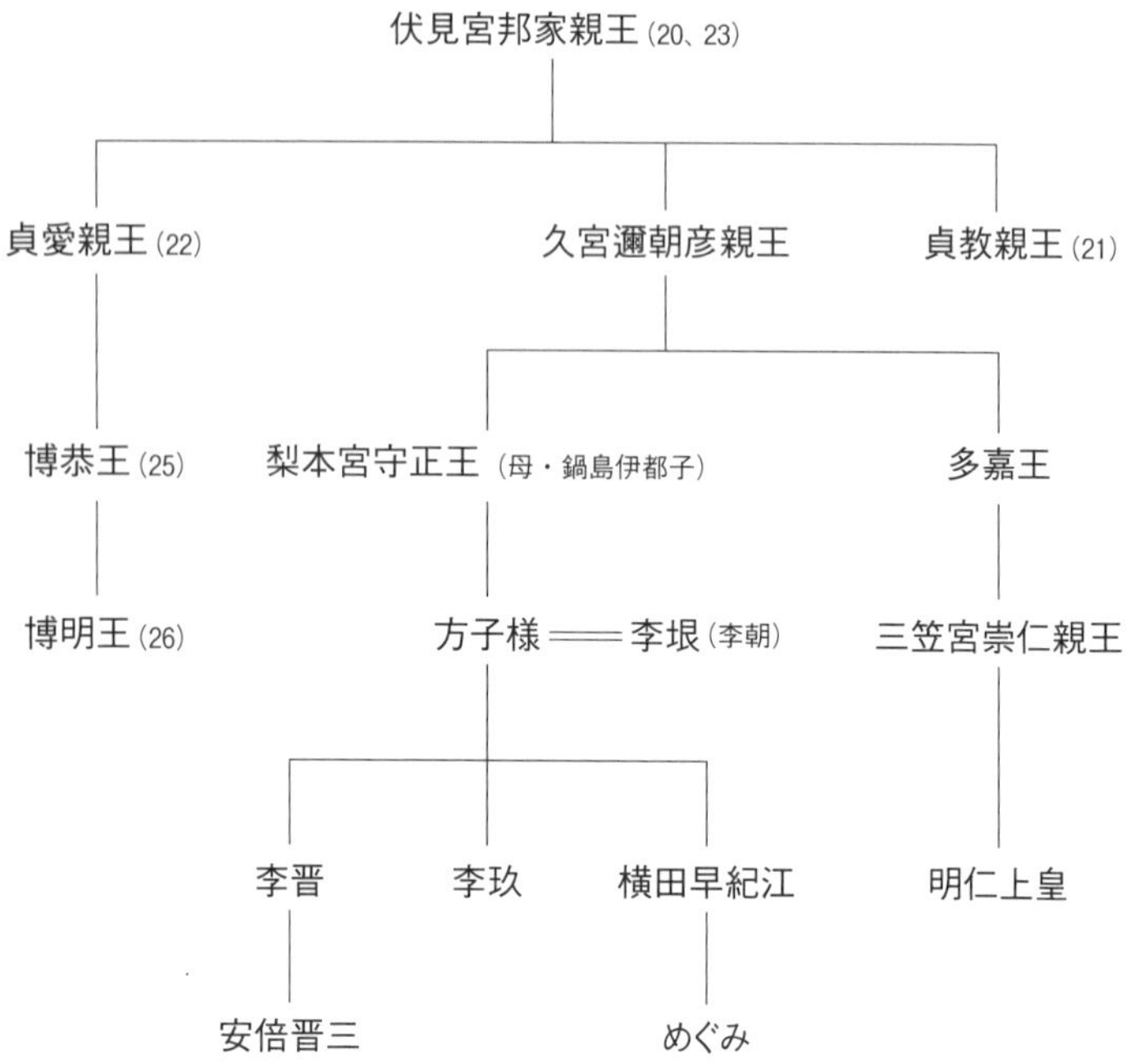

- 伏見宮邦家親王(20、23)
  - 貞愛親王(22)
    - 博恭王(25)
      - 博明王(26)
  - 久宮邇朝彦親王
    - 梨本宮守正王(母・鍋島伊都子)
      - 方子様 ══ 李垠(李朝)
        - 李晋
          - 安倍晋三
        - 李玖
        - 横田早紀江
          - めぐみ
    - 多嘉王
      - 三笠宮崇仁親王
        - 明仁上皇
  - 貞教親王(21)

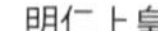
明仁上皇

李玖氏

安倍晋太郎氏は67歳のとき膵臓癌で死亡したが、あの時70歳であった可能性がある。そうは言ってもそれだけで安倍氏が李朝と伏見宮家（レビびと）の血筋と決めつけられるか、という決定的な根拠は李玖という次男の顔写真を見た時である。即ち李晋さんは赤ん坊の丸くて可愛らしい写真しか残っていないが、といっても眼鏡のない安倍晋太郎が赤ん坊のときにこんな顔だったかもしれないと言える。問題の次男李玖氏は若き日の平成上皇にそっくりなのである。

筆者が幼児期には「皇太子」と言えば平成上皇。「守正王が大叔父」という一文がウィキペディアには明記されている。おかしいではないか。祖父の兄弟が大叔父なら、大正天皇の兄弟が守正王か。

筆者がひょっとして平成上皇は伏見宮家ではないかと思ったのは李玖氏と顔が似てらっしゃるからだ。筆者は父親は三笠宮と断定したが、研究者によっては高松宮ないしは秩父宮とする者もいる。秩父宮は病弱で40歳ぐらいから結核が続いていたので、もし平成上皇が昭和8年（1933）12月生まれだとした場合、秩父宮は明治35年（1902）6月生まれのため、殿下が31歳に生まれたことになる。高松宮の場合は明治38年1月（1905）のため27歳ごろ生まれたことになる。高松宮の父親は最近の研究で堀川辰吉郎の可能性が大なので閑院宮家である。表の天皇と裏天皇の血統が交錯する。

安倍晋三氏は父方母が天皇家梨本宮守正王娘のため、レビびとのひとりと言ってよい。なおここまで来ると外国欧州王族のことも一言述べねばならぬ。神聖ローマ帝国、ベルギー王室、オランダ王室も後醍醐天皇三男護良(もりなが)親王の血統が入っている。筆者の考えでは伏見宮家第二代、治仁王の血統。もしそうならばイギリス王室のハリー公爵（１９８４－）の妻になったメーガン妃はアイルランドの王室（現在は滅亡）の血を持って生まれているからレビびとである。ダン族ではない。ハプスブルク家へどう天皇家の血統が入るに至ったのかはここでは書かない。閑院宮家の天皇光格天皇は、ハプスブルク家にいた典仁親王のお子様のため、これはレビびとを逆輸入して、レビびと天皇が表の天皇になられたのだと感じる。御桃園天皇のまま男系男子が続いていたとしたら、むしろ表の天皇はいつまでも足利北朝天皇として、レビびとの血は薄まったところであろう。不思議な現象を図っていて、あるいは知らないうちに吉野系のレビびとが表の天皇の血に戻ってきたと言える。天皇家の血流を通してレビびとのワンワールドを作り上げている。

第五章　大室天皇はレビびとか

今（令和4年）から25年ほど前、宇野正美先生から明治天皇は孝明天皇の息子ではないと聞いた。鹿島昇先生も、西村眞吾先生（弁護士・元衆議院議員）も皆そう言っていたので、本当だろうと知った。つまり孝明天皇は北朝最後の天皇で、江戸改め東京に皇居を作ったとき、なぜ楠正成像（後醍醐天皇を助けた）が皇居前広場にあるのか、それは南朝天皇をお守りするためであると理解した。大室天皇は後醍醐天皇の子孫なのである。

近代国家を作るのに今までの江戸幕府までの北朝ではダメだから伊藤博文は孝明天皇と、睦仁親王を毒殺ないしは厠で殺害した。山口県長州田布施町の伊藤博文実家から700mしか離れていない所（実際は2－3キロあり）から大室寅之祐という天皇家出身の少年を京都から東京へ来た睦仁親王としてすり替えて明治天皇として置いた。

部落というのは天皇家の男系男子をまん中に置き、そのお付きの者は朝鮮半島出身ユダヤ人が多くいる所で代々続いている。戦前までは四つとか部落同和問題と呼んでいる。しかしながら彼らはユダヤの血、ガドかレビかエフライムの血かわからないが、〝半島系が取り巻きを構成し〟、部落の中でしか婚姻を許されなかった。国民の方も部落の人と結婚しようとすると大反対される時代が続いた。今は違う。

中央に坐っておられる天皇家の人がどう呼ばれていたのかは知らないが、伊藤博文の育った地方には近くにたまたま大室天皇になっても良く、しかも南朝系と言われている寅之祐がいた。睦仁親王と年齢や背かっこうが似ていた。すり替えでも良いことになった。こういう部落は全国どの県にも二つや三つはあるし、田布施という村も、例えば鹿児島県にもある。南薩摩市という所だ。こちらからは明治天皇を持って来なかった。

鹿島先生の本をよく読むと、大室寅之祐なる人物は地家作蔵を父とし、興正寺ヤエという女性を母とする。父は地家家という公家御殿の上に上がれない人の通称。御殿の上に上がれる方は堂上さんである。中日ドラゴンズに堂上という選手がいる。作蔵氏は決して地位や、恐らく血統もレビびと天皇家とは予測できない。むしろ母の方が興正寺家といって、名古屋覚王山駅を出てすぐのお寺出身で公家でもある。男系男子が基本のため明治天皇を新たに南朝からもってくるためには父方がどうしても吉野朝後醍醐天皇の血筋でなくてはならない。

弟の為吉さんを生んでから母は離婚し、やっと大室家へ再婚した。この大室家が新井白石も認める南朝天皇家なので、母ヤエはこちらで男の子を生めたら良かったのであるが、皆夭折した。橋本龍太郎はヤエが大室家に嫁いだ後妻の直系で、寅之祐の異父妹にあたる。また東京オリンピック（２０２０）で有名になった竹田恒和氏や息子の恒泰氏は明治大室寅之祐天皇の孫、玄孫と自称している。多分天皇の娘の子孫だろう、詳細不明である。よって明治天皇は大室天皇と呼ばれているが、著者にしてみれば地家天皇であり、竹田氏が娘の子孫と言われても男系男子ではない。

明治天皇になってからの寅之祐天皇睦仁殿下は教育係の田中光顕によると、色黒の相撲好きの少年で、わがままを言うと田中は「そんなことを言うと元の身分に戻しますぞ」と叱咤したという。厠で伊藤博文に殺された本物の睦仁親王は色白のひ弱な公家貴族の風貌だったらしい。よって血統も育ちも全く天皇になれそうにもない大室寅之祐をなぜ田布施の村から伊藤が選んだのだろうという疑問が沸く。地家が南朝なのであろう。

伊藤はひょっとして天皇としての人選を間違ったのだろうかと思っていた。そうなると竹田氏、地家家出身者は皇室論や明治維新等を語れる立場にはなく、単なる思い過ごしで東京オリンピックの会長にまでなったのだろうか。表の天皇というのは政体天皇であり大日本帝国の富国強兵のためにあるのだから別に地家作蔵さんの息子でもいいかと思っていた。しかし竹田さんらのお顔は何となく日本人離れした風格や気品がある。それは育ちだけでそうなるものだろうか。

ここまで考えて國體天皇の方の研究に移った。宇野先生もあとで訂正されていたが、孝明天皇は生きておられ、また天然痘の後遺症で主治医が孝明天皇のカルテに記載したとき、お元気で回復されているという史料も出てきた。明治のはじまるときに孝明天皇は殺害や病気でなくなったのではなく、殺されたことにして京都御所から堀川通の堀川御所に移られていることが判明した。堀川御所は現西本願寺境内にあった。

また伊藤博文は確かに本物の睦仁親王を厠で殺害したというが、孝明天皇といっしょに堀川御所に住まわれたという説がある。

さらに睦仁親王は日露第一次大戦などで軍需方面の仕事で活躍した堀川辰吉郎という男の子を生んでいる。堀川辰吉郎は有名人でネットでも写真が残っている。背の高い外国人みたいな顔である。その息子は前田ゴロウさんである。伏見宮家の血（要はレビびとの血）に加えて外国人ロスチャイルドの血が含まれるという。それは知り合いの伏見宮家の人から聞いた。恐らく堀川辰吉郎氏が背も高く外国人のような風貌なのはロスチャイルドの血のせいだろうと思う。ということは本物の睦仁親王は殺され第三番目の睦仁親王が伏見宮（レビびと）から入ってきたのだろうと思われた（拙書『天皇家は朝鮮人か？　ユダヤ人か？』を参照されたい）。

また孝明天皇までは後花園天皇からずっと北朝であり足利義満の血が色濃く入っている。

安倍晋三氏のように4分の1以下のレビびとと言っていい。もちろん足利義満も清和源氏レビびとの流れなので天皇家とは呼ばないまでも、レビびとの血が少し入っている。

筆者は、よって國體天皇はレビびと、政体（政治をする）天皇は薄い血のレビびとなのだと思っていた。ところが令和4年になって落合莞爾先生曰く、光格天皇は伏見宮すなわち吉野の血流（純粋のレビびと）であると言っている。即ち後花園天皇（第１０２代）から後桃園天皇までは流れが切れることもなく男系男子で来ているが、後桃園天皇に嫡子がいなかった。令和と同じ事態なのだった。

通常この場合は猶子といって、永久親王宣下である伏見宮家から次の天皇をパッと出すことができるという制度がある。よって例えばこの時代第21代伏見宮家の邦家親王が後桃園天皇を継承することが通例である。

ところがこのとき朝廷では（今の宮内庁にあたる）伏見宮家をも候補に上げたが、表の東山天皇（純レビびととはいえない）から枝分れしていた閑院宮家典仁親王の子光格天皇が皇位につくことが九条家らによって決まった。いろいろな事情については詳細は割愛させていただく。

伏見宮邦家親王の子朝彦親王は仁孝天皇の猶子になっていたかどうか確認はとれていないが、朝彦親王自身「我ら伏見宮家には吉野の血が流れている」と明確に宣言された。吉

〈貞成親王御父不詳についての解釈〉

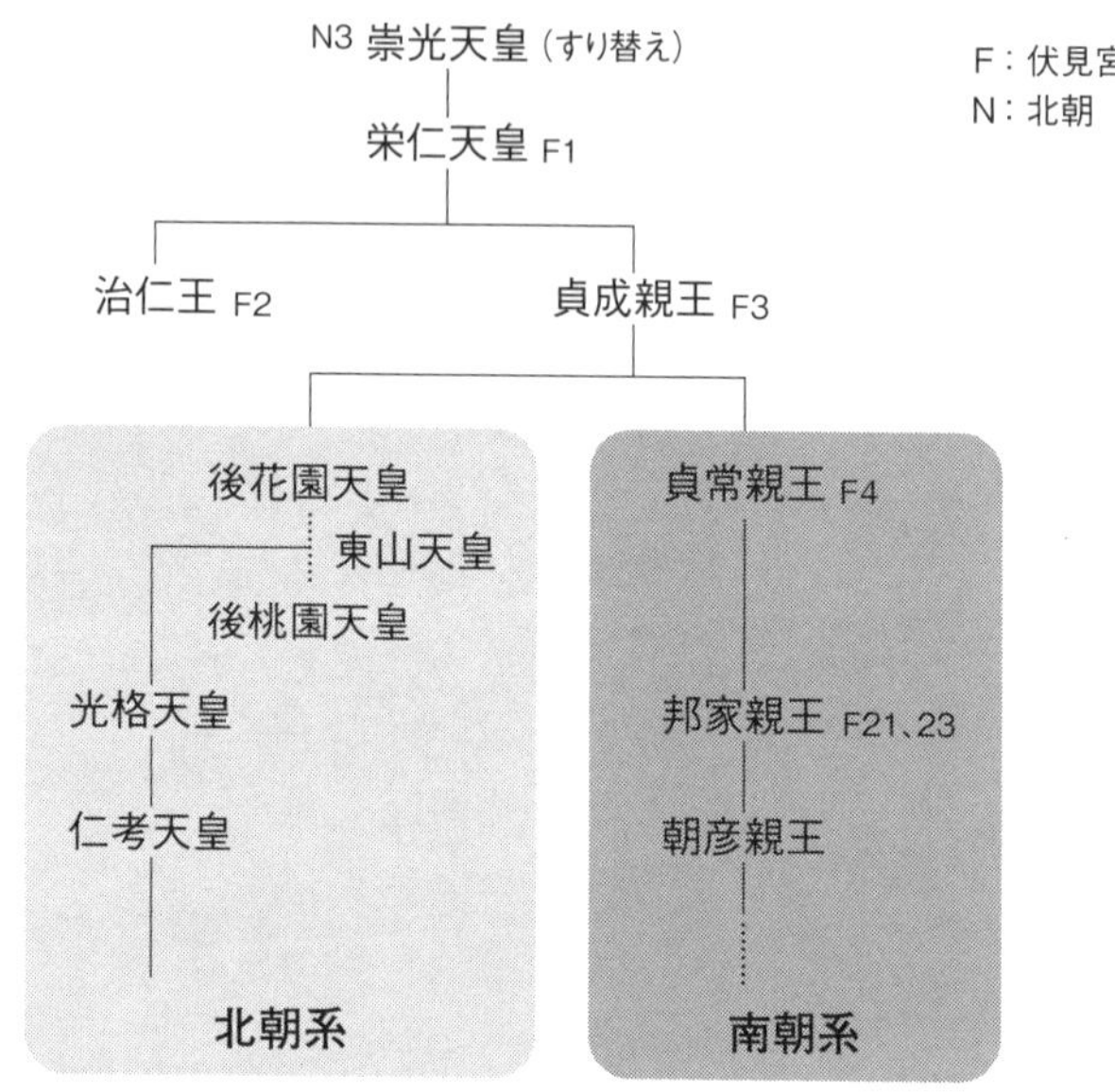

野朝すなわち南朝後醍醐天皇の子孫はレビびとであると血統的真実を教えてくれた。天皇家はレビびとでないといけないと。

北朝が南北朝で勝ち、称光天皇夭逝後北朝第3代崇光天皇の玄孫、後花園天皇と第4代伏見宮家貞常親王が続く。すると伏見宮家は北朝ではないか、後南朝の後亀山天皇の子孫でもないではないかという声もある。また明治時代に有栖川家が自らの御先祖を調査なさった。有栖川は後陽成天皇第七皇子好仁親王からの血統で表の天皇（北朝）でレビびととは言いにくい。当然貞成親王（孫）、栄仁親王（子）、崇光天皇も北朝と思っていた。しかし「貞成親王の御父不詳」との調査結果である。即ち父は栄仁親王でないと。吉野の後醍醐天皇の血統のすり替えがおこっている。そうなると後花園天皇までもが南朝となり明治天皇としてわざわざ南朝と称する人物を持ってくる必要がない。

某所に問い合わせると栄仁親王すり替え説は間違いで、祖父の崇光天皇が後醍醐天皇の三男護良親王の子興良親王とすり替わったらしいのである。また後醍醐天皇は護良親王の優秀さに目をつけ、以後天皇は護良親王（レビびと）の血を持つ人でなければならないと遺言した。負けた方の南朝後醍醐天皇の遺言にそんなにも力学が働くのかと言われるかもしれないが、南朝は三種の神器を持ち続けた（レビびと）なので南北朝でどちらが勝ったかとはあまり関係がない。

貞成親王が護良親王の血を持って生まれたとなると表の天皇が全て南朝となるので矛盾する。伏見宮家F2代治仁王は栄仁親王の間違いない子供（レビびと）である。また貞成親王について YouTube で筆者がしゃべったとき、コメンテーターのフェロカリアさんから貞成親王は足利義満が後円融天皇の皇后との間に生まれた子で最初は足利貞成と名乗っていた。栄仁親王の婿養子としてF3を名乗ったのであるとお叱りを受けた。正しいような気がする。

よってF4の貞常親王はF2治仁王の子であり、後花園天皇はF3貞成親王の子ではないかと考えている。即ち後花園天皇から閑院宮孝明天皇までは足利北朝であり、とても純粋なレビびととは言えないと思っていた。治仁王もそのあと重大な仕事をされている。ところがさらに逆転するのである。即ち写真は残っていないが、光格天皇は背の高い人で、外国人のようだというのである。事情があって急に天皇になった人は外国人のようでとても日本の歴史や文化に慣れていない場合、平成上皇のように生前譲位されるのだろう。平成上皇の生前御譲位の事情については後日別本で述べる予定である。

ではどうして光格天皇は外国人のように背が高いのか。仁孝天皇・孝明天皇も長身だったかどうかは調べていないが、父典仁親王は王室生まれで母親か妻がドイツ領邦君主の出身らしいのである。

即ち閑院宮家を作った理由は表の天皇がレビびとではないため、もうひとり、もうひとりドイツかハプスブルクかベルギー王朝等南朝の血が欲しかったのである。治仁王を送ってあった。ベルギー王朝先にレビびとの血が存在しているからである。

光格天皇が外国人のように背が高い場合、仁孝天皇も孝明天皇も睦仁親王(明治天皇にならなかった方)も子堀川辰吉郎も外人のように背が高くても自然だ。でもそうなるとその子のひとりである高松宮様や静山尼(宮と双子)がレビびとか伏見宮家と言えなくなる。

昭和天皇が即位しなかった場合は、秩父宮や高松宮が天皇になるから、護良親王の直系でもなくなる。

まあレビびとが表の天皇をやらなくてもいいかと思いきや、落合先生はさらに中世の時代から例えばF2の治仁王らがヨーロッパへ渡り、神聖ローマ帝国やタクシン家あるいはアイルランドやスコットランド王室へもレビびと即ち伏見宮家の血統を入れ込んだ。事実血の混合、移入が行われている形跡があるらしい。天皇家はワンワールドである。そうなるとベルギー王朝といえども昔はレビびとの、最近は表の天皇である足利北朝の血が入っていることになる。もし孝明天皇の子睦仁親王がそのまま堀川御所へ移り、堀川辰吉郎が明治24年に生まれたとしても、レビびとの血が入っていることになる。この場合は堀川もレビびとと呼んでも差しつかえないだろう。睦仁親王の血に左右される。

さて本章の最大のテーマ、大室寅之祐はレビびとかどうかの結論であるが、今までの議論でもお察しの通り答えはイエスなのである。つまり地家作蔵氏は護良親王の子興良親王の子孫らしいのだ。部落というのは中世鎌倉期の護良親王が元弘の乱（1331年）ごろに護良親王の子孫を守るためにできたものとも考えられる。即ち護良親王こそがレビびとを古代ユダヤから守る中心人物だ。後醍醐天皇の言葉は歴史的にレビびとを未来永劫守りぬけという至福の至言となった。

なお余計だが、筆者がどうしてトランプの方がバイデンより好きで、マッカーサーの方がミミッツより好きで、ダイアナやキャサリン妃よりもメーガンの方が好きかという理由がわかった。トランプもケネディもアイルランド王朝、マッカーサーもスコットランド王朝、メーガンはアイルランド王朝で、ひょっとするとヒトラーの母クララもハプスブルク家王朝の血統だからである。即ち日本から伏見宮家の血が入りレビびとだったからである。筆者もレビびとであると信じている。レビびとに生まれてよかった。

第六章　レビびとの血を世界王室連合が欲しがる

これまで日本の天皇家が第26代継体天皇以降はレビびとで、しかもレビびと中のレビびとの後醍醐天皇が自分の息子たちの中で最も優秀な第三王子護良親王のことを遺言でこう言った。

「今後天皇は護良親王の子孫でなければならない」

南北朝の合一で北朝が勝ったので、後花園天皇以降に何人の天皇が護良親王の血統が存在するかわからないが、裏天皇として猶子を排出できる永久親王伏見殿の血液には護良親王の血が流れていることは確からしい。令和4年の現代では伏見博明氏（90）がおられ、この人の写真を見るたびに旧約聖書の時代から続くレビびとの血が流れているのだと関心する。

落合莞爾先生が言う親王宣下することができるのは伏見宮家だけで、猶子として天皇候補者である。例外は初代閑院宮家直仁親王だけである。天皇にならない場合でも彼らレビびとの血を守る婚姻はよっぽど考えることであろう。初代栄仁親王から伏見宮家が始まったときから、表の足利北朝の天皇よりも、後村上天皇や後亀天皇などの後南朝天皇家よりもずっと強いレビびとの血統なのである。

大橋巨泉というタレントがいたが、彼は後醍醐天皇三男護良親王子孫ではなく次男の宗良親王の子孫である。大橋家は天皇の玄孫男子へ娘を嫁がせている。尹重（ゆきしげ）という人である。また永井荷風は後南朝である。尹重王の子大橋信重がその孫の代に長井家娘へ嫁がせてその息子が長井姓を名乗った（重元）。その息子直勝が徳川家康から、源義朝殺害のひとりが長井家の先祖にいるから（長田忠致。長井家はかつて長田と呼んでいた。事実は忠致が源義朝殺で、兄の親致が長井家宗家の流れだから家康の間違い）、「永井」に変えようとした。永井家の家祖永井直勝で、荷風まで続いている。大橋巨泉と同様純粋ではないがレビびとである。いずれもＹ遺伝子（Ｙａｂヤップとも発音する）を持つので男系男子である。

筆者の場合は母方がこの永井家であり、宗家ではなく尾張に残った豪農永井の末裔なので、女系のレビびとと言うのかもしれない。純粋なレビびとの血統は天皇家のみに残され受けつがれる、ということだ。考えながら婚姻を結んでいる。

だから世界中の王家がレビびとの血が欲しいのである。筆者ので良いならいつでもあげる。

平成29年正月、それで平成上皇が生前ご譲位されたのかどうか不明だが、それまで世界王室連合のトップであった日本の天皇家はベルギー家にトップの座を譲り渡した。これを教えてくれたのは宇野正美先生である。

ベルギー王朝はイギリス王朝よりも位が上なのか。もちろん日本の天皇家は最古の王室である。今上天皇も昔若いときに欧州にご留学され、スペイン王室と食事をしたりということがあった。今上天皇がどのくらいレビびとなのかということは、別の本で述べるつもりだが、1831年ごろオランダから分家したベルギー王朝が2000年を超える天皇家より偉くなったとは一体血統的にどういう問題なのだろうか。もちろん神武天皇や欠史八代と呼ばれる恐らくガド族やエフライム族出身の天皇家を含めてからの話である、2000年という数字は。もしレビびとだけなら第26代継体天皇からなので507年から2022年としても1505年間も存続している。イルミナティというのは4つほど大きく分けて存在し、世界王室連合イルミナティはその一つである。ほかにはロスチャイルドとかロックフェラー等グノーシス派のイルミナティ以外にアメリカファースト派というのもある。

どうしてベルギーなのかという前に実は天皇家というのは日本国内だけにとどまることなく、世界中にレビびとの血を残そうと努力されているらしいのだ。近くはタイのプミポン国王（ラーマ9世）が2016年10月に亡くなられたが、証明することができる伏見宮家の血が入っているらしいから、レビびとである。戦後辻政信の手で国王が入れかわった。

同様にベルギー国王の流れとは、サクス＝コブール＝ゴータ家へ1770年頃天皇家とくに閑院宮家の血が送られている。サクス＝コブール＝ゴータ家はその前がザクゼン＝ゴーブルク＝ゴータ家（ドイツ中央部の領邦ハプスブルク王家）である。このとき天皇家の閑院宮典仁親王がベルギーへ出向きそこで生まれたのが初代ベルギー王レオポルド1世という説がある。閑院宮家は東山天皇の子孫であるからレビびととは言えないかもしれないが、ハプスブルク家の血を持って生まれた光格天皇は外人のように背が高く、500年前に後醍醐天皇の血をもらっていた。典仁親王と入れかわりに来日した人物は、領邦王フランツなのかその他のハプスブルク家の誰なのか不明だが慶光院太政天皇とよばれる。

光格天皇が慶光院太上天皇の息子だとして母は大江磐代でその父は岩室崇賢という鳥取藩の医者である。

以上より世界王室連合のトップが天皇家からベルギー王朝に移行しても親戚同士だから不思議ではない。ベルギー王朝は第一代目がレオポルド1世（1790年生）で1831年6月4日から王朝を開始したので光格天皇（1771年生）の父ではない。レオポルド1世の父はフランツ（1750年生）ということになっている。フランツと典仁氏親王の入れかえである。大変多くの子女がおり、1778年生の長女ルイーゼからレオポルドまで少なくとも10名いる。王室なのに１７５０年生まれのフランツが28歳まで子供を生まないのはおかしいので筆者の考えでは長女誕生前に光格天皇を生んだ（１７７１年生なら21歳の時の子となる）のではないかと思う。レオポルド1世は一番下の息子ということになる。

ちなみに祖父のエルンスト・フリードリヒが典仁親王の可能性があるが、１７２４年３月生まれ１８００年死亡。顔立ちがヨーロッパ人ぽい。エルンストはフランツ以外に３人程生んでいる。またエルンストの父はフランツ・ヨシアス（１６９７年9月25日生）で色黒で一番日本人ぽいが、光格天皇を生むには年を取りすぎているであろう。

注目すべきはフランツがもし光格天皇を生んだとし、ベルギーのレオポルド1世以外にエルンスト1世、さらにこの王様がアルパートという娘を生み、その娘がエドワード7世（イギリス王）を生み、ジョージ5世に継がれウィンザー朝の英国王室（ウェールズ）になるわけである。スコットランドやアイルランドの王室にもレビびと伏見宮家の血が入っているというがジョージ5世らとの関係はわからない。

もっとおもしろいのはこのザクセン＝コーブルク＝ゴータ家は中世に伏見宮2代目治仁王などがすでにヨーロッパに渡っていたという事実である。

すでにベルギー王朝以外にアイルランド、スコットランド、その他の欧州の血統ユダヤ

〈天皇家とハプスブルク家の血統の繋がり方〉

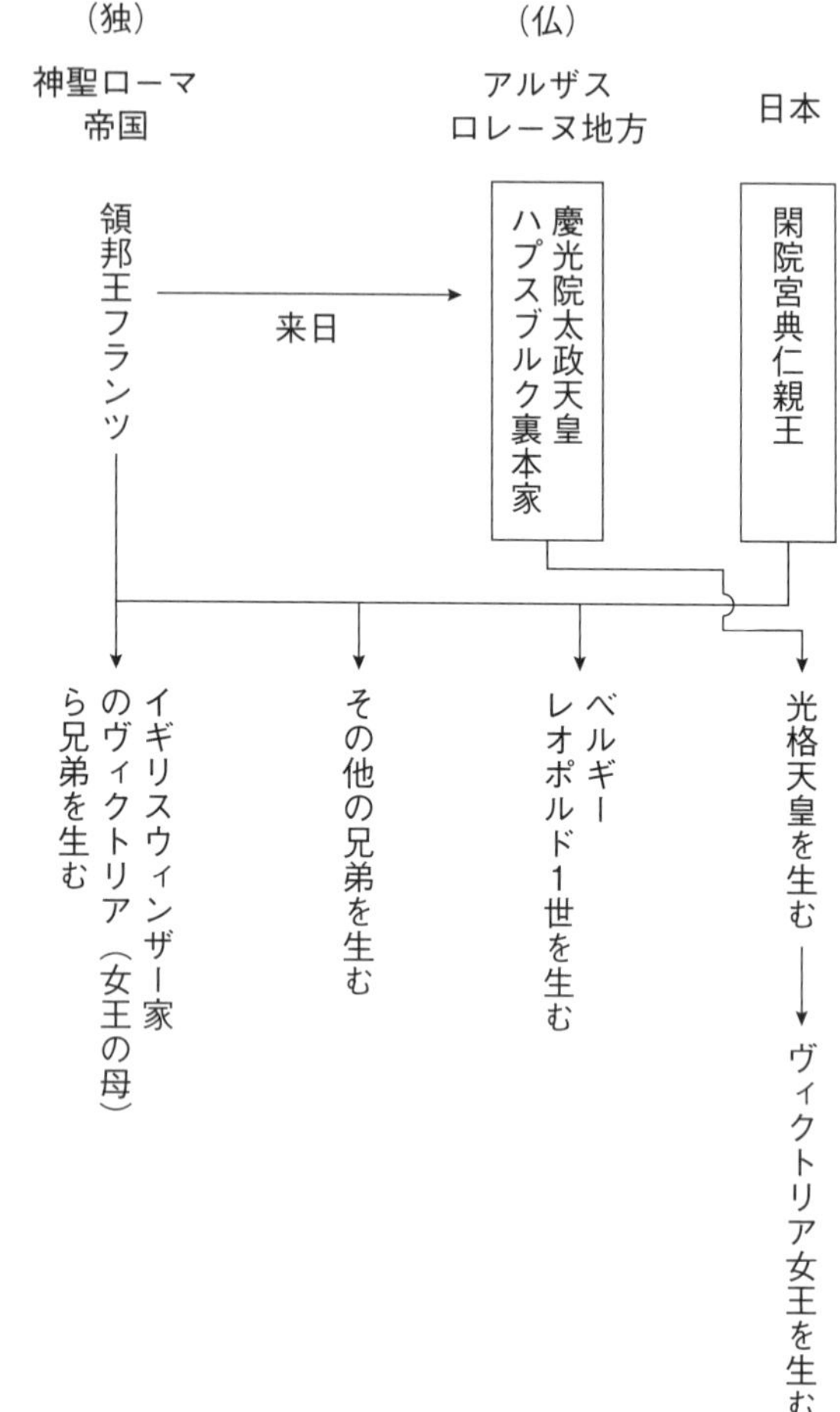

人の王朝らが、日本からレビびとの血をＤＮＡとして欲しいと言っているのが現実である。だからこういう意志は中世の時代から伝達されていたので、後醍醐天皇が少しぐらい分けてもいいですよと犬猫を売るような感覚で世界史の２０００年間の苦労を顧みず、娘や息子を分け与えた。ベルギーも新しく王室を作るにあたってはガド族の血以外にレビびとの血が欲しかったのであろう。１９３０年頃江戸時代末期に閑院宮のＤＮＡを分け与えられたが、本物のレビびと（護良親王、後醍醐天皇の守った）の血は薄かったので、損した感じだが、逆に典仁親王が光格天皇をもち帰って第一一九代として形に繋ぐことができた。

第七章　レビびとは何語を喋るか

旧約聖書のレビ記には、何を食べるか何を捧げ物としてユダヤの神に出さねばならないかということばかりで、言葉については書かれていない。第二章十三項に「あなたの供え物は、すべて塩を持って味つけをしなければならない。あなたの素祭に、あなたの神の契約の塩を欠いてはならない。すべて、あなたの供え物は、塩を添えてささげなければならない」とある。

そんなに塩が多いと元気は出るが、高血圧になるかもしれないと思ってしまう。神様に出すのだから大丈夫なのであろう。食べ物については司祭であるレビびとは現天皇家が京都に来たときと同様で、左は汚、右は聖に合致しているので食べることができる。即ち、「酬恩祭の血と脂肪をささげる者は、その右のもも（腿）を自分の分として、獲るであろう。」

レビびと、天皇家は京都の料亭で近江牛のイチボという腰からもも（大腿部）の筋肉を食される。左は決して食べない。右だけである。これだけでも天皇家の習慣は旧約聖書的である。そしたら、余った左のもも肉はどうするのかと滋賀県野洲市の業者に聞くと、東京銀座か横浜に廻って、100g3万円以上で売れるそうである。ちなみに天皇家には右ももイチボは原価5850円だそうである。ずいぶん値が違う。イチボは解剖書には腸腰筋と記してあり、臥位から両下腹を挙上するときの筋肉である。けっこう太く筋肉・身体の本幹を支える。左を食べるのは許されないのだ。神様に捧げるのも、脂尾と肝臓の小葉(左の端)、二つの腎臓、右のもも(イチボ)、さらに種入れぬ菓子(鏡餅)、油を入れたパンの菓子一つと、前餅一つをとって、アロンとその子供たちに渡しなさいとある(レビ記八章二十五項)。アロンとはモーゼとともにユダヤの神の声を聞く人である。

十一章にその他レビびとが食べてもよいものとして、ひづめの分かれた獣で反芻するものは許可されている。らくだ、岩たぬき、野うさぎ、豚は食べてはいけない。死体に触れることもダメだとある。また昆虫の中でも四つ足で、羽根があって、足のうえに、跳ね足があり、地上を跳ねることができるものは食べてよい。いなごは食べてよい。でもそれ以外の這う昆虫は食べてはいけない。信州のはちの子、奥飛騨のへぼの子の甘露煮は成虫ならば忌むべきものではないから食べてよいのであろう。

もぐらねずみ、とびねずみ、とげ尾とかげ、やもり、大とかげ、とかげ、すなとかげ、カメレオンなどは汚れたものであるから触れてもいけない。天皇家の方々はねずみややもり、カメレオンを食べない。

さらにユダヤの神様が言うにはレビびとは聖なるものとならなければならない。またあなたがたをエジプトの国から導き上がった主であるから「あなたがたも聖なる者にならなければならない」とある。我々をエジプトから出してくれたのだ。

そして大切なことは、女が身ごもって男の子を生めば7日間汚れる。そして8日目に男子は前の皮に割礼を施さねばならず、女はさらに33日間血の清めに使用する。その他モーゼの十戒にあるような、性的な問題に触れ、肉親や母、妻が生きているうちに妻の姉妹を犯してはならない、隣の妻と交わってはならないとある。彼女からレビびとが汚れてはならないからである。男と寝てもいけない。以上を読んで筆者はレビびとの観点からすると、たとえば天皇家がもし、天皇家の女性を犯して将来天皇となる男子を生んだ場合、犯した男性は汚れたから、死に値する罰を負っても仕方がない。生まれた男子もレビびとのしきたりにそむいて生まれた子であるから、左難聴があり将来天皇として元気な肉体や精神を神に保証されなくても、即ちレビびとではなくなっても仕方がないと思った。よって愛子天皇で表の現天皇家はいったん終焉となる。司祭の役割を持つ天皇レビびとが、このようにして男子を生んでいくら割礼しても汚れは残り、高円宮は消滅するのだと思った。あくまでもレビびとの観点からの感想である。

日常生活でさらに細かいことだが、レビびとの人たちは①何をも血のままで食べてはならない、②占いをしてはならない、③魔法を行ってはならない、④鬢の毛を切ってはいけない、⑤ひげの両端をそこなってはならない（アドルフ・ヒトラーは刈っていた。だから本人ユダヤ人の自覚なし）、⑥死人のために身を傷つけてはならない、⑦入墨をいれてはならない、⑧占い師に問うてはならない、⑨白髪の人の前では起立し、老人を敬い、神を恐れなければならない。筆者は白髪でレビびとの佐佐木神社出身の佐々木尊光老先生に起立して、敬ったと思う。

よく理解できないが、レビびとがモレクと交わってはならず、モレクに子供を生贄として捧げたり、姦淫したりすることは絶対悪でレビから追い出されるのであろう、とある。モレクとはレビびと以外、ユダヤ人以外の民族の神で悪魔ということであろうか、隣家の奥さんはモレクかも知れず、絶対に犯してはならない。パリ万博のときモレクに赤ん坊を捧げる儀式をやっているのをみた。

⑩もし父の娘、すなわち妹、あるいは母の娘に近づいてそのはだを見ることは恥ずべきことである。筆者は妹のはだを見たことはない。月のさわりの女と寝ることも、血の源で現したのであるからレビ民族から排除される。つまり流れるレビびとの血を他人に見せるなということらしい。衛生学的に正常であれと言っている。でないと快楽や子孫繁栄のつ

もりだったとは言えレビびとから淘汰される。大司祭になったものは髪の毛を乱してはならず、死人のところに入ってはならず、神の聖所を汚してはならず、神の注ぎ油が彼の頭の上にあるからである。彼は処女を妻にめとらねばならない。しかもレビびとの処女でなければならない。処女性については別の機会に扱うとしよう。

神が言うには体に傷のある者、鼻がかけたり手が折れたり、せむし、こびと、目に傷のある者疥癬の人かさぶたのある者睾丸の潰れた者は神に近づいてはならない。筆者も外科医としてなるべく手を切ったりかさぶたができないように注意している。執筆中の今身体中にひとつも傷はない。アドルフ・ヒトラーは片方の睾丸が潰れていた。

さらにレビ記二十五章二十三項にシオニズムの根源が書かれており、「地は永代には売ってはならない」とある。それはユダヤの神様のものだからである。過去に所有した土地を神の言われるまま買い戻しに応じなければならない。即ちその土地はもういらないから買取らないと言ってはならない。土地本位主義である。

せっかくユダヤの神がレビびとを救ってくれた。エジプトの地で奴隷状態だった人々を導いた。僕なので、彼らを厳しく使ってはならない。奴隷にしてはならない。即ちレビびとは奴隷にしてはならない。筆者は医者であるが、コロナ禍では医者は奴隷のように行政に扱われている。厚労省はモレクだと思っている。60歳の男子の値は銀50シケルだそうだ。

どれだけ読んでもレビびとの言語については出て来ない。何語？　ヘブライ語を喋るのであろうか。彼らには少なくとも方言はなく、丁寧な標準語を教わり、決して九州弁や東京弁は出ない。裏天皇の人たちは必ず皇室と同じような公家のような優雅な言葉で、決して感情が入っていない。言葉などいつの時代も変化するから精神行動だけがレビびとには大切であると言っているのであろうか。筆者など今朝もキオスクで聞いた。「レジ袋3円かかりますがご入り用ですか」と店員にきかれて、その男性は「大丈夫です」と答える。「3円かかっても平気」なのか袋を用意してもらわなくても「持っているから大丈夫間に合っている」と言っているのか不明だった。この人はレビびとでないと思った。日本語はどんどん崩壊している、保たれているのは皇后や裏天皇の方々の間だけではないかと心配になる。

第八章　レビびとは血を食べてはいけない

モーゼがシナイ山で神の言葉を多くのユダヤ人たちに伝え、レビびと以外はカナンの土地を奪って分け与えられたのだが、契約の箱を守り、唯一天幕の中に居ることを許されたレビびとなので、当然旧約聖書に書かれる神の掟を忠実に守らねばならないことは間違いないと思う。

レビ記の第三章に、神への捧げ物として雄牛の全きもの（童貞）の内臓の脂肪や肝臓や二つの腎臓を使ったりその血を天幕の中の祭壇の周囲に注ぎかけねばならない。とあるからかもしれないが、「あなたがたは脂肪と血をいっさい食べてはならない。どこに住んでも永久に守れ」とある。

血を食べてはならない。血を飲んではならない、の間違いではないかと思ったが、筆者の所有する日本聖書協会発行の旧約聖書でなくても「血を食べてはならない」とある。血を飲むのではなく肝臓や腎臓など血液の多い臓器を食べてはならない意味かというとそうでもないらしい。血のしたたるような牛肉ステーキだけでなく血を飲むことも輸血をすることもいけないらしいのである。血液の中には生命が宿っているので、他者の生命を栄養として摂ること即ち血を食べることの意らしいのである。

祭壇のまわりに血を塗りつける習慣がユダヤにはある。日本では正月の門松にあたる。玄関の両側に血を塗り込むかわりに門松を立てる。西日本では立派な門松を立てねば正月に神様が来てくれないとする。ユダヤの世界ではイスラエルの人たちがいまだエジプトで奴隷をしていた頃から災いの神がイスラエルの人たちを守るためにユダヤとそうでない民族を区別する。血を玄関と天井に塗る（これは注連縄か）のがユダヤ人である。

よって動物の、あるいはユダヤ人同士の血を飲んだり食べたりすることはユダヤ教では許されないのである。よってレビびとであれ、その下に寄留する者であれ、動物や鳥を食べるときは脱血して土の中に埋める。魚もまずは頸静脈か上大静脈を切ってから日本でもお寿司を握る習慣ができているのはそのためか。

死んだ動物やかみ殺された動物を食べるときは血がゼリー状になっているから食べるという感覚に合致するが、着ている衣服を水洗いせよとある。その人は夕方まで汚れているが翌日は清くなるという。衣服を水洗いもせずに死んだ動物の血を食べる人は罪責を負うとある。よって輸血をする行為も生命のある血を食べる行為に当たるから、レビびとはしないのではないかと思う。汚れるから他人の生命が自分に入ってしまうから許されないのであろう。

昭和天皇や平成天皇が天皇として初めて外科手術を受けられたが、輸血の件は同意を避けられたのだろうか。疑問がわく。まさか自分の汚れた血液が天皇の手術のときに使用されるはずがない。昭和天皇が亡くなられたときは東大病院の内科医が輸血はせず、リンゲルの点滴だけで何日も保たせたことを知っている。

では世界のイルミナティがなぜ90歳や100歳まで長生きするのか。聖書通り神の言いつけを守っているからか。と思っていたが実は彼ら彼女らが人間の血をワインのように飲んでいることを知る。レビびとはしていないだろう。しかも子供の血を食べていることを最近知った。子供の頃は大人より濃いアドレナリンが分泌されているので、子供を恐怖のどん底になるまで怖がらせ、そして血を抜き飲むのである。そういう子供の血のことをアドレノクロームと呼び2022年の世界経済フォーラム会場外で販売されていたというから驚きである。どれだけの人数の子供たちが議性になっていたかわからない。絶対にレビびとはやらないと思う。レビびとは天幕の内側に入れる司祭の家系だからである。日本の子供が今まで1万6000人が犠牲になった。

血を食べてはならない。土地を売ってはならない、買い戻せとはレビびとの根本定義である。血すなわち生命であり、血も土地もユダヤの神様のものだからである。シオニズム、即ちユダヤ人の国家を作りたいとする思想は、失われた12支族のその他の民族にもあると思うが、日本へ来た天皇家は最初はエフライムだったので、彼らはカナンの地にあるときから既にテルアビブの東、ヨルダン川西岸に持っていて、北イスラエル国が消滅してからは元祖シオニストとして日本列島にやって来て国を作った。

しかしながらレビびとである司祭としての第26代継体天皇の先祖はカナンの土地も所有しておらず、また今上天皇や裏天皇の人たちも土地所有のこだわりがエフライムほどに強くないかもしれない。しかしながらレビびとのはずの伏見宮家は東京高輪の土地を皇籍離脱のときに生活のために売ってしまい、提西武財閥が買った。伏見宮家というレビびとはユダヤの神様を裏切ったことになる。背に腹は替えられぬということか。またエフライムの天皇家はどうして国をレビびとに売ったことになったのか。こちらも神への裏切りではないかと言われても仕方がないと思う。実は東関東茨城あたりに住んでいて、もし東京が大災害に被られた場合は、令和の皇居を茨城に移そうという計画がある。そういう意味では今上天皇はレビというよりエフライムに近いのかもしれない。

土地問題はさておきレビびとの天皇家は土地を所有することはなく、血を食べることもないであろう。筆者なぞ自分で手に入れた土地を絶対売ろうとせず、西日本八咫烏協会の会長に怒られた。もっと土地を整理して売って、スリムになりなさいと。筆者こそレビびとで、八咫烏の会長さんはそうでなく、調べたらガド族のようだった。八咫烏とは、天皇の柩を担ぐ人のことで、久保有政先生の意見ではガド（物部氏が多い）族のようだ。筆者は以上の理由から余りにも土地にこだわり、ついに筆者所有の土地は銀行によって担保実行され、仮差し押さえされ、裁判に負けて強制競売され、二回ほど流れ、最終的に二束三文でどこかの誰かが買い受けてしまった。買受人は絶対レビびとではなく、マナセでもガド族でもエフライムでもなくアシュケナージ系ユダヤ人（即ちユダヤ教を信じる白人のこと）か戦国時代に下剋上でのし上がった外国人だと思っている。裁判所が競売を決定したレビびとの土地など、レビびとは絶対買わないし、レビびと同士の争いは債権債務の争いはしない。第一レビびとから憎まれたら大変な人生を歩まねばならないことになる。何せ、あなたの憎む者を私（神ヤファエ）は憎むし、あなたの賞賛する人を私も賞賛する。とある。

筆者はなるべく血を食べないようにしているし、レビびとにお金を貸しても返してくれとは言わない。そのかわり土地を絶対売ろうとはしない。駐車場でさえ、草むしりをしたり散歩したりするとユダヤの神様と会っているように心が温かくなる。土地には拘わり、土地を愛し、どんなに狭くるしくても京都の土地のように細長くても、あるいは財務省の払い下げの土地で誰も手をつけようと思わないものでも情報が入れば現地調査にいくし欲しいなと思ったら買う。しかしながら財務省の払い下げの競売であって裁判所決定の強制競売ではないからレビびとの土地だった所を無理やり手に入れようとはしない。だから裁判所決定の強制競売には参加せず、一度流れた強制競売で値段が最低売却価額で決まっており、何月何日まで受付ていて、合致あったらくじ引きで、ないしは先着順の場合は手を挙げることにしている。きっとレビびと的なシオニストなのであろう。

人間というものはユダヤの神様が自分と同じようにお作りになったものだから、レビびとは特に神様を怒らせないようにせねばならない。怒らせたら殺される。清い身で毎日を過ごさねばならない。ところが今の世界の支配者階級は血を食べるし、生きたレビびとの土地は売ってしまうし、とても目に余ることばかりだ。他民族のことなどどうでもいいが、5歳や6歳の子供を殺して、血を抜きアドレノクロームという小児期の生命活性血を抜いて飲んだり、より沢山とれるように殺す前に頭や頭皮をインディアンの皮剝ぎをして泣くだけ泣かせ、ホルモンを出せるだけ出させるなんていう行為、それをメンバーが集まるダボス国際会議で即売するという。ユダヤの神様にしてみれば信じられない悪行を堂々と行っている。そして100歳まで生きる。

それでもレビびとに血を食べさせようとしたり、また土地を盗もうとした場合はどうするか。レビびとの解決策は、スウェーデンボルグ先生の研究ではこうである。

血を食べろとか土地を売れなど荒らす憎むべき人たちが襲って来たならば「山へ逃げよ」と。

これはダニエル書九：二七に書かれ、マタイ二四：一五でイエスは反キリスト教こそが荒らす憎むべき人であると。一方ユダヤ教信者ないしレビびとあるいは12支族の人たちは山へ逃げよ、キリスト教があるいはローマ軍がイスラエル人を襲って来たならば、という。実際バビロン捕囚でBC596年ごろバビロニアに連れて行かれたが、南ユダ王国の人たちは山へ逃げ切れなかった。またそれを遡るBC722年ごろは北イスラエル王国十支族と南ユダ46の街の住民がアッシリアに征服され連れ去られている。

異民族の人たちが、レビびとをはじめとするユダヤ人を連れ去り奴隷とするので、独立できず、それに耐えるしかないが、彼らの希望は、ユダヤの失われた12支族が例え世界中にちりちりバラバラになったとしても、いつかはメシアが登場して世界の選民たるユダヤ人として世界がユダヤ、ユダヤが世界という時代が来るから耐えなさい。しばらくは山に逃げなさい、ということらしい。イエスキリストはメシアではなく21世紀の時代にもメシアは未だ登場していないのである。

山へ逃げるつもりがスキタイ人に連れられてまずはエフライムの人たちが、朝鮮半島を通過して応神天皇などが日本列島へ。次に奈良朝前からレビびとが日本へやって来た。今もし日本列島に住むレビびとが荒らす憎む者に血を食べよとか土地を売れ（領土を放棄せよ）と言って来たならば、筆者は令和の時代がそれであると思う。とりあえず奥飛騨の山奥か、四国か紀伊半島の山の中に逃げるつもりであるし、表の皇室や上皇陛下の方々は吉野の山中へ逃げ、一応建前上の皇居は「岡山」か「熊本」に作る予定と預言する。そのために地価を下げるため熊本地震を人工的に起こしたという説がある。国民の人々はその辺の事情を良く御存じである。

第九章　レビびとに多い名前

後醍醐天皇の遺言があるから、表の天皇であろうとも、裏天皇であろうとも、猶子を輩出する伏見宮家出身の伏見博明さんであろうとも、全てレビびとと言ってよい。日本人は源氏と平家、藤原と橘という4つの名前がある。誰でもそのうちのどれかだ。と言う人がいるが、基本的に女系ないしは母系がレビびとでないといけないので、お母さんが、そのまたお母さんが……レビびとでないと段々薄れる。一応徳川宗家は母系を天皇家からもらっているからレビびとと言ってよい。天皇になれる。宇野先生はアイヌだと言っていた。

一般の家系でも最低鎌倉時代まで遡ることができれば、婚姻は考えて行われているだろうから、レビびとを証明することができる。

坂上・池上・田母上・山上・井上など上（神）がつく姓字はレビびとの可能性が大である。ただし宗教上は神道で葬儀を行うわけではなくて、日蓮宗などであっても良い。

天皇家の中でも閑院宮家出身の方々はどうもヨーロッパの血が入りすぎて顔つきも日本人らしくないが、治仁王その他室町時代に向こうに行ったレビびとの血が一応入っているらしいので、典仁親王（慶光院太上天皇）以降レビびとと言ってよい。後花園天皇から後桃園天皇の子孫の人たちの血は怪しい。貞成親王は本書に於いてはレビびとではないというのが結論である。

まずはミトコンドリア（細胞内呼吸をする器官）のＹａｂ遺伝子を調べて失われた12支族であることを同定し、そのあとエフライムなのか、マナセなのか、イッサカル、ルベン、ガド、などの遺伝子の持主などから除外せねばならない。大変な作業である。

でも最も簡単なのは、直感的に「あなたは、ユダヤ人の血が入っていると思いますか」と聞くことである。数多くの人にこう質問したが、日本人は共通して日本人、とか大和民族という自覚よりも、縄文人だとか朝鮮人などもっと古いことを言い出す。よってユダヤ人ですかというバカな質問も説明すれば、バカな質問とはとらえ切れない。

ユダヤ人というとホロコーストとか白人系のアシュケナージ系ユダヤ人を日本人は想像するので、古代ユダヤとか神武天皇、イエスキリストはアラブ系の顔をしていたと悟すと十分理解してくれる。

佐々木先生は宇多天皇（第五十九代）の子孫なので後醍醐天皇（第96代）よりも先祖であるからレビびとで、佐佐木神社（大津）が先祖でもあると言うから現在でもレビと忌部氏ルベンの混血と言って間違いない。

朝堂院大覚総裁（S15・12・9生）は父方が嵯峨天皇（第52代）で、母方は伏見宮家というからレビびとの末裔であるが、本人はユダヤ人とは言わず朝鮮人あるいはユーラシア人と称している。ユダヤの意味するところはアシュケナージ系ユダヤの意味で、どれだけ筆者がレビ、とかエフライムとか言っても聞いてくれない。ユダヤ人よりも縄文人を尊敬する。彼には縄文人の自覚はなさそうだ。縄文文化は1万8000年の歴史があり、燃える壺即ち縄文土器の前文明時代の遺産は日本列島にしかない。

神武天皇はアラブ人のような顔だと述べたが、もし神武天皇がエフライム出身で年齢が137歳（古事記）か127歳（日本書紀）で兄弟姉妹の人数や男女、親子関係を調べると、応神天皇までの家系図からヨセフの子エフライムこそが神武天皇であるということを言う人がいる。130年ずつ生きていないと、第15代応神天皇（130歳、日本書記110歳）AD367年生まれ（若井敏明氏説）に至らない。

ヨセフの生まれた年がBC600年としても神武天皇から第15代応神天皇誕生まで千年ほどあるので、ひとりの天皇が70年以上（昭和天皇は1926年12月25日から1989年1月7日まで在位62年間、摂政の期間を含めても63年ぐらい）ずつの割合になる。長生きで在位も長い理由は、不思議でもない。

というのは、人間というのは神様が御自分と同じように作られたものであり、モーゼが神の言葉を聞いたという。その神とは地球外生命体、ないしはＵＦＯに乗って来る宇宙人の可能性もある。

非常に現実的になってしまうが、古代の宇宙人が現代の宇宙人と同様（アメリカ合衆国のエリア51では死亡した墜落宇宙人の研究がなされているらしい。レーガン大統領はこれについて知らされたが、タブーとした）、年令や脳の大きさ、身長、ＵＦＯを飛ばすスピードなど人類からはとても想像ができない程の技術力や生命力を持っている。旧約聖書創生期のネフィリムがレビびとを作った先祖ないしは神様かどうか不明であるが、神武天皇や応神天皇まで、宇宙人のＤＮＡが地球上に住んでいた縄文人の女性にＤＮＡを残していた可能性がある。

だから神武天皇は１３０歳、応神天皇も１３０歳まで生きたこととの信ぴょう性は出鱈目ではない。またレビびとの第26代継体天皇は応神天皇から十世代子孫のため、継体天皇自身がエフライムとレビびとの混血といえるが、母系に多くのレビびとの血が入っているので武烈天皇まではエフライム。継体天皇からレビ、というように区別されている。武烈天皇は故郷のイスラエルに帰ってしまったかどうか不明であり、エフライムはエフライムでレビびと同様に血統をどこかにつないでいる可能性はある。つまり、会津とか桑名あたりで……。旧約聖書とは地球にはじめて宇宙人が来てからの文明本ということなのかも知れぬ。

四国には本物の天皇がいるとよく言われるが、あるいは三種の神器は剣山の山中にあるという。よって契約の箱の所有者がレビなのか、エフライムなのかマナセかガドかということは失われた12支族のトップは誰か、武力系のエフライムなのか司祭系のレビびとなのか、それとも中国系のマナセなのか葬式系のルベンなのかということになる。いずれにせよ筆者は契約の箱は四国にあると考えており、他の人は京都の綾部か福知山、丹後半島にあると言い、昔は仁徳天皇陵。応神天皇陵では堀がない。マッカーサーは仁徳天皇陵を掘りおこそうとした。イスラエルのネタニエフは会津にあると思っている。

四国の長曽我部氏は本物のユダヤ人であると宇野正美先生はよく言っていたが、秦忌寸という中国から最後に来たユダヤ人のため、忌部氏を名乗る以上ルベン族であろう。今でも高知市内には竹村姓の長曽我部の末裔がいて、朝堂院大覚総裁（レビびと）とのお付き合いがあるらしい。血と血のつながりは本能なのだ。

どれだけユダヤのおもしろい話をしても全く興味を持つことのなかった小説家の先生もおみえになったが、これだけ世界でユダヤ人が金融・石油・種子・報道の分野で活躍している以上アシュケナージの人はアシュケナージ同士、我々スファラジはスファラジの世界の人たちともひと言で友人になり、気心が知れるようになれる。

もしフリーメイソンの会に入ろうとして試験を受けるとき筆者なら「レビびとである。神道を信じる」とする。神道とユダヤ教が近いことは、チュニジア出身でスファラジの元駐日イスラエル大使でエリ・コーヘンという人が日本中の神社を見て回り証明した。鳥居は手水の風習がソロモン神殿にそっくりで、諏訪大社の右耳の裂けた鹿を見たときも、日本では七不思議となっているようだが、ユダヤ教を知っている人は、鹿ではなく羊のことだった。イサクが父アブラハムに殺されそうになったとき羊が飛び込んで犠牲になってくれた。ゴッホが自分の右耳を剃り落とし、鎌倉時代の京都嵐山奥の明恵上人が自分の右耳を剃刀で切り落としたのも、右は神様に捧げる方、左は汚れた方である以上、共通してレビびとの司祭の言葉が身近にこびりついているような気がしている。明恵上人がユダヤ人とすれば心強い。

筆者などまだ修業が足りないのは右耳を切り落としていないからで、そろそろ計画してもよいかなと考えている。今なら両親、とくにレビびとの母が許してくださるであろう。

第四部

スキタイ騎馬民族は
古代ユダヤ支族エフライムを
大和まで連れてきたか

——邪馬台国卑弥呼はレビ人か

イシク・クル湖底に遺跡が水没している

匈奴は敦煌付近にいた月氏（げっし）を追い出し、月氏はイシク・クル湖辺りに移動した。追い出された塞族（サカ人＝スキタイ民族）はインドパミール高原に移動し、最終的にスキタイ人がイランからインドまで大きなスキタイ国を作った。イシク・クルの湖底には、多数の遺跡が水没していることが確認されている。湖畔の砂浜には陶器など、湖底遺跡から流れ着いたものが打ち寄せることがある。なぜ遺跡が存在するかは未だに謎である。この件に関しては何度か潜水調査が行われ、遺跡は一つではなく、様々な時代の遺跡が水没していることが判明した。その内の一つに、かつて湖畔に存在したという烏孫（ウーソン）の赤谷城がある。

烏孫ということになると、秦氏の故郷である。

塞族は最終的にペルシアのダリウス大王に滅ぼされるが、彼らが新バビロニアが滅亡したときに、直接エフライム族を日本まで、さらに塞族が元いたイシク・クル湖に置いてきたレビ族を、さらに後から弓月君らを日本まで連れてきた可能性は十分ある。

スキタイ民族は黒海北岸からイラン高原、中央アジア、蒙古高原西部、シベリア南部まで駆け巡った遊牧の民だという。ついでに日本列島まで高貴な方をお連れしたのだ。スキタイ文化の代表的なものが青銅器である。

天皇家は辰韓から日本へ入った⁉

もし天皇家が日本にやってくるとして、どうしても朝鮮を通過せねばならない。騎馬民族の主役である辰王は任那に入り、ミマキイリヒコ（崇神天皇）となって日本で最初の統一を果たしたという。その辰王がもし箕準の子の卓＝武康王ならば、日本へ入ってきた騎馬征服王朝の主は、濊（ワイ）族である箕氏朝鮮（高句麗）の難民ということになる。松崎寿和説。天皇家は朝鮮人、という朝堂院大覚総裁の言うところの朝鮮とは辰韓からということになる。この場合、紀元前２００年以前の古代イスラエル貴族との繋がりは全くなくなり、神武天皇の存在や、欠史八代を全面的に否定し、突然崇神天皇から第25代武烈天皇までで、日本を統一したのは、辰韓出身の血統ということになる。もっとも天皇家は知っていても本当のことを絶対に言わない。舌が滑ることもない。大抵は知らない。

徐福、弓月君の来日経路

徐福伝説というものがある。秦の始皇帝に仕え、東方日本に不老不死の妙薬を探しに行ったことで有名な神仙方士である。『後漢書』倭伝に「秦の始皇、方士徐福を遣わし、童男女数千人を率いて海に入る。蓬萊に神仙を求めてえず。徐福、誅を畏れて敢えて帰らず。遂にこの島に留まる」秦の始皇帝は秦氏ではなく、呂氏（秦氏）の呂不偉の妻を娶ってできた人であると言われているから、間違いなくユダヤの血統は含まれない。もっとも皇帝の子孫は中国を追われて朝鮮半島に逃げている。それが宇野正美先生の言うところの3番目に日本へ来た秦氏（漢字で秦とかく苗字の人たち）に繋がる。本書は天皇家と弓月君が誰であるかを求めているので、ここは徐福に絞る。

今言われているのは、中央アジアから渭川よりも北ルートを通って、朝鮮半島の新羅（その前は辰韓）を通過して来日したのが徐福、また弓月君らは弓月国から華南経由で百済経由で来日したのが弓月君（応神天皇代）で弓月国は大月氏（ダイゲッシ）より北、国政スキタイが支配していたキルギスのイシク・クル湖や赤城あたりの出身である。

天皇家の女性は苗族（ミャオゾク）の女性に似ている!?

苗族は次の写真通り、天皇家のお顔に似ている。向かって右側の苗族の女性はお顔が三

典子様似（右から２番目）　彬子様似（右から１番目）

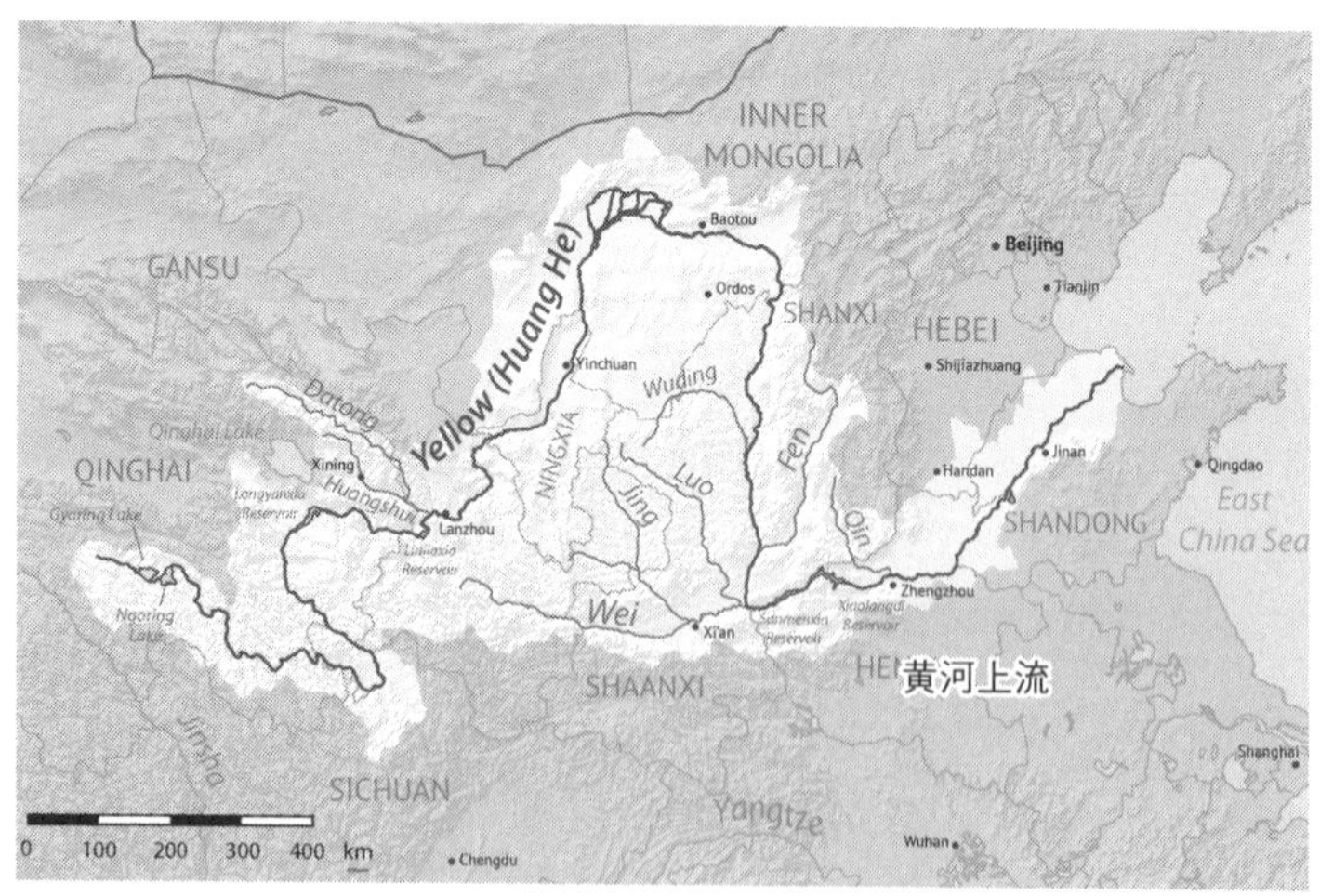

苗族の出身地は黄河上流、中央アジアに近い。天山山脈の西側がイシク・クル湖になる

笠宮彬子様に似てらっしゃる。昔から天皇家の女性は苗族の女性に似てらっしゃるなと感じていた。現在は雲南省、貴州省に生活しているそうである。ミャオミャオとした喋り方で猫（ミャオ）族とも呼ばれた。名古屋弁はミャア、ミャア、ミャアの発音が多いので苗族出身ではない。苗族の女性たちは肌が白く、性格は喧嘩っ早く、すぐ手を出すそうである。さらに岩戸伝説に似たものがあるそうである。赤牛に岩戸の中に隠れた太陽を出てくるよう呼ばせたがダメで、鶏に泣かせたら出てきた。貫頭衣を纏っているのも日本人に似ている。かつては黄河の流域に住んでいた。黄河の源泉は新彊ウイグルの楼蘭よりもずっと西で、おそらく天山山脈ではないかと思われる。そうすると一山越えれば、西にイシク・クル湖に至る。ベトナム人も今では東南アジアに居住しているが、元々中央アジア出身だそうである。

紀元前後の日本

スサノオノミコトが天照大神の弟であろうと、卑弥呼の弟であろうとも、また出雲の国と関連あろうともそれは朝鮮半島の任那か新羅から天皇家がやってきたという近い過去の話でしかなく、我々の知りたいその前の時代、朝鮮半島（崇神天皇）以前の時代はどうなのか。それが騎馬民族で中央アジアから来たのではないかと推奨した学者は東京大学の江上波夫教授である。戦前の皇国史観としては、崇神天皇が天皇として第一代であり、それ以前は神が先祖であるから、日本は神国である。だから欠史八代の説は生まれた。津田左右吉の説である。津田によると欠史八代だけでなく、第15代応神天皇とその神功皇后までは実在しない＝神、ということになる。しかし実は応神天皇までの実在証明ができていない、としか言っていないと津田は怒っていたそうである。第一代神武天皇は存在を誰もが認める。帝だから南ユダ国のカド族出身ではないかとする説があるが、筆者は否定する。日本の天皇家はエフライムないしはレビびとであろう。さらに初代天皇神武は龍から生まれたとする。世界中の伝説に神様と龍に関する繋がりの話は存在する。また軍部は欠史八代を神としていて崇神天皇は実在した初代天皇として、その上は神。神国日本の戦争に理想的な騎馬民族的初代天皇となった。日本という神の国が世界秩序のために戦っているのだと宣伝することができた。

戦後になって、それを江上波夫教授がひっくり返した。欠史八代は存在する。しかも中央アジアから朝鮮半島経由で来ている。歴史学会はびっくりした。天皇家は中央アジアが起源である。騎馬民族天皇である。先祖は神様かもしれないが、問題はその前である。崇神天皇よりももっと遡ったところで神に結びつく。

江上教授によると天皇家とは中央アジアの出で、その前はスキタイ民族の出で、スキタイ国の前はアッシリアやバビロニアになり、その前はカナン・パレスチナの地に存在した北イスラエルと南ユダである。天皇家は結局キリストやマホメッドより前の古代ユダヤの支族出身者（貴族階級）ということになる。12支族のいずれかが、同じユダヤ人の奴隷や市民を引き連れて、東方へ東方へと難を逃れてやってきたことになる。他の勢力は世界に散って行った。近年ではマナセ族がミャンマーで見つかり、イスラエルに帰ったという話を聞いた。

宗教的ユダヤ人とは異なる。彼らはカザフスタンかウクライナ出身の白人でユダヤ教を信じて今日まで来た人たちである。スキタイ国の一番西は現在戦争中のウクライナであるから、ウクライナはユダヤの国と言われている。一部の白人が一神教ユダヤ教に感化されたのであろう。しかしながら、天皇家が血統的ユダヤ人であるとしたら、ユダヤ教から八百万の神道を作り上げたか、古代のユダヤ教が神道そのものだったのかもしれない。世界中に神道に似た宗教は残っている。つまりかつてはユダヤ教は多神教であったので、いつ一神教になったかわからないが、多神教グループが日本まで東遷してきたことになる。多神教は仏教を持ち込んでも構わないのであろう。柔軟性がある。今でも天皇家から分かれた人では日蓮宗で冠婚葬祭している家族もある。

そうなると地政学的に神の国、神の国と言っても、日本独自の神ではなく、地球単位で生まれた元祖ユダヤの神を保っているということになる。モーゼに引きつられてパレスチナにやってきた頃、まだ多神教だったと思う。しかしながら、北イスラエル国がアッシリアに滅ぼされ、さらにバビロニアに南ユダ国もが滅ぼされ、捕囚されてから、世界中への離散が始まって、一神教（ゼウスが神）になったと思われる。同じ小さな地区で集まっていれば多神教でも良かったが、世界中に散ったユダヤ民族という土台を崩さないためには、一神教にならざるを得ない。日本の神道は多神教のユダヤ教を固く受け継ごうとした支族が東征して、朝鮮半島では任那、そして日本列島では本格的に残って固めたと言える。

もしベンジャミン・フルフォードが言うように天皇家がエフライム支族（北イスラエル国）の出身だとして、アッシリアに滅ぼされる直前にパレスチナを脱出したとすれば、スキタイ人が天皇を馬にお乗せしてシルクロードを東へ向かったとしてもおかしくない。とすれば周りの取り巻きは、スキタイアッシリアの兵士たちで良い。また旧約聖書によれば、アブラハム・イサク・ヤコブの子供たち12氏族のうち、司祭の仕事を中心にやっていて、幕内に入れるレビ人は当然一緒に東征していくであろう。エフライムは騎馬中心なので、幕の外までしか行けない。レビびとだけでは戦力にならない。

神武天皇になった氏族はエフライムであっても良いが、まだわからない。エフライムはヨセフの子であり、レビとは甥叔父の関係である。なぜか12支族のうち10人はヤコブの子であるがヨセフの子のエフライムとマナセの2人だけ加わっているのである。わざわざエフライムを作った理由がわからない。またマナセは藤原氏に繋がると言っている人もある。

　神様が馬に乗るので神武天皇だ。騎馬民族系は原則エフライムでいいのでないかとする学者久保有政もいる。筆者の考えは、エフライムが神武天皇で、その後東征中に欠史八代はレビ人に置きかわり、崇神天皇から仲哀天皇の五王で騎馬民族に交代劇があり、先に近畿地方に着いていた邪馬台国の卑弥呼が当面最後のレビびと女王。一方第15代応神天皇は初代騎馬民族エフライム天皇ではないか。

　五王が朝鮮半島任那から日本列島に攻め込んだとすれば、支族同士協力して騎馬民族が中心になって武力的に列島を占拠支配するだろう。実践に慣れた民族が必要になるから、第十代から25代の武烈天皇までは騎馬民族系のエフライムで統治したのであろう。完全統一後は宗教的に治めるのは古代イスラエルで慣れているので、レビびとのような司祭型天皇に交代する。現実はエフライム騎馬民族の第25代武烈天皇に皇太子がいないという理由で、26代からレビ人の継体天皇が継承した。武烈より10親等も遠くなったが、一応応神天皇の子孫である。母系でレビが入り込んでいると思われる。ユダヤ民族の特徴は母系、女系が血統名を決定する。今でもそうである。

騎馬民族による建国力が弱まったり、産業文化が必要で、助け舟として中央アジアの弓月君や徐福などの秦氏を呼び寄せて、より大きな国を得たということも考えられる。弓月君も徐福も藤原不比等も12支族の末裔で親戚同士であろう。供給源は中央アジアで、中国大陸の華南か北京経由で、百済か新羅経由で渡来している。

キルギス、スキタイと日本人、天皇家の関係

①「天皇氏を中心とする大陸北方系の騎馬民族（ツングース系）の一派が4世紀前半に朝鮮半島から九州に上陸し、やがて畿内に進出して4世紀末から5世紀はじめに大和朝廷を成立させた」

②「魏志倭人伝によると馬韓五十四国に推戴されていた流移の辰王が任那の地に入り、ついで日本へ渡来しミマキイリヒコ＝崇神天皇となった」

③「日本に君臨した騎馬民族の渡来は二回あった。一つは崇神天皇（10代）に引き入れられたもの、その二は応神天皇（15代）」

以上の三点が江上波夫教授の提唱である。戦前にこんなことを言った学者はいなかった。崇神天皇までは神様で、朝鮮半島出身で、渡来した家族が天皇家となり大和朝廷を作った。

412年ごろに助け舟として弓月君が来日した。以上が全てだったのに、天皇の故郷は中央アジアである、ひょっとするとパレスチナかクルミア半島あたりかもしれない、と江上教授は言い出したので学者たちはびっくりした。弓月君は弓月国から来たらしいというが、それがどこにあるか、大月氏（ダイゲッシ）の北のあたり、キルギスタンかアフガニスタンの辺りであろうことは言われているが、証明されていない。ただ、応神天皇の代に百済で入国を待たされて、ようやく来日したときには、天皇から「ようやく来れたか。ご苦労さま」のお言葉があった。旧知の仲のようである。すると応神天皇も中央アジア出身の可能性があり、二人は血統的に同一と言ってよかろう。天皇家というものは、紀元前からグローバルな視野で行動し住居しているらしいのだ。筆者のような一国民からは想像できないような視野をお持ちのようである。国境という認識を持たなくて良いらしい。

キルギス人は日本人に顔が似ており、魚が好きな者は東洋の国日本へ。肉が好きな者はキルギスに残ったという逸話がある。これはキルギス史の中に我々の同胞に東征したものがいた、という事実を示したものである。あるいは東征中の民族が一部別れてキルギスに残ったという意味かもしれない。政治的に半分に分けた意味かもしれない。旧約聖書からの血統を守る必要がある。東征中の天皇家が途中で滅亡させられるかもしれなかった。現実的に半分が日本列島までたどり着いたとき、極東イスラエルを建国して大きくなったので、キルギスに残した産業と文化を永住の地に持ってくる必要があった。正倉院に残るヘレニズム文化はそのことであろう。

　では支族民族がキルギスへ来る前はどこか。彼らの出身地は古代イスラエルの民族に思われてならない。ユダヤ人の特徴は、ローマ帝国がパレスチナを支配した後は完全なる離散である。世界へ散らばったが、一部誰かが東征し始めた。

　中央アジアまでたどり着いた支族民族の神様は誰であろうか。マホメッドであろうか。そうではない。旧約聖書に基づくユダヤの神様はモーゼなどの預言者たちではあるまいか。キルギスやウズベキスタンの91％はイスラム教スンニ派である。応神天皇当時はユダヤ教だったかもしれない。時の勢力に改宗させられているかもしれない。離散したユダヤ人のうち海の孤島陸の孤島にひっそりと暮らす部類はユダヤ教を続けていたろうが、シルクロードのど真ん中のキルギスなどは民族と宗教を同時に維持できなかったかもしれない。ヒトラーとスターリンに同時に侵食を受けたポーランドユダヤ人は、収容所へ送られたときまで自分がユダヤ人だとは知らなかったという。人間は宗教が日常的でなければ、先祖の血統など忘れてしまうのであろう。神道として日本でのユダヤ教は残ったが、自分はユダヤ人であるという日本人は皆無である。支配者階級にとって宗教を忘れさす方が都合が良いのだろう。とりあえずキルギスとウズベキスタンからはその後ユダヤ教は消えた。ウズベキスタンには1989年9万4900人のユダヤ人がいたが（2・72％）、2021年、5000人に減った。カザフスタン人口1900万には3300人のユダヤ人がおり、ウクライナは人口の0・2％がユダヤ教信者である。アシケナージュが多い。一方キルギス、ウズベキスタン、タジキスタンには古代のユダヤ教を基にしてヘブライ語とアラブ語をミックスさせた言語を使うブラハユダヤ人がいる。極東の日本人、神道に当たると解釈しても良いのであろう。ウズベキスタンにはアシュケナージユダヤも多いので、日本に似るのはキルギスである。カザフスタンのユダヤ人人口は0・017％と少ない。弓月国があった場所はカザフスタン内で、東の一部は中国新彊ウイグル、南はキルギスに接する。

弓月国は紀元前8世紀に北イスラエル国からアッシリアに連れ去られた10支族のうち、ガド、ルベン、マナセ族がエフライムやレビ人、マナセなどが建設した国である。彼らは一時クリミア半島に住んでいたことがある。マナセ族は最近ミャンマーでも見つかっているが、エフライムの兄弟なので、エフライムと親しい。また藤原北家はマナセ族の子孫であると言われているから、離散した一部は中国華南方面から藤原不比等として渡来している。筆者の本名は加納であるが、父は大正時代の人間にもかかわらず身体が大きく、外人のようだった。筆者が米国ボストンに留学した時、女医さんで雲南省昆明から来た人がいて加納姓を打ち出すと、「雲南省によくある名前で、ジャヌと発音する」と教えてくれた。

よって自分は秦氏でマナセなんだと思った。

弓月君がマナセ出身かどうかわからないが、華南には他の支族起源で、秦氏として応神天皇に直接呼ばれた民も多いと思われる。漢民族以外にアジア顔の秦氏が揚子江（長江）沿いには存在した。呉服を着るのはこれらの秦氏である。

歴史的にアジア初の騎馬民族国家匈奴は、中央アジアの大月氏を追いやり、大月氏がいたその辺境の地（烏孫辺りと思われる）へ、ガド、ルベン、マナセ族が入り、弓月国を設立した。レビは弓月国を通過して、半島経由か日本海経由か判明しないが、どの12支族よりも早く日本列島にたどり着いた。そして当時の30の小国の統治者、卑弥呼の邪馬台国を作っていたと思われる。

アッシリア出身のスキタイがそのまま匈奴という国家を作ったかもしれないし、アッシリアやバビロニアに捕囚された貴族階級と混血し、そのまま中央アジアへ逃げて小国家弓月国を作った可能性がある。スキタイはアイヌに似て、秦氏はキルギス人に似る。アイヌは日本列島中にいたが、坂上田村麿によって北海道と沖縄に追いやられた。烏孫出身の八咫烏は物部氏を名乗り、崇神天皇を近畿地方へ誘導する。以降八咫烏と呼ばれる人たちは今日まで、天皇が亡くなると棺を担ぎ、御陵のお掃除を担当する。彼らは崇神天皇の頃から先に来たスキタイ出身の日本への先発隊であろう。今でも顔が四角くて身体が大きい人が多い。羽多野さん、和田さん、畑田さん、川端さんなどが子孫である。北朝鮮から直接日本海を渡って来た。

稲作、弥生式土器もスキタイ出身の八咫烏が持ち込んだと思われる。弓月君は第3波として渡来した秦氏で、養蚕業を持ち込んだ。秦という漢字そのものを姓にしている。

このように日本は半島由来の天皇家が世界の当時進んだ騎馬民族や産業文化を持参したお陰で、統一し発展した国である。古事記や日本書紀のように列島のそれまでの歴史と欠史八代を切除して、近々に天から神様が降りてきたとする手法は、旧約聖書に似る。日本は崇神天皇辺りから始めて大和朝廷の統一国家が始まったとするのは見方が薄すぎるとの印象が強い。大和朝廷前の天皇家の紀元前からの長い時間を読みとかねば科学的とは言えない。我々は当然中央アジアの方へ目を向けることになる。弓月国とは何か。実在したのかしないのか。学会では議論すらされていない。

陳寿の『魏志倭人伝』は張楚金の『翰苑』のコピペに過ぎない

『魏志倭人伝』は晋の官邸史官、陳寿が3世紀終わりに書いたもので、内容は晋の武帝太康年間（280－289年）に書き上げられた『魏略』をもとにしている。残念ながら

『魏略』は全文は現存していない。後世の『魏略輯本二巻』には倭人史（日本史）は出てこない。幸い唐の張楚金という人の『翰苑』にほぼ全文が引用されていて、それを福岡藩黒田家が保管していた。現在は太宰府天満宮に第30巻と序文が残されている。

これを読むと魏志倭人伝と魏略の倭人史は全く同文である。陳寿は『魏略』をコピペしただけであった。

「倭人は帯方の東南の大海に在り。山島に依って国邑を為（つ）くる。もと百余国なり。漢の時朝見する者あり。いま使訳して通ずるもの三十国なり」

史実としてこれが正しいならば、3世紀後半には30もの小国があったことになる。応神天皇の統治は西暦270年から310年までなので、この時の史記と理解していいであろう。魏氏倭人伝は第15代応神天皇の政体史を記録してくれたものと考えられる。そして陳寿が『魏略』をコピペしただけの記載だが、邪馬台国がこの30国に含まれるのだろうか。邪馬台国への道すがらを記載したことは、一応統括国が邪馬台、ということなのであろう。でも日本統一ではない。

半島の任那を首都とする崇神天皇以下五王が一つずつ征服して最後に邪馬台国を攻め落とすシナリオ前のコピペであろう。邪馬台国が大和から西遷して九州にもう一つ邪馬台国を作ったのでややこしいとする説もある。

応神天皇が30国を一つに統一したのか、30国がスキタイや古代ユダヤ支族、中国出身の倭人国、縄文時代からの豪族、弥生人として支配した国、それらのモザイク国だったのかわからない。30国は大和朝廷の州や道の意味かもしれない。元百あった国とは、崇神天皇代、紀元前後の事実であろうか。３００年かかって１００国が30に絞られた。全てが大陸からや半島から来たわけではないだろう。純粋に縄文文化の地方国もあったかもしれない。倭人命名がややこしく、東シナ海に生息した中国出身の海賊ぐらいの意味だからややこしい。縄文人ではないのだ。しかしユダヤ勢力が中国を通過すれば、いくらコピペの陳寿でも明記するに違いない。兎も角、30国が応神天皇代に存在した。帯方とは朝鮮半島の郡名である。落合説では渡来人がやって来たとき小人の縄文人は山の中へ逃げた。

卑弥呼が実在したかどうか、あるいは祭祀の仕事をする女王だったとしたら、騎馬民族には似つかわしくない。仮定として、レビ人の卑弥呼祖先が海洋経由で既に渡来し邪馬台国（ヤマタイ）を作り、原始神道を始めていたところへ、騎馬民族のエフライムが遅れてやってきた説を提唱する。国家統一のためには騎馬集団がいる。

血統的にはエフライムとレビは甥叔父の関係、応神天皇が例えエフライム支族だったとしても、武烈天皇へ５代、継体天皇へ５代の子孫となる。実際は25代武烈天皇のところで

天皇歴

1. 神武	BC660.1.1～585.3.11（75年）	古代ユダヤ北イスラエルの崩壊（BC722）南ユダ滅亡（BC586年）
2. 綏靖	BC581.1.8～549.5.10	
3. 安寧	BC549～511	
4. 懿徳	BC510～477	
5. 考昭	BC475～393（82年）	
6. 孝安	BC392～291（101年間）	
7. 孝霊	BC290～215（75年）	
8. 孝元	BC214～158（56年）	
9. 開化	BC158～98（60年）	以降、1回目のクーデター
10. 崇神	BC97～30（67年）	
11. 垂仁	BC29～AD70（99年）	
12. 景行	AD71～130（59年）	
13. 成務	AD131～190（59年）	
14. 仲哀	AD192～200（8年）	AD238年（景初2）卑弥呼が魏の明帝に貢物。邪馬台国の遣魏使は265年で終える。宗女壱与が265年に晋に奉賀使を派遣してこれ以降倭人伝の記載なし。
15. 応神	AD270～310（40年）	AD300年ごろ日本統一（2回のクーデター）応神14年弓月君が127県の部民を引き連れて渡来。
16. 仁徳	AD313～399（86年）	
17. 履中	AD400～405（5年）	
18. 反正	AD406～410（4年）	
19. 允恭	AD412～453（41年）	
20. 安康	AD453～456（3年）	
21. 雄略	AD456～479（23年）	
22. 清寧	AD480～484（4年）	
23. 顕宗	AD485～487（2年）	
24. 仁賢	AD488～498（10年）	
25. 武烈	AD498～506（8年）	エフライム天皇消滅

以下、レビ人系の天皇

26. 継体	AD507～531（24年）	
27. 安閑	AD531～535（4年）	

騎馬民族天皇は途切れた。武烈天皇から5親等遡って分岐し、女系レビ人からの血流を得たレビ人天皇の継体天皇が生まれた。

筆者の仮説は邪馬台国は実在。卑弥呼も古代ユダヤのレビの子孫である、事をこれから証明せねばならない。もちろん落合形而上学的には邪馬台国も弓月国もないと主張している。欠史八代は存在したことになっている。落合莞爾先生は護良親王の血を引くれっきとした南朝天皇家の一員である。筆者的にはレビびとの末裔と断言する。

「邪馬台国、もと男子を王となす。七、八十年にして倭国乱れて相攻伐すること歴年なり。すなわち共に一女子を立てて王となす。名付けて卑弥呼という。鬼道をこととし能く衆を惑わす。年既に長大なるも夫婿なし。男弟有りて国事を助く。王となりてより、見るもの少なし。婢千人はべらす。ただ一人の男子が飲食を給し、辞を伝えるために出入りする。居るところの宮室、楼観、城柵を厳設し、常に兵をして守備せしむ」

代々男系男子が王をしていたが、ついに男子がいなくなり卑弥呼が女王をしている。立派な城がある国である。名古屋城とか岡崎城と同じではないか。倭国が乱れて七、八十年間戦乱の時代だった。卑弥呼自身がシャーマニズム的女帝である。レビびとが旧約聖書の時代には司祭であって、神ではない。衆を惑わすとはいかなる事実か。

以上が魏志倭人伝に書かれた卑弥呼像である。これらを含めて統一した応神天皇は当然、古事記日本書紀を書いてそれまでの日本史をもみ消すだろう。都合が悪いからだ。依って崇神から応神天皇までの300年間は大和朝廷が天下を統一する過程の時代である。元祖戦国時代である。家康も統一して江戸時代が順調に走り出してから歴史を書き換えた。関ヶ原の戦いなど、誤記が多い。そもそも歴史は関ヶ原が終わって百年してから小説のように創作される。

邪馬台国が実存し、しかも中央アジア出身のレビびと系祭祀民族が渡来したかというもう一つの理由は、ヘブライ語というのは面白くて、母音を書き言葉から省略するのだが、例えば、YASAKA（日本語では八坂、ヘブライ語では「お前の敵をやっつけろ」）はYSKと記す。この時、YAを省略して発音することがある。邪馬台のことを調べていたら、中央アジアにマタイという聖書そのものの都市が出てきた。YAMATAIからYAを引くとマタイである。筆者が研究中の弓月国のあったと思われる現カザフスタン南東部のバルハシ湖東にマタイという小都市がある。レプシ市の南である。ただしグーグルマップでMatay、世界地図ではカタカナでマタイとあった。ここが邪馬台国王らの出身地で、故郷から国の名前をつけて邪馬台国（邪馬壹と書くと大和となるので同一ではないかと常に論争になる）としたのではないか。あるいは邪馬壹と大和は同君連合国家とみなすべきか。

もし卑弥呼ら古代ユダヤレビ民族が大和朝廷より先に来ていて、極東イスラエル国の小さな天皇制国を開始していたとしよう。何代も男系男子の天皇が続いたが、皇太子が生まれなかったため、女性天皇をまず作った。その後スサノオノミコトなど男子が天皇家に入り込んで、女系裏天皇家となる。ついで騎馬民族エフライムの応神天皇の騎馬力により、レビ系天皇家は完全に裏へ回る。つまり伏見宮家と同様の猶子提供血族になる。エフライム系の純粋古代ユダヤの氏族が半島からやってきて、この国を大きな戦争もなく受け継いだとしてもおかしくないであろう。30国で準備していて、最も強力な氏族が中央アジアから半島経由でやってきた。しかしエフライム天皇も完全に日本を統一することができなかったので、弓月国から弓月君を連れてきた。徐福も秦始皇帝のところから不老不死の薬草を求めてやってきた。北京に帰らなかった。秦は中国を統一したが滅亡した。

第26代継体天皇の時代になり完全な天皇制、完全な統一国家を作り出した。在位24年間である（507－531）。日本という地域性では騎馬よりも司祭で統治した方が容易なのであろう。神道はユダヤ教に似ている。狛犬も鳥居も手水舎も神鏡も、古代ユダヤの礼拝所やソロモン神殿の構造に似ている。忌部氏が阿波の磐坂神明神社を礼拝所そのままに作った。久保有政先生によると忌部氏はルベン族であると。物部氏はガドであると。ミカドはエフライムが来日する前の言葉なのだろう。

武力という意味では中国の魏に負けてしまうので、卑弥呼は明帝の景初三年（二年という説も）、難升米なるものを朝見させた。この時奴隷（生口）として男4人、女6人を差し出した。だから邪馬台国は存在したが、実質中国の属国だったのである。

『騎馬民族国家99の謎』の筆者松崎寿和氏は邪馬台国の一つ手前水行十日、陸行一日の位置にある投馬国の不存在について述べているが、筆者は騎馬民族系の先発組ではないかと思っている。また同書第76章で小人の国が日本列島にはいるとしている魏志倭人伝の意味するところは、縄文人のことであって、アイヌではないと思われる。すなわちアイヌの子孫は現在北海道と沖縄にいると言われているが、顔の四角い体の大きい民族、要するにスキタイ人で、アイヌはかつて騎馬民族であった。天皇家を連れてきた先発隊の子孫である。どうしてスキタイは天皇家の守衛役を買って出たのかわからない。祖先は異なるはずなのに……。

一方、縄文人は日本列島に1万8000年前から住んでおり、小柄で、ネアンデルタールの子孫、あるいは生き残りと言われている。現代人に比して10㎝は低いので、小人コロボックルと呼ばれても仕方がないであろう。コロボックルはアイヌから追われた先住民たちの意味で、東京帝大の坪井正五郎博士の説が正しいと思う。小柄の縄文人はアイヌが来た時追い出された。

天皇不在70年のブランクと卑弥呼

拙書を書きながら発見したことがある。松崎寿和広島大教授は、大和朝廷成立のための1回目のクーデターは第10代崇神天皇によって行われたとする。これによって『魏志』の歌う百国が30国になったと考える。信長の仕事に似る。松崎教授の言う2回目のクーデターの勃発は15代応神天皇の時代であるが、第14代仲哀天皇が退位されたのが紀元200年、15代応神天皇即位されたのが270年。不思議なことに天皇不在の年月が70年間もある。次の仁徳天皇から雄略天皇までも1年や2年の天皇不在の歴史があるが70年ものブランクは一体なぜであろうか。天皇史不思議の一つである。応神天皇から雄略天皇までの仕事を戦国時代は秀吉一人で行ったことになる。だから秀吉は天皇家の血統を受け継いでいるのであろう。

70年間統一国家がなかったと言うことになるとこの間誰が天皇の役目を果したか。あるいは神武天皇から仲哀天皇まで続いたエフライム系天皇の血統が一旦途切れた可能性がある。仲哀天皇と応神天皇の親子関係が無い確率もある。スキタイ／エフライム系天皇家の皇位継承が途切れた。70歳の父親から子供が生まれないわけではない。仲哀天皇は在位

9年で52歳で崩御した。紀元200年のことである。そうなると失われた70年間の実質統治者が、レビびと邪馬台国天皇の卑弥呼なのではないか。その70年の期間、238年に魏の明帝に貢物を送るなど、国主としての政務を行っている。仲哀天皇の神功皇后が摂政として天皇の仕事を行っていたとする説もある。しかしナンバリングがつかないので天皇ではない。また卑弥呼と神功皇后が同一人物であるとする人もいる。御崩御から新天皇即位に半年かかっても、1、2年のギャップがあるかもしれないが、70年間は長すぎる。神功皇后がピンチヒッターだったとし、70年治めたら神功天皇の名が残るであろう。

こうなってくると魏志倭人伝に出てくる「倭の五王」即ち、10代崇神天皇～14代仲哀天皇まで、はひょっとすると任那から日本を統治するレビびと系の天皇だったのではないかと思ってしまう。本土のことは邪馬台国の卑弥呼に任せておけ。卑弥呼以前の男王もレビ族の親戚で、ついに皇太子がいなくなったので卑弥呼が応神天皇が大和入りするまでの引き継ぎだ。大和入りするのに、ユダヤ教的に儀式がいるので、70年間かかった。また簡単な戦も必要とした。継体天皇も大和入りするのに10年以上かかっている。国譲りとは支族の交代劇ではあるまいか。

エフライム族にしろ、レビ人にしろ女性天皇では困るのだろう。応神天皇はスキタイ系の騎馬民族天皇であろう。レビ天皇には武力がない。それで神功皇后も卑弥呼も天皇とは呼ばなかった。

応神天皇が完全大和統一のクーデターを行った人で、初代エフライム天皇と呼んでも良いのではないか。そして270年までの日本の統治国はレビ系の邪馬台国だったのではないか。西暦270年が1回目の天皇家血統交代。2回目が継体天皇、3回目は光格天皇、4回目が明治天皇、以下令和天皇に続く。北朝から南朝への交代は支族の交代ではないから国譲りとは言えない。

すでに近畿地方に、邪馬台国という天皇国の基礎を築いていたのだろう。だから筆者は邪馬台国の九州説は否定する。出先機関としての邪馬台国が初期には九州博多にあったかもしれないが、恐らく東遷した。伊都国などは従えていたかもしれないが、応神天皇当時の日本の首都は近畿にある邪馬台国だったのであろう。だからそこへの道筋を魏志倭人伝に記したのだが、何せ自分の足で行ったことのない陳寿が書き、歴史も正確に伝承されていなかったので、邪馬台国の位置、距離、方角を特定することができなかった。YouTubeには茨城県鹿島市あたりが邪馬台国になっている推測者もいる。

茨城県鹿島あたりだとしても満更間違いということはない。というのは、今でも関東には騎馬民族系の天皇家が多く残っているし、今上天皇（令和天皇）は茨城県に新しい皇居をお作りになっている話もある。というのは今上天皇は徳川家の血を多く持っておられ、スキタイエフライム系と言ってもよいところがあるからである。秋篠宮様と平成上皇様（レビ人系）は後醍醐天皇がおられた吉野に新しい皇居を建設中であると聞いた。徳川家康（別名世良田二郎三郎）は騎馬民族あるいは宇野正美先生がいうところのアイヌ人＝スキタイ民族系なのである。将来東日本（応神天皇から武烈天皇まで子孫）と西日本（崇神天皇ら五王と継体天皇以降孝明天皇まで子孫）がそれぞれ皇居と天皇を持つことになった時、場所と理屈が叶うのである。邪馬台国論争は終結したと思われる。

弓月君、秦の始皇帝も呂氏の流れ、ネアンデルタールの生き残りが混じるか⁉

弓月君が渡来したのは、応神14年で、127県もの部民を連れてきた。127県とはどの国の県のことか、よくわからないが、弓月国の県民と百済の県民の合計であろうか。各県100人ずつだったとしても、1万2700人もの外国人を引き連れてきたことになる。これによって日本の統一と朝廷組織の確立ができ、文書整理や外交の役所が確立し、産業土木が近代的になった。弓月君は『魏志倭人伝』によると秦の始皇帝の十四世孫として渡来したとの触れ込みであるが、中国王家の血統を日本の天皇家に輸入したわけでは決してない。秦の始皇帝と言っても、純粋な王室連合の一人、純粋な天皇家、純粋な秦氏とは言えない。

もちろん漢民族ではないが、中央アジア出身の古代ユダヤ人の純粋な末裔とは言い切れない。結論から言うと秦の始皇帝は商人呂不韋の息子であって、秦30代目の君主5代の王、荘襄王の息子ではない。呂不韋の愛妾、趙姫が父荘襄王の側室になったとき、すでに妊娠していた。

呂氏とは落合先生が言うところのウバイドのようなもので、ユダヤ人や秦氏、ロスチャイルドなどの血統よりももっと古い、クロマニョンの起源みたいな民族である。ひょっとすると絶滅した人類、ネアンデルタールの血が少し入っているかもしれない。

ロスチャイルドの口も、ダイアナ・ロスの口も呂氏と同じ口らしいのである。日本では野呂氏である。学校の先生に野呂先生という人がいた。ロスチャイルドの口はRじゃないか、ダイアナ・ロスの口はLじゃないかと落合先生に質問したが、文字ではなく、発音だと仰った。ちなみに日本人はネアンデルタールの生き残りが混じっているらしいので、コロナ・ウイルスにもかかりにくいし重症化しにくい。RとLの発音の区別がつかないから、どちらも呂氏出身と言って良いだろう。筆者はロスチャイルドはハムかヤペテの子孫だと思っている。血統的古代ユダヤ人はセムの子孫で、アブラハム・イサク・ヤコブの子孫を言う。

弓月君が秦始皇帝の十四世孫という意味は、呂不韋14代子孫の意味と捉えて良かろう。つまり呂氏なのだ。秦王朝一家は滅亡（ＢＣ２０６）後も朝鮮半島に逃れており、天皇家に合流しているかどうかわからない。秦は秦氏でもなく、秦氏は秦国から来た人の名称でもない。秦氏は中央アジアから来た呂氏であり、地名の言葉である。弓月君こそが、応神天皇が呼びつけた呂氏一族である。それまでも弥生文化をもたらした秦氏は多い。

アシュケナージ、スファラディ血統的ユダヤと天皇家の歴史を追いかける

宇野正美先生によると血統的古代ユダヤ人の渡来は、

①ＢＣ６２５年、北イスラエル国がアッシリアに捕囚され、スキタイによってアッシリアが滅ぼされた時、スキタイによって間宮海峡から樺太、北海道経由で渡来した10支族。この中にエフライム族とレビびとが含まれる。

②ＢＣ５８６年、南ユダ国がバビロニアに滅ぼされる前に、海路で渡来し、丹後半島に漂着した2支族。契約の箱を持って来た。

③紀元199年、ローマ帝国によってパレスチナのユダヤ人が完全に追い出され、世界への離散が始まったとき、シルクロードのオアシスの道を通って東へ逃れた一団。弓月君（融通王）は中央アジア弓月国の開祖であるとする。この中に秦河勝や聖徳太子が含まれる。また大和への出張だけなのに、帰化してしまった徐福の子孫が含まれ、「秦」姓を名乗った。一方先に、①②で渡来した庶民は羽田（ハタ）、波多野（ハタノ）、和田（ワダ）、畠山（ハタケヤマ）などの姓を名乗った。

④景教とともに渡来。

筆者が疑問に思うのは、宇野説によると①の渡来経由が、北のウラジオストック～樺太～北海道からであり、朝鮮半島を経由していないこと。崇神天皇も応神天皇も①のエフライム系で、半島経由が間違いないのに、である。エフライム族やレビびとが北イスラエルの貴族階級であったことは理屈に合うが、もし半島を経由していなかったとしても、①の支族は現北朝鮮の羅津（らじん）に特区（渡来前の本拠地）があったので、ここからの渡来と考える。②はユダとベニアミンの子孫が南ユダ国を支配していたので、第二陣として本当にユダヤ人が渡来したかどうか証明ができない。ただし契約の箱が日本にあるらしいので渡来は事実であろう。

もし③の秦氏が地名であり、漢民族以外の中国人の総称を秦氏と呼ぶ習慣が中国にあるならば、ローマから生き残った一般の血統的庶民的古代ユダヤ人となり、東遷して、あるいはスキタイに連れられて、中央アジアに国を作った。東西の文化がシルクロード、オアシスの道を通して行き交うので、文化的産業的な国際都市になりうる。現在は湖の底に眠っているが、一部奈良の正倉院に国宝として残されている品がある。如何せん中心的支族、貴族の存在がないから頼りない。また現天皇家は融通王は肯定するが、弓月国の存在、弓月君の名称は否定する。また歴史的に先に日本や朝鮮に行った天皇家の人たちとの接触がないのに、応神天皇が無理やり国王でもある弓月君を何万人も引き連れて（宇野先生は2・5万人とする）国ごと移住させることができる政治的力と理由はどこにあるのであろうか。理解しがたい。

筆者の意見は、古代ユダヤ人先にありき、ではなく、ウバイド的な呂氏ないしは縄文人が西遷して最初に中央アジアで血統的秦氏を作り、あるいはシュメール国と文化を作り、さらにパレスチナへ西遷し、事情あってエジプトで元祖12支族を含めて奴隷となった。モーゼによって出エジプトし、シナイ山で神の啓示すなわち十戒が降臨してユダヤ教が生まれた。カナン移住後北イスラエル国と南ユダ国を作り、12支族はそれぞれの名前の国家の国王となった。北は騎馬民族スキタイのアッシリアに捕囚され、南はのちバビロニアに捕囚されアッシリアも潰された。一般のユダヤ人たちはバビロニア・タルムードを作って個々人が選民として宗教を糧に生き抜く覚悟を持ち、純粋な支配者階級の12支族はスキタイ（血統は呂氏由来、以上筆者の仮説）に助けられてバビロニアを脱出し、東遷し、一時的に中央アジアで国を作って一部血統を生き残らせ、さらに東遷して中国で秦、朝鮮半島で辰韓を作ったのち、任那へ到達。任那は大和固有の領土とし、新羅百済は友好国に。直接近畿地方へ進出した。

血統的ユダヤ人の生き残りで最後までパレスチナにいた融通王（弓月君）族を助けるため、先日までいた中央アジアを弓月国として生きる場所を与えた。12支族の最終で安住の地が中央アジアでも良かったが、極東に魚の美味い砂漠のない水のきれいな、ミズホの国があって、不老不死の薬草も金もあると言う情報で、さらなる旅を続けたのではないか。弓月国は中央アジアにおける新イスラエル国として発展しても良かったと思うが、高地で砂漠もあり、ユートピアとは言えなかった。南ユダが捕囚される前に、2支族が契約の箱をここまでは運んだろうが、この地にエルサレムを作ることはできなかった。キリスト教、イスラム教ができあがった。

アシュケナージ系ユダヤ人の方は血統的には呂氏とスキタイ国にいた白人との混血ではあるまいか。DNA、顔がスファラジと違う。鷲鼻である。アインシュタインやキッシンジャーのお顔である。元祖ユダヤ人はイエスキリスト、現キルギス人の顔がそうではないかと思う。20年ほど前に、イエスキリストの本当のお顔がコンピューターで流されたが、白人ではなく、色黒でアラブ人顔だった。

アシュケナージ・ユダヤ人はユダヤ教の信仰に影響される場所にいた呂氏から分かれたスキタイ国民ではないだろうか。白人だけれども、血統的ユダヤ人ではない。ユダヤ人はユダヤ人と結婚する。再婚相手もユダヤ人である。宗教的ユダヤ人はもちろんだが、日本の天皇家が純粋なユダヤの血統を持ち合わせているとすれば、確かなユダヤ人の血が確認された人としか結婚しない。貴賎結婚はしない。筆者はどうあがいても、天皇家の方と結婚はできない。多分天皇家も古代12支族の人たちも、血族結婚が多いのである。

王家スキタイは広くカザフスタン、ウクライナの地まで支配していた。昔からアシュケナージ系ユダヤ人はカザフスタン、ウクライナ出身者が多いと言われている。ポーランドのユダヤ人は、離散したユダヤ人がスペインにいて、キリスト教に改宗を迫られた人たちが集まった。またオスマントルコが崩壊したとき、国内にいたユダヤ人は、パレスチナへ帰ってゆき、アラブ人と暮らした。アラファトを見ていると、本物の血統的ユダヤ人で、ローマがパレスチナに占領しても残った人物の生き残りではないかと思う。彼らは鷲鼻をしていなくて、寧ろ鳥顔である。

王家スキタイもこれだけ12支族を助けているのだから、血を氏族から貰っているに違いない。現に八咫烏という秘密結社の人たちは、先祖を訪ねると、天皇の名前を出す。私は高倉天皇の子孫である、と。落合先生的には、天皇家は天孫で、スキタイあるいは八咫烏は天神という。なぜ日本まで一緒に来て、手伝ってくれているのか筆者にはわからない。宗教的には神道で共通なので争う必要がない。助ける役目が多くて、自身は天皇家にはなり得ない。王家スキタイが12支族出身、多分ガド族であることは現天皇家も認めるが自らは12支族出身ではない彼らは奴隷だからと主張する。不思議だ。

スキタイ国内の呂氏出身者をもっと調べねばならないが、鷲鼻の白人は、一神教としてのユダヤ教で進んだ。全く12支族には含まれない人である。母親がユダヤ教ならば子供はユダヤ教になる。しかし天皇家の方は、父親が天皇家でないと天皇にはなれない。しかしそれは孝明天皇までである。しかしながら明仁上皇は、母親が伏見宮家という裏天皇家で、後醍醐天皇（筆者の仮説、レビ人）直系の香淳皇后なので、天皇になれたと思っている。よって今上天皇は一般の国民から選ばれた上皇后美智子さまが母親ということになっているが、違うと思う。ちなみに母正田富美子さんは背が高く、血統的ユダヤ人（外国人似）と思われる。また父正田英三郎さんは、ユダヤのマサダ（正田）砦で戦ったユダヤ人の一族なので、令和天皇の母が、もし正田フミさんの娘美智子さまだったとしても、今上天皇はユダヤ人と言っても良い。しかしこれは貴賤結婚なので、当然政治的バイアスが掛かった儀礼的な理屈でしかないと思われる。

天皇家だけは、代々古代ユダヤからその血統を維持しているので、本物の母親は誰か別の人と思われる。血統的ユダヤの社会も、母親の血統が大事なのである。

かつて多神教だった古代ユダヤ教が神道として存続し、縄文文化と一体化した。縄文人は多神教だったに違いない。寧ろ縄文文化という多神教文化が西遷して中央アジアで休憩し、パレスチナでも多神教が続いていたが、エジプトで奴隷になっているうちに民族の当時の状況に合わせて一神教になったと思われる。

しかしながら、偶像を作ってはならないとか、みだりに神様を拝んではならないなど、神道共通の規律が残っている。神社の御本尊は鏡だし、仏様にはいつも拝むが、神社では神様お救いくださいと拝むだろうか。

卑弥呼の鬼道とは、具体的にはわからないが、巫女さんイタコさん的なもので、縄文人には馴染まなかったのか、魏志倭人伝に、「衆を惑わしている」と書かれた。よって大和統一予定の騎馬民族天皇は宗教的にはユダヤ教を縄文人に合うようにモデファイする必要があったに違いない。卑弥呼のやり方を横目で見ながら、レビ出身の支族を送り込んだ。それが筆者の仮説では崇神天皇と思われる。天の岩戸の話は、天照大神の登場で、レビびと天皇を支え、大國主命の登場で、エフライム族を宗教的に正当化したという邪馬台国時代の天皇家のシャーマニズム的物語であろう。

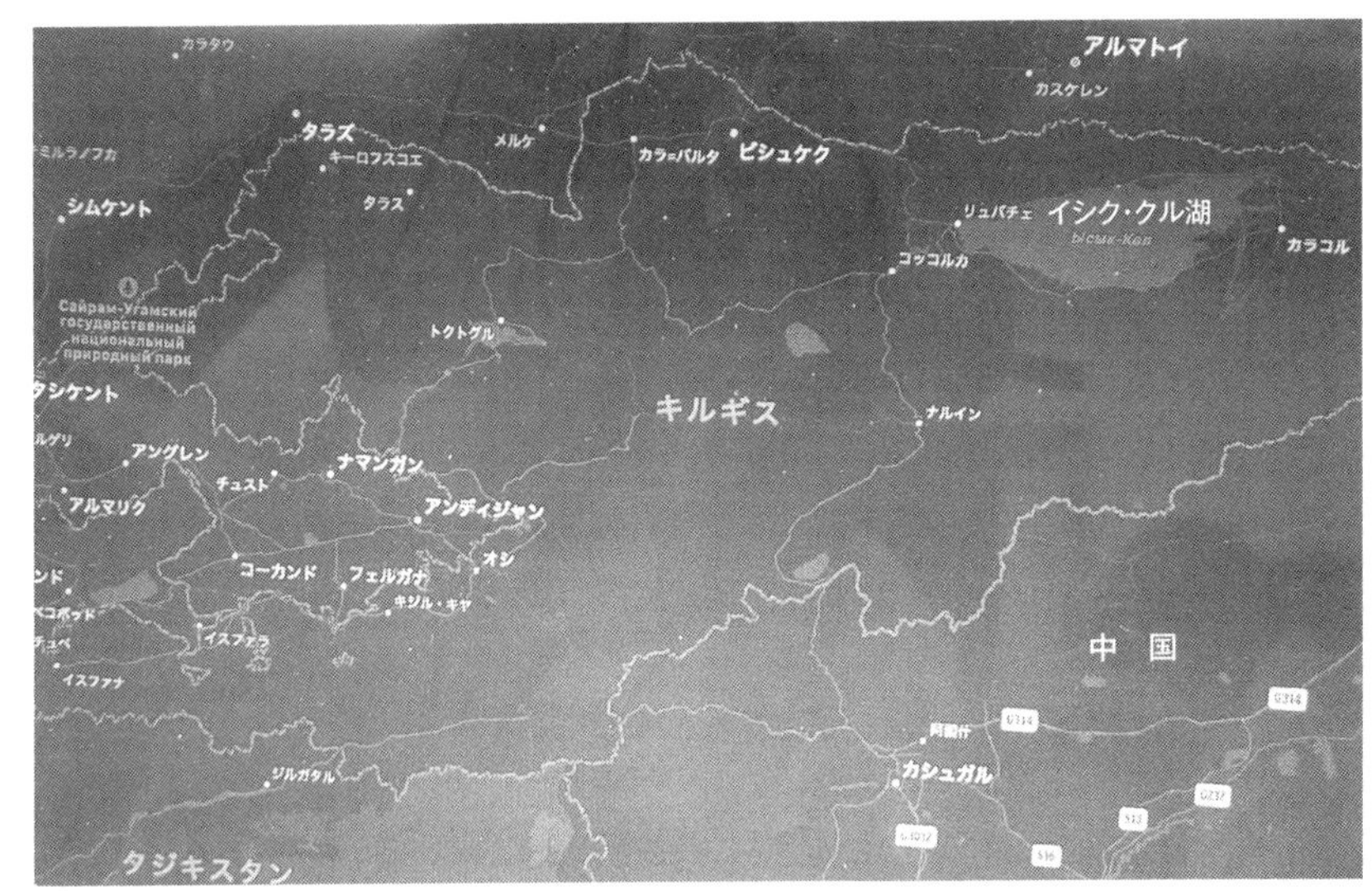

文研集

昔の文献によると、イシク・クル湖には少なくとも16世紀頃までは島があり、さらにその島には城が存在していたということだが、今はその面影は全くない。呂氏の文明がそのまま湖底に沈んでおり、調査によってアシュケナージ系ユダヤ人の謎、弓月国の謎、スキタイと12支族の謎が解けると思われるが、支族は決して秘密を暴露しないので、当分の間は推測でしかない。

第五部

魔訶不思議なヒトラーの血統

第一章　ヒトラーはユダヤ人か

日本の政治と経済が、平成30年とコロナ禍でガタガタになっている現状であるが、こういうときは独裁者が現れて、政治経済の回復と国民の命を守り、財産を増やすことが大切なような気がする。日本は真の独立をしておらず、G7や米国の言われるまま従っているだけの気がするが、ドイツは今どんな状況なのであろうか。

ヒトラーは悪魔かもしれないが、逆説的に考えれば、パレスチナにイスラエルを建国するきっかけを作ったと言っても良い。ユダヤ人が可哀想、イスラエルを作ってやろうと。ユダヤ批判をすると怒られるが、世界はユダヤ人を中心に動いているのは確かであろう。もし世界が日本を中心に動いてくれたら、日本人としてこんなに喜ばしいことはない。そうなるのはまだ先のようである。

落合莞爾先生と初めてお会いしたとき、ヒトラーの話をしていて「ヒトラーの血統は馬鹿にできんよ」と発言されたので、筆者も思わず、「そうですよね」と言ってしまった。単なる浮浪者ではないということは何となく感じていたが、それは手塚治虫の『アドルフに告ぐ』を読んでその中で、父方祖父がロスチャイルド男爵であることからヒトラーが単なる浮浪者ではない血統の持ち主であることの確信を得た。手塚治虫はわかっている。

勿論ロスチャイルド男爵が祖父ではない、という学会の論戦は戦後多くあったのだが、マザーなどの論者も、ユダヤ人がリンツ郊外のグラーツという小さな街に一人も住んではならないのにロスチャイルドというユダヤ人がいてアロイスが生まれたのはおかしいという理屈なのである。が、こんな理論は筆者でも反論できる。つまりロスチャイルドの御殿がグラーツの街にあって住んでも、別に住民票をそこに置いていないかもしれない。第一ロスチャイルドはユダヤ人ではない。

ロスチャイルドは呂氏（Rosshi）であってユダヤ人ではない。タカス族とか呂氏はユダヤよりももっと古いのである。クロマニョン人が出て来た頃から地球に存在する人種である。一方血統的ユダヤ人の定義は、アブラハム・イサク・ヤコブの子孫で、アブラハムにとってセムは9代先祖なのである。

セムの兄弟にハムとヤペテがいる。ここまで来ると旧約聖書でも古い時代になる。いわゆる反ユダヤ主義が英語で anti-seminizum なので、セム族こそが一般的な血統的ユダヤ人ということになる。ヒトラーはユダヤ人のくせにユダヤ人を虐殺して、という時のユダヤ人とは誰のことを指すのか。父アロイスの父がロスチャイルド男爵だったとして、ユダ

〈セム・ハム・ヤペテの子孫〉

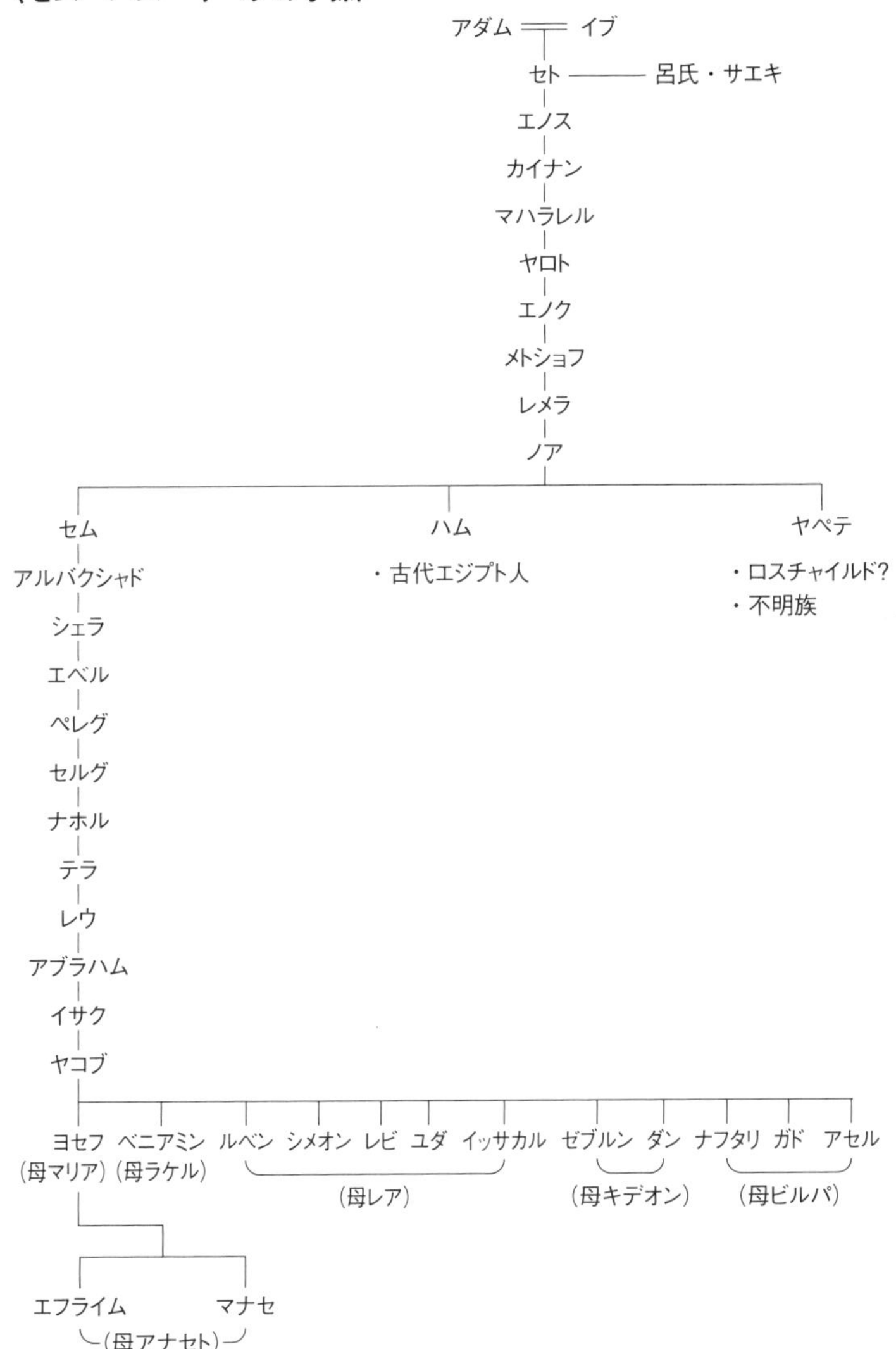
アダム
イブ
セト
呂氏・サエキ
エノス
カイナン
マハラレル
ヤロト
エノク
メトショフ
レメラ
ノア
セム
ハム
ヤペテ
・古代エジプト人
・ロスチャイルド?
・不明族
アルバクシャド
シェラ
エベル
ペレグ
セルグ
ナホル
テラ
レウ
アブラハム
イサク
ヤコブ
ヨセフ
(母マリア)
ベニアミン
(母ラケル)
ルベン
シメオン
レビ
ユダ
イッサカル
(母レア)
ゼブルン
ダン
(母キデオン)
ナフタリ
ガド
アセル
(母ビルパ)
エフライム
マナセ
(母アナセト)

ヤ人の孫だからとはならない。ロスチャイルドは呂氏即ちハムないしはヤペテ族だからである。筆者はロスチャイルドはヤペテだと思っている。ないしはカナン人だ。

ユダヤ人のヒトラーがユダヤ人を虐殺したというとき、ヒトラーのユダヤ人は、血統的スファラディ系ユダヤ人。虐殺されたユダヤ人は宗教的ユダヤ人、即ちアシュケナージ系のユダヤ人を意味する。ヒトラーはセム系の血統的ユダヤ人を何人殺したというのであろうか。スファラジは含まれていない可能性が大きい。本物のユダヤ人は、スファラジと呼べば、大体の物知りということになる。

ヒトラーがナチス、即ち国家社会主義ドイツ労働者党を作ったときの綱領の4番目に、彼はあえてユダヤ人はドイツ民族の同胞たり得ない、としている。つまりこれから作ろうとするドイツ国から、国際的に多くの国に住み着くユダヤ人は排斥するという意味である。アーリア系の純粋なドイツ人による国家を建設する。よってヒトラーは自らがユダヤ人という意識は全くなく、もし祖父がロスチャイルドであったとしても自分はユダヤ人ではない。父アロイス・ヒトラーがロスチャイルドの息子と自覚していても、それだけで父がユダヤ人とは学問的に言い切れないと考えていたに違いない。宇野正美的に言えば、ユダヤ人とは母親の母親の母親がずっとユダヤ人であることが大切である。神戸のユダヤ教会で知り合った元金沢大学の米国出身ユダヤ人教授は、日本人の奥さんをもらって、子供たちはユダヤ人のような顔をし、ヘブライ語もわかるようだが、父は彼女たちをまだユダヤ人とは呼んでいない。母親がどっちにするか決めていないからだ。

何れにせよロスチャイルドはアブラハム・イサク・ヤコブの子孫ではないから、ヒトラー自身もロスチャイルドを排斥しようとはしていない。ロスチャイルドを非ドイツ人とする形跡もない。またナチスドイツの綱領25条の（注）でも述べているように、ユダヤ人排除の考えは、ヒトラーよりも初期のナチス党員、詩人エッカートにより綱領に盛り込まれたものである。当時のウィーン市長ルエーガーも反ユダヤ主義を掲げ、ヒトラーがそれを聞いて影響を受けていることは有名な話である。反ユダヤ主義はヒトラー独自の思想ではない。ヒトラー自身はユダヤ人というよりも、政治的国際ユダヤの排斥が主たる思想で、例えヒトラー自身の身体の中にユダヤの血が流れていても、別におかしくはない。国際的ユダヤの排斥をしようと思っていたら、国際的ユダヤから一般のユダヤ人を排斥する仕事を押し付けられた、という方が事実かもしれない。

注〈**ナチスドイツの綱領**　1920年2月24日〉

1、民族自決権を根拠として全てのドイツ人の一つの大ドイツへの合同。
2、ヴェルサイユ条約の廃止、ドイツとオーストリアの合同を禁じたサン＝ジェルマン条約の廃止。
3、土地減少により、東方への国土拡大。
4、宗教がいずれかにはかかわらず、ドイツ民族だけが国民である。ユダヤ人の排斥。
5、ドイツ国民でない者は来客としてのみ住むことができる。
6、行政はドイツ国民のみによって占められ、人格や能力を無関係に政党の視点のみで支配する腐敗した議会のていたらくと闘う。
7、国の全人口を養うことができなければ、外国人（ドイツ人以外）が国外へ退去させられる。
8、1914年8月2日以降にドイツに移住した非ドイツ人は直ちに国外退去を強制される。
9、国民は同等の権利と義務を持たねばならない。
10、全国民の義務は精神的肉体的の創造。
11、不労所得の撤廃、金利奴隷制の打倒。労働せざる、辛苦せざる収入の禁止。

12、(第一次大戦)戦時利得をドイツ国民に返せ。
13、トラスト企業の国有化。
14、大企業利益の分配。
15、老齢保障制度の強化。
16、中産階級の育成、大規模小売店の公有化。
17、土地改革、土地の無償収用。
18、高利貸・闇商人は容赦無く処罰される。
19、唯物主義的な世界秩序からドイツ一般法(唯心論?)とする。
20、国費で養われる高い教養を身につけた職業教育を重んじる。
21、母子の保護、少年労働の禁止、肉体鍛錬。
22、傭兵部隊の廃止と国民軍の形成。
23、政治的虚言、嘘の報道的流布、新聞編集者と従業員はドイツ人であること。ドイツ以外の新聞は国の許可がいる、ドイツ語で印刷してはならない。ユダヤ組織がドイツの新聞に出資してはならない。退廃的芸術文学を排除する。
24、公助良俗に反しない限りの宗教の自由、積極的キリスト教の立場、公益を優先。
25、中央権力の確立、中央議会の権力、階級団体・職業団体の形成。

筆者注）全てヒトラーが作ったのではなく、外交政策はヒトラー、利子制度打破はフェダー（経済学者）、人種政策はエッカート（詩人）、国有化政策はドレクスラー（錠前屋）が主張したと言われている。よってユダヤ人排斥はエッカートや当時のウィーン市長ルエーガーの考えがヒトラーに影響しているのでヒトラー独自の思想ではない。

父アロイス・ヒトラーがロスチャイルド男爵の私生児として生まれてきたというのはまずいのか、祖母マリア・アンナ・シックグルーバー（47）はその後ヨハン・ゲオルク・ヒードラー（50）と結婚した。が、その弟のヨハン・ネポムク・ヒードラーが実父であるという学者も多い。彼は農業指導者のような仕事をしていた。そうなると弟ヨハン・ネポムクの孫娘クララとアロイスは結婚したので、どちらのハンスが父親でも、従姉妹の娘か自分の姪との婚姻を結んだことになり血族結婚になる。

〈アロイス・ヒトラーの系図〉

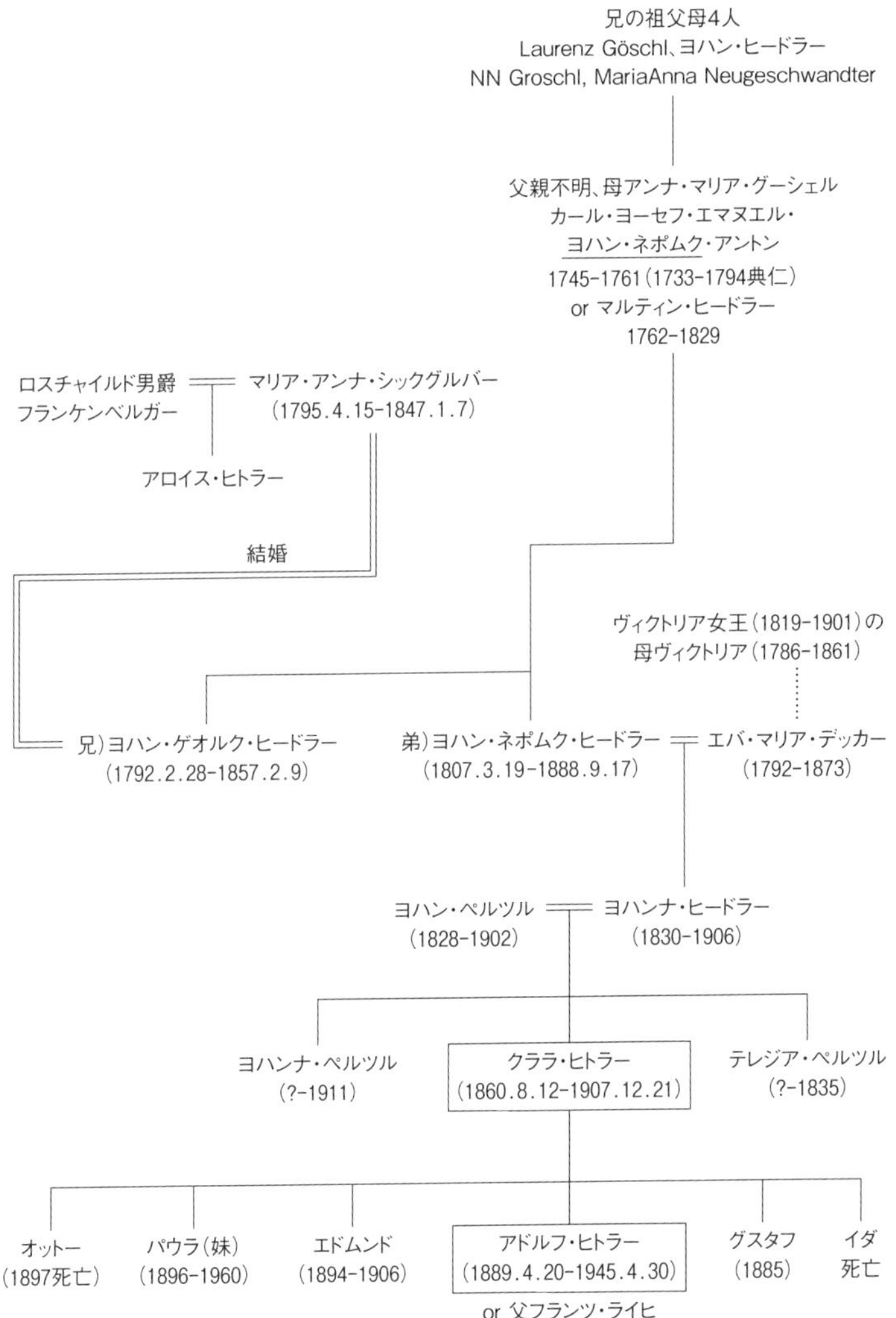

筆者注）クララ・ヒトラーの祖父であるヨハン・ネポムク・ヒードラーなる人物をネットで調べても、祖父母の4人は出てくるが、両親が不明になる。書き込もうとしていない。兄ヨハン・ゲオルクと弟ヨハン・ネポムクの年が15歳も違うのも気になるが、ヨハン・ネポムクの父親は誰かという問題は大きい。なぜかはひょっとすると父親が高貴の血統の持ち主だと、書けないからである。ここは筆者の仮説だが、同じヨハン・ネポムクの名前を持つ聖なるカール・ヨーゼフ王子ではないかと思う。16歳で夭折したことになっているが、ひょっとして天皇家の閑院宮典仁親王として来日し、慶光天皇になる。その後光格天皇を生んでオーストリアに帰国してできた子供ではないか。ヨハン・ネポムクとはチェコの聖人から採用した名前で、我らはボヘミヤンであると強調している。マリア・テレジアの三男がボヘミヤ生まれでもそう名付けるだろうし、日本の光格天皇とヴィクトリア女王の母が結びついて女王が生まれてもいい。女王の母ヴィクトリアは、夫カール・ライニンゲン侯との間に2人の子に恵まれたが（1804年生・1807年生）、夫は早世し、女王が生まれる1819年までの12年間が不明である。もしクララ・ヒトラーとヴィクトリア女王が親戚関係ならば、母ヴィクトリア自身がヨハ

ン・ネポムク・ヒードラーと結婚しヨハンナを生んだ可能性がある。つまりクラ
ラは母が女王と異父姉妹である。

第二章　ヒトラーはハプスブルク大公妃から援助されていた

以上ではアドルフ・ヒトラーが間違いなくユダヤ人の血を持って生まれたということができない。さらには落合先生が言うところのあれだけのことをやれる社会的血統的立場に生まれてきたとは言えない。確かにアロイスは14歳になるまでの養育費をロスチャイルドからもらっていたと言うから、男爵の息子の可能性があるし、仕事はオーストリア・ハンガリー帝国の大蔵省税関官吏までになった。つまりアロイスは向学心に燃えたらしいが、社会的にレベルの高い地位にまで至った。オーストリア・ハンガリー帝国に務めたと言うことは、ハプスブルク家に仕えたのである。

水木しげるの『劇画ヒットラー』にはナチス・ドイツが拡大していったころ、ゲーリングらはヒトラーに対し、ハプスブルク家の財産を没収しようではないか、という話になった。この時のヒトラーの態度は驚くものであった。「ハプスブルク家の財産を没収することには反対である。それはユダヤ人のすることだ」

ヒトラーは大公妃から援助されていたので、そんなことをすると自分の懐が寂しくなる。

側近の者たちはヒトラーがハプスブルク家から援助されていたことを知らなかったかもしれないが、実際その発言がある。ヒトラーはドイツ人の自覚が強いので、ドイツ民族の自決を政治的に掲げる身としては、第一次欧州戦線に行くときも、ドイツ民族のために出兵するのであり、その前のウィーン時代は、ハプスブルク家のために徴兵されるのは嫌だった。そのため徴兵検査からは逃げ回っていた。

よって総統になった時、ヒトラーは〝大公妃から養われていたので〟筆者の次の仕事は大公妃とは誰のことか探し出すことになった。ドイツを統治し、オーストラリアを193３年に併合してからは、誰かハプスブルク家のものがヒトラーを支援することになるのである。つまりヒトラーはヨーロッパの王家から支援を受ける立場にあったのである。血統のせいであろう。

ハプスブルク家と言っても難しい。万世一系ではない。もともとドイツ系アルザス人であり、地図上では現在フランスとドイツの国境のフランス側がアルザス地方である。不思議なことに、後述するが、日本の皇室があるいは明治政府で憲法を作るために大山巌などが、あるいは西郷隆盛が、鹿児島の城山で戦死してはおらず行った先がアルザス地方なのである。そこには49歳で他界したはずの島津斉彬公もいた。

首府はストラスブールでシュバイツァー博士の出身地である。ドイツの領土になったり、フランス領になったり、『最後の授業』という映画があった場所である。第一次大戦後ここにマジノ線が作られた。ヒトラーはマジノ線を避けた。最近の政治家でもわざわざアルザスまで行って留学してくる人がいる。中山泰秀という前衆議院議員である。千代田区立九段中学卒業後、アルザス成城学園（キンツハイム市）に入学した。成城大学が現地に学校を作った。なぜわざわざそんな外国の高校へ行くのか。叔父は外務大臣で医師の中山太郎である。答えはハプスブルク家の発祥地だからである。

ハプスブルク家の主家エテイション家は11世紀に創設され、ハプスブルク伯ラトポトが家祖。カール6世の子マリア・テレジアで段絶する。皇太子がいなかったからだ。それからは女系王室となる。ロレーヌ公国もハプスブルクの血がフェルデイナント3世の娘エレオノーレから入り、親戚関係であるが、ロレーヌ公レオポルド・ヨーゼフの子供フランツ1世がマリア・テレジアと婚姻を結ぶ。

ハプスブルクの分家はいずれも断絶しているが、父系はスペイン・ハプスブルク家、ハプスブルク＝ラウフェンブルク家、キーブルク家、母系はハプスブルク＝ロートリンゲン家で前記フランツ1世から始まる。

その子にヨーゼフ2世とレオポルト2世がいて、ヨーゼフ2世がフランスアルザスで大東社というフリーメイソンの秘密結社を作った人と言われている。また弟のレオポルト2

世の子が神聖ローマ帝国皇帝フランツ2世で、ナポレオンと戦っている。この人が日本人に似ていて、伏見宮貞敬親王や邦家親王に似てらっしゃると落合先生は言う。

フランツ2世の長男が、フェルディナント1世だが、子宝に恵まれず、弟のフランツ・カール大公の息子が在位68年もやったフランツ・ヨーゼフ1世。しかし皇太子がいなく、フランツ・ヨーゼフ1世の弟カール・ルートヴィヒ・フォン・エスターライヒの孫が、カール1世オーストリア皇帝となる。このカール1世（1887〜1922）の顔写真は、ネットで見ることができるが、ヒトラー（1889〜1945）にそっくりなのである。

カール1世の奥さんがツイッタ・フォン・ブルボン＝パルマ皇后（1892〜1989）でこの人がヒトラーを養った大公妃ではないかと思う。その子供が筆者もテレビで見たことのあるオットー・フォン・ハプスブルク（1912〜2011）である。であるから筆者の仮説は、もしヒトラーがハプスブルクの血統を受け継いでいたとしたら、アロイスは養父でしかなく、カール1世の父、オットー・フランツ・フォン・エスターライヒ（1865〜1906）こそが父親ではないかと考える。24歳のときの子である。アロイスの顔はあまりにもヒトラーの顔と違う（P301家系図参照のこと）。

サラエボ事件で有名なフランツ・フェルディナントはオットー・フランツ・フォン・エスターライヒの兄で、その後は貴賤結婚をした。

第三章　クララ・ヒトラーはヴィクトリア女王の孫か

２０２３年、カナダ出身のジャーナリストで日本人の妻を持つベンジャミン・フルフォードのヨーロッパ情報によると、ヒトラーの母クララはヴィクトリア女王の孫であるという。女王は１８１９〜１９０１で、クララは１８６０・８・12〜１９０７・12・21なので、親子の年齢差ではないか。クララの母のヨハンナが１８３０年生まれ（−１９０６）なので女王が11歳で生んだことになってしまう。また１８６０年生まれのヴィクトリア女王の娘や孫がいないので（もっと若い）、女王の母親のことではないかと思った。母が44歳のとき23歳の男性と結婚した。

女王の母もヴィクトリアという。イギリス王子ケント公エドワードと結婚し、兄弟がたくさんいる。初代ベルギー王のレオポルド・ゲオルグ・クリスティアン・フリードリッヒ（レオポルド1世）が有名である。現在世界王室連合のトップは、5年前からベルギー王室に移行している。それまではずっと、日本の天皇家であった。

母ヴィクトリアの父親は、ドイツの地理的地政学的中心部にあったハプスブルク系の領邦君主の中心フランツ（ザクセン＝コーブルク＝ザールフェルト公）である。筆者はこの人が260年前に来日して、閑院宮家2代目、典仁親王のちの慶光天皇になったと思っていた。つまり閑院宮一代目直仁親王と二代目典仁親王は親子関係がないかすり替わりである。フランツ公の皇太子が近年明仁上皇より約200年前に生前ご譲位された第119代光格天皇（1771〜1840）となる。しかしながらそうなると、光格天皇はフランツの長男で、21歳の時に生まれた子供になる。残りの死産を含めた10名の子女は間髪を空けずに、連続的に生まれたことになり、ゆっくり日本から帰ってきたことにならない。第一子長女のゾフィーでさえ、1778年生まれである。7年で帰国したのか。典仁親王は1794年まで生きておられた。フランツ公は1806年死亡である。

女王の母マリー・ルイーゼ・ヴィクトリアは1786（〜1861）年生まれであるから、光格天皇とかなり年が離れている。でもそうなるとヴィクトリアも天皇家の一員ということになる。もしヴィクトリアが産んだ孫娘がクララ・ヒトラーということになれば、アドルフ・ヒトラーは全くの天皇家、ないしは裏天皇の閑院宮家ということになる。アドルフは明治生まれだから、明治天皇ではなく、孝明天皇が親戚の叔父さんとなる。

以上が数年前までの、落合莞爾説なので筆者も本作を書く前に落合先生に聞いてみた。フランツが慶光院ですかと。先生は頷きもしないし、否定もしない。今のところご存知なのであろう。よって筆者は否定して、先ほどのマリア・テレジアの三男カール・ヨーゼフ（エマヌエル・ヨハン・ネポムク・アントン・プロコプ）１７４５〜１７６１が慶光天皇ではないかと考えた。マリア・テレジアというハプスブルク家の最後の当主の長男ヨーゼフ・ベネジクト・アウグスト・ヨハン・アントン・ミヒアロアアダム（ヨーゼフ2世、１７４１・３・13〜１７９０・２・20）は独身で子供がいない。三男のカール・ヨーゼフは16歳で早世していた。よって次男ペーター・レオポルド2世（１７４２〜１７９２）が継ぐ。そうすると早世したはずのカール・ヨーゼフは早世せずに日本へやってくることができる。この時第二代閑院宮家典仁親王は１７３３年4月生まれなので、9歳程年上なのであるが、カール・ヨゼフが入れ替わって、典仁親王になる。逆に本物の典仁親王は別の仕事のため欧州へ渡ることも可能だ。

１１７代後桜町天皇ののち後桃園天皇が継承したが、13歳で即位、21歳でご病気で崩御された。御桃園天皇は内親王しか子女がおらず、そこで閑院宮家か伏見宮家からか猶子として天皇になる人を持ってこなくてはならないルールがあった。当時御桃園天皇の猶子は、伏見宮貞敬（さだよし、１７７６−１８４１）親王で、猶子として天皇に即位されるルールであったが、なにせ3歳だったので、九条尚実が強引に閑院宮家から光格天皇を践祚（せんと）させた。他にも閑院宮典仁親王の第一王子美仁親王21歳もいたが、光格天皇になった。なぜかは、多分直仁親王の子の日本人典仁親王の長男だったからであろう。光格天皇はハプスブルクから来たもう一人の典仁親王カール・ヨゼフなのである。美仁親王はインドでヴィクトリア女王を生むことになったのであろうと思われる。天皇家と英国王室の血の交換である。

落合莞爾瀬先生によれば、カール・ヨゼフの弟としてはレオポルド2世の息子、フランツ2世（1768―1835、オーストリア皇帝としてはフランツ1世フランツ・カール・フォン・エスターライヒ）は伏見宮貞敬親王（1776―1841）やその子、伏見宮邦家親王（1802―1872）にお顔が似てらっしゃるという。伏見宮であって、閑院宮ではないから外人のお顔のはずがないのであるが、似ているという。多分本物の典仁親王がオーストリアで伯父さんだからだ。ここに皇帝の写真があるが、邦家親王にお顔が長いところが似てるといえば似ている。写真初期のものなので、目のあたりが明瞭ではない。

もしフランツ・カールが邦家親王と似ているとしたら、伏見宮家はもっと前から、ハプスブルクの血を受け継いでいることになる。伏見宮貞敬親王の写真はない。落合先生はどこで入手されたのかわからない。邦家親王の母親は藤原誠子であって、伏見宮貞敬親王の母は松木宗美の娘なのでいずれもカール・ヨーゼフの血が入りそうもない。

筆者が先生に、天皇家の血にハプスブルクの血が入り込んだのかと聞くと、それは反対で、ハプスブルクそのものが天皇家であるとおっしゃる。即ち古くは有間皇子（640－658孝徳天皇王子）が殺されずにヨーロッパに渡り、カール1世などを作り、また第二代伏見宮治仁王（1370－1417）もヨーロッパで神聖ローマ帝国のカール4世などとなり、天皇家の血統がハプスブルク家の血統の根源になっている。であるから極東天皇家と欧州アルザスあたりに欧州天皇家があって、光格天皇継承問題では、伏見宮家から猶子を持って来る必要はなく、途切れた時は、ハプスブルクから借りてくればいいのである。もちろん今でも閑院宮家の子孫の方々がいて、目がぱっちりしていて、背も高く、男の方は190㎝、女性でも170㎝は軽くあるそうである。

いつも落合先生が筆者に聞くことは、ヴィクトリア女王はアジア人ですよ。どこで生まれたかである。筆者はインドと答えるのであるが、先生は日本で生まれた日本人であると言いたかったのではないか。つまり、慶光院が大江磐代（1744－1813）と結婚し、その日本人顔を持って生まれた光格天皇か、全くの日本人皇族美仁親王とヴィクトリアの間に生まれた娘がヴィクトリア女王ではないか。どこかで女王には天皇の血が入っているはずだが、クララの母方祖父のヨハン・ネポムク・ヒードラーを調べてもウィキペディアでは父親母親が不明で、祖父母4人ははっきりしている。例えば卑近な例だが、れいわ新選組の山本太郎という政治家は、母親の名前は出てくるが、父親の名前はウィキペディアに書かれない。色々調べても見つからない。ウィキペディアに載らないときは裏天皇、ハプスブルク家、英国王室の可能性がある。

筆者が調べた限りでは山本太郎（１９７４－）の父親は松浦良右（１９４０～）で、別名朝堂院大覚総裁である。この人の下で2年程政治学を学んだ。彼は第26代継体天皇の末裔嵯峨天皇、母親は伏見宮家の血統で、もちろん南朝である。両親の記述がなされないことは、他にもある。中丸薫は最近まで父親の名前は出てこなかった。最近は明治天皇の落胤と言われる堀川辰吉郎と書かれているが、正確には堀川は明治天皇ではなく、孝明天皇（光格天皇の孫）の皇太子睦仁天皇の子である。堀川は１００人ぐらい子供がいるうち、最後の方で生まれたのが、中丸薫らしい。明治天皇でない本物の睦仁天皇が生きて御所を移って、堀川御所で生活しておられた。その皇太子が堀川辰吉郎である。だから閑院宮家は続いている。伏見宮、閑院宮、その他旧宮家のご家族は裏天皇と呼ばれているので、住所や本名、戸籍など明らかにしない。よって山本も中丸も両親の素性を示せないのである。

同様にクララ・ヒトラーの母方祖父ヨハン・ネポムク・ヒードラーは、その両親は言えないのである。つまり天皇家ないしはハプスブルク家である。でそのヨハン・ネポムクというボヘミア調の響きは、どこかで聞いたなと思っていたら、この人はマリア・テレジアの三男カール・ヨーゼフ・エマヌエル・ヨハン・ネポムク・アントン・プロコプである。即ち慶光天皇である。息子は農業技師の仕事をしていた。あの時代にである。ということはもしハプスブルクの子孫ヴィクトリアが高貴な人と結婚するとして、日本まで行ってきたヨハン・ネポムクお爺ちゃんの息子で光格天皇の異母兄弟に当たるヨハン・ネポムクと婚姻を結び、子供を一人作ってもいい。

これは親父の名前を息子も名づけたのではないか。そのまた親祖父母とくに祖父は適当に組み合わせることができる。母系の祖父母は正しい。そうなるとヒードラー家は皇室に通じる貴族の血が流れている。アロイスはロスチャイルド男爵の息子ではあるが、3番目の奥さんとしては、高貴なところから貰い、アドルフというハプスブルク家の子孫の子供を養父として養っていたのではあるまいか。クララの母親のヨハンナという人がよくわからないが、クララの祖父が天皇家と繋がったので、ヴィクトリア女王の孫娘説はまんざら間違いでもなくなる。なお、ロナルド・ハイマンの『ヒトラーとゲリ（1998）』にはクララ・ヒトラーの母方曽祖父はマルティン・ヒードラー、母はアンナ・マリア・グーシエルになっている。その上は書かれていない。ヒードラーから息子たちはヒュットラーになるのもおかしい。

「女王はご主人のアルパートが早死にしたので、彼氏を探していた。イギリスのスチュアート家（１６８８〜１７６６、ジェームス・フランシス・エドワード・スチュアート）の曽孫で年下のジョン・ブラウン（１８２６〜１８８３）とヴィクトリア女王は１８６８年８月スイスへ極秘旅行に出かけた。そのとき女王は、ジョン・ブラウンの子供を身籠っていた。人目に付くバッキンガム宮殿から離れて、王室直轄のスイスで出産するためである。８月22日ルッツェルン高地のラルカ峠に向かい、スイス人はラルカインから追い出された。８月24日女児を出産し、クララと名付けられた」

クララ・ヒトラーの誕生日は１８６０年８月12日なので、年も誕生日の月日も違う。

「クララの教育はイエズス会が行い、クララは英語、仏語、独語を流暢に話した。クララは１８８９年４月20日、男の子を出産した。父親はヒューストン・ステュアート・チェンバレン（１８５５年９月９日−１９２７年１月29日）である。『我が闘争』のゴーストライターはチェンバレンである。チェンバレンは１８７８年プルシアの女性と結婚していて、１８８９年ジュリアス・ワイナー（１８３７−１９０３）を介して、クララとアロイスを結婚させ、アロイスを代理の父とさせた。アドルフの教育は完璧にクララとチェンバレンによって行われた。１９０３年アロイスは突然脳卒中のため死亡しました」とある。

以上がクララの祖母がヴィクトリア女王という話の根拠であるが、女王は１８１９年５

〈カール・ヨーゼフの家系図〉

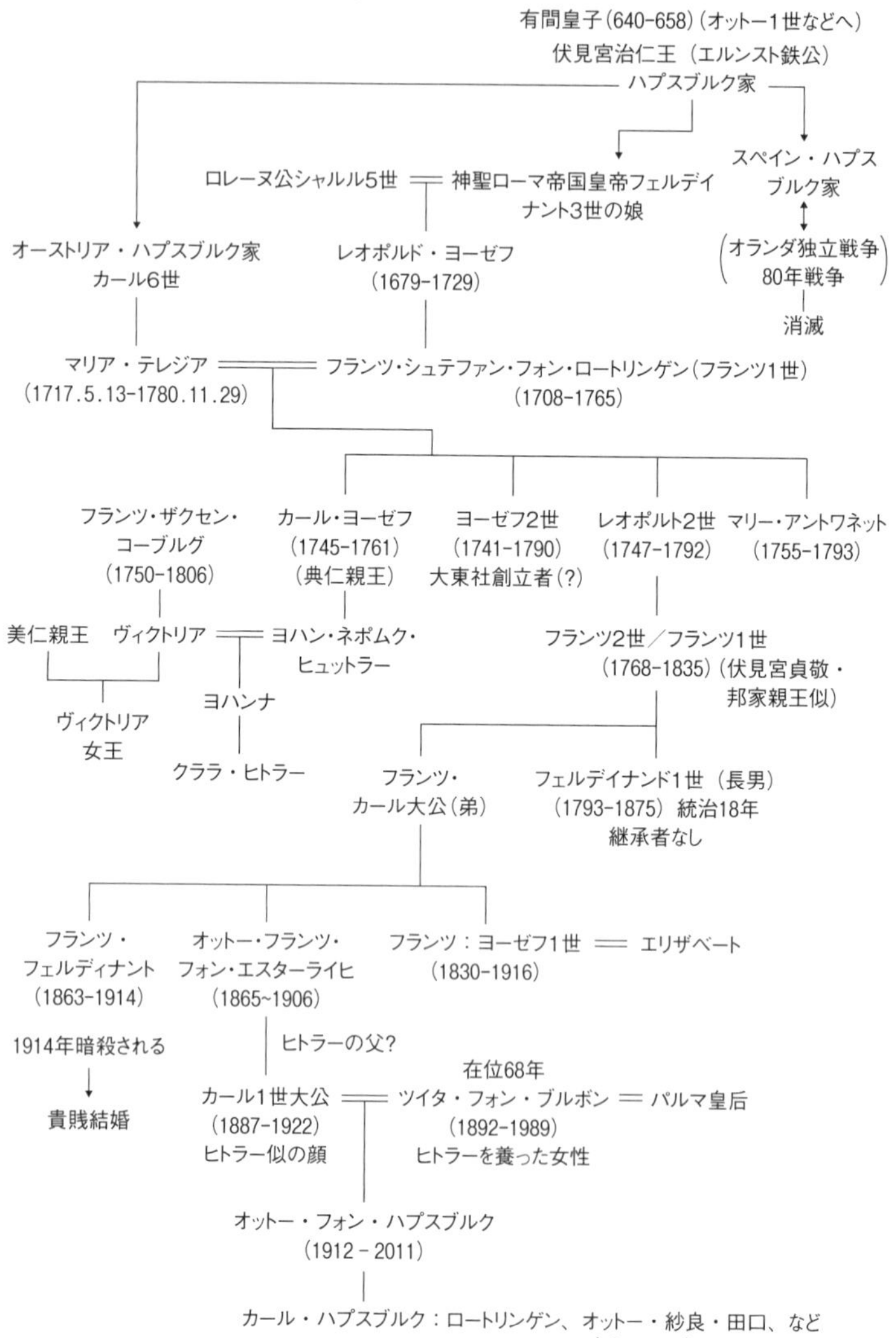

月の生まれなので、1868年に女の子を出産したとしても、48か49歳ということになる。かなりの高齢出産である。これらは娘にクララを産ませたという話にならない。女王がクララを生んだことになっている。『我が闘争』はヒトラーがルドルフ・ヘスにdictationさせて書いたもので、ドイツ語の誤りが多かった。ヒトラーは職業高校へ通っていて、父親も中学の時に死亡したたし、文化的な教育は受けていない。ましてやチェンバレンなる宮廷貴族が、英語版『我が闘争』を書いたのならまだしも、ドイツ語版を書いたとは思えない。アロイスがヒトラーの父ではないだろうことは、賛成するが、なぜアロイスというロスチャイルド男爵の私生児をクララのようなヴィクトリア女王系の夫に持ってくるだろうか。

以上より筆者としては、クララがステュアート家出身の父親と女王との子という説には不賛成である。

筆者注）ヒトラーを養った大公紀とはツイタ・フォン・ブルボン：パルマ皇后の可能性がある。カール1世もカール・ハプスブルク：ロートリンゲンも髭を蓄えるとヒトラーにそっくりである。フランツ・フォン・エスターライヒがヒトラーの父親の可能性がある。24歳の子。そうなるとアドルフ・ヒトラーは完全にハプスブルクの血統の持ち主である。ということは伏見宮二代目治仁王（天皇家、南朝）の子孫になる。また閑院宮家と遠い親戚である。よって欧州の表の天皇になってもいい。

ユダヤ人の定義が女系母方ユダヤ人でなければならないということで、父方のアロイスはまず否定され、フランツ・フォン・エスターライヒがヒトラーの実父、クララが母ということになる。クララがヴィクトリア女王の母ヴィクトリアの孫として、母ヴィクトリア

〈閑院宮家家系図〉

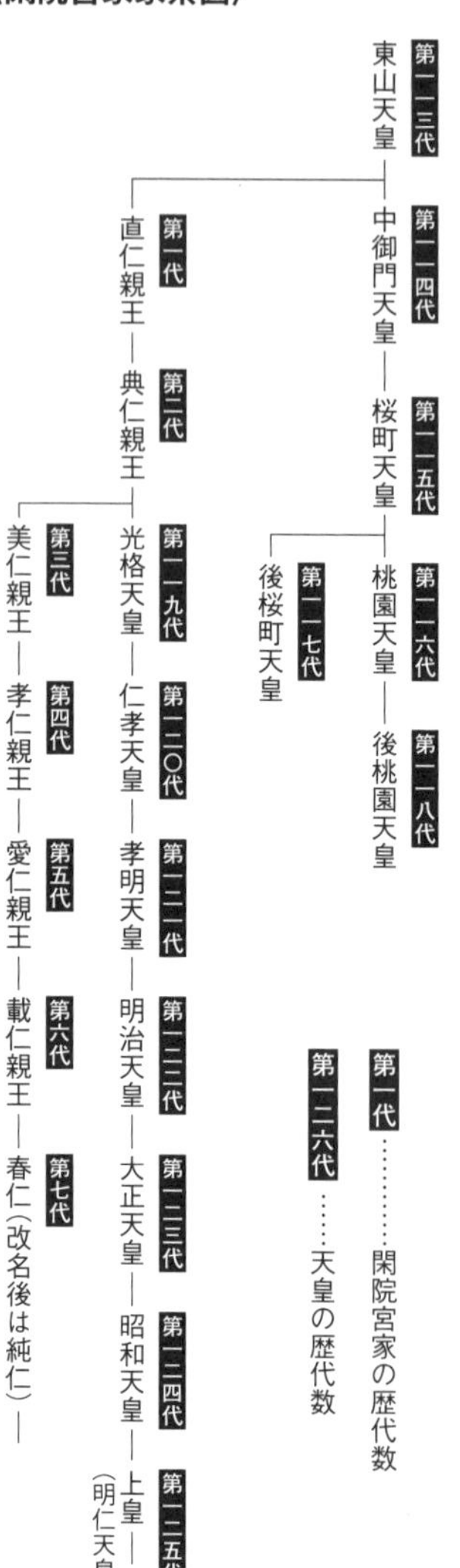

もユダヤ人ではないではないかの反論は当然ある。

しかしながらヴィクトリアの父がフランツ・ザールフェルト公だったとしてもハプスブルク家の一員である。またヴィクトリア女王が光格天皇ないしは閑院宮美仁親王の娘だったとしても、光格天皇が間違いなく夭折したハプスブルク家マリア・テレジアの三男カール・ヨーゼフの息子であったとしても、いずれもハプスブルクの血統（母がマリア・テレジア）であるから、女系はハプスブルクという天皇家が作った古代血統的ユダヤ人である。

ヒトラーの父がフランツ・フォン・エスターライヒだったとしてもハプスブルクで、ハプスブルクは古くは7世紀に有間の皇子が、新しくは沿仁王が15世紀に欧州へ行き、神聖ローマ帝国をつくっている。その後ドイツはフランスのように一国ではなかったが、一応マリア・テレジアまで男系男子が続いていた。治仁王は南朝そのものであるから、兄の貞成親王は足利北朝の議論が根強い、レビ族の可能性が大きい。

ヒトラーが自らの血筋を調べてくれ、とフランクに頼んだのは母方や実父方にユダヤ人の血が入っているのかを知りたかったからで真相を知り得たかどうか不明だが、著者の見解からするとイエスである。そうかと言って我々日本人の4分の1が天皇家の子供たちとしても、それはひとりの天皇や親王が百人以上も子供を作るからで、伏見宮朝彦親王などは170人もいたそうである。しかし、我々は自分たちのことをスファラジ・ユダヤ人と実感しているだろうか。実感しているのは著者ぐらいのものである。

落合先生は物部氏のみが古代イスラエル10支族の末裔だと言われるが、著者は第26代継体天皇以降はレビびとであると思う。よってヒトラーはユダヤ人と言える。よってユダヤ人が国際的ユダヤを排斥しようとし、ヨーロッパのアシュケナージ系ユダヤ人を虐殺したという主張は正しい。

第六部

ユダヤ人とはいかなるものか⁉
ウディ・アレンの映画
『エディプス・コンプレックス』考

ユダヤ教研究のためのウディ・アレン映画

ユダヤ人とユダヤ教の研究のためになるべく多くのウディ・アレン映画を観て録画するようにしている。恐らく一番初期の録画は、ボストン留学中で、ムービーチャンネルでやっていた『アニーホール』(1977)という映画である。途中からだったがすぐさま録画した。ウディ・アレンの映画の特徴は監督自身が映画に出演し、しかも主演をすることである。頭の中の考察を口に出して、あるいは街ゆく人から問題を解決するため積極的に聞いてみる、という映画だった。悩んでわからぬ場合は、NY警察の馬にも質問する。思わず笑ってしまった。

私小説か詩のような個人の思考回路を中心にしたウディ映画は他にも数多くある。『スターダスト・メモリー』(1980)は夢での会話を現実へ引っ張り出している。

何で自分一人で監督脚本主役をやるのかと聞かれて、それは金がないからだと答えている。またニューヨークを舞台にした映画しか書かない。

ところが後年になると、『それでも恋するバルセロナ』(2008)のように俳優にやらせ、ニューヨーク外で映画を撮るようになった。監督に徹して自身は出ないから面白くない。

ウディ・アレンは1935年生まれで、現在88歳で元気そうだ。人生の師の一人として仰ぐ小生にとって現在も生きていると思うだけで、大変なエネルギー源になる。ユダヤ研究がますます進む。

髭を長く伸ばしたラビの格好をして旧約聖書の一節を歌ったりする時もある。『ジゴロ・イン・ニューヨーク』(2013)は監督脚本はジョン・タトゥーロ監督でウディ・アレンは出演だけだ。純粋なウディ・アレン映画とは言い難いが、パリサイ派律法学者が出て来る。ユダヤ教の原理主義のような一派で、裁判のようにユダヤ教に当てはまる行動を取ったか否かを裁く。ユダヤ人の知性と内面、ユダヤ教、ニューヨーク、そして恋愛とセックスが必ず入って来る。

著者のDVDコレクションの中で、『ニューヨーク・ストーリー』(1989)というのがある。画家の恋愛話、フルート奏者と娘の話、そしてウディ・アレンが出て来る『エディプス・コンプレックス』の3話が並んでいる。筆者はどれもがウディ・アレン監督によるものだと思っていた。ニューヨークが舞台なのは一致しているが、ずいぶんタイプの違う映画だなあと思っていた。

実際はオムニバス映画で、コッポラ、スコセッシ、ウディら3人の巨匠監督が作って並べたのである。だから最初の二つはつまらなかったから鑑賞するときはいつも飛ばしている。

『エディプス・コンプレックス』とは精神科用語である。男が幾つになっても母親大好き人間のことである。

ウディ・アレンが演じる弁護士のシェルダンに母親コンプレックスがあり、結婚しようとして家に連れてきた子連れの彼女リサに小児期のアルバムを出してきて、この頃までお漏らしをしていたとか、頭は良かったが勉強ができなかったとか、息子は勝手にミルズバーグの名前を変えて、ミルズにしてしまったとか、あの人と結婚するのはやめなさい、と陰で言う。母は法律事務所まで遊びに来る。

彼女役はウディ・アレンが後に結婚するミア・ファローが演じている。ある日マジックショーを見に行った時にマジックが失敗し、母が消えてしまう。

探偵を使って必死に探すが、気がつくと人生の大変なストレスの原因であった母がいない生活を始めて経験し、精神的に解放された感覚を経験する。彼女はこんな貴方の大胆なセックス始めてと言わせる。ミルズは直ぐ探偵を断り、精神科医も驚きどうして急に元気になったのかと。母がいなくなったからです、と答えた。

ところが何日か平和な時間が経過したのち、ある日突然母が空に出現した。今度はニューヨークの市民の前で写真を見せたり、あんな女と結婚しないほうが良い、おねしょや、下着を替えたかとか叫ぶ。

内面を母にもっと暴露されてしまって、市中を歩くこともできなくなる。騒ぎはテレビニュースでも扱われ、彼女は自分のこともあらわにされるため、ノイローゼになってしまい、国に帰ってしまった。

ミルズは再び精神科医のところに通うことになるが、医者は霊媒師のところへ通ってみたらどうかとアドバイスする。人間は窮地に追い込まれた時、目に見えない霊力を借りることも大切であるとする。

霊媒師のことは信じていなかったが、やがてこの女性が、母親コンプレックスを超越できる本物の彼女だったんだと知る。そしてある日、新しい彼女を空の母親に紹介すると、母は気に入ってくれて、ようやく地上に降り立つことができた。めでたし、めでたし。

有名な映画なので、鑑賞した読者も多いと思われるが、空に幻影を投射する技術はこの時始まったものと思われる。空中母親役のメイ・クエステルは『ポパイ』に出て来るオリーブの声優である。ユダヤ人に思える。霊媒師の女性もジュリー・ガブナーという女優で、ユダヤ人に見える。彼女がミルズの家に来て、豚骨の粉をあちこちに蒔いて悪霊と、マザーコンプレックスを解消させようとする。ミルズはユダヤ教を信じるので、豚のようなヒズメの割れた動物は食べてはいけないし、接してもいけない。「ユダヤの神様お許しください」と天を見上げる。

ウディ・アレンの扱うエディプス・コンプレックスとは？

エディプス・コンプレックスとは精神科診断名であり、お母様好き好きの大人になることであるから、母親のような女性を見つけ出して結婚しようとする。簡単に出会えない。どんな年になっても乗り切れず、独身で一生を終えてしまう人もいる。ところがこの映画はお母様には困ったなあ、とストレスの掛かりっぱなしの男を描いている。ちょっと意味するところが違うと思った。

それで英語の原題を調べると、案の定、『Oedipus Wrecks』とある。すなわちwrecksとは難儀とか障碍物の意味で、母の難儀、とかもっと明確には「母という地獄」というようなタイトルにしても良い。

医学部のときに確か精神科の新海助教授から教わったと思うが、昔エディプス王という王様がいた。神託による宿命によって父とは知らず、父を殺してしまう。スフィンクスの謎を解いて、母国テーベの王となり、知らずに母を妃とした。後真相を知って悲嘆のあまり自ら短刀で目を突き、娘アンティゴネに手を引かれてアッティカに去り、そこで死ぬ、というギリシャ伝説である。

Oedipus wrecks という言葉は研究社の英和中辞典には存在せず、Oedipus Complex（親母複合）はある。精神分析用語で、幼年期の男児が同性である父親に反発を示し、母親に対して思慕の情を懐く無意識的な傾向を言う。フロイトが作った言葉である。

女児の場合は、Electra complex となる。本書では詳細を語らないが、女児の場合は最初は母親大好きで自分にもペニスが生えて来ると思っていたら、ちっとも生えず、そのうち父親大好きに変わる症例を経験した。Electra であって、erectra でないから、選ばれた場合の親の複合という意味であろう。女の子の場合はレズっぽい。

もっと軽く一般的用語としては、子（特に息子）が異性の親になつく素質と辞書には述べてある。

多分ウディ・アレンは Oedipus complex という言葉に対して、自らの作品を Oedipus wrecks という題名に作り上げたのだろう。母の存在によって人生がめちゃくちゃになったとする。確かに他の映画でも母が教育熱心なのはいいが、期待しすぎで、いつまでも重しになっているようだ。男子の精神成長には母の存在は重要である。

ちなみに男として支配者階級の立派な人間に育て上げるには、例えば生まれて半年ぐらいで、母親を息子から引き離すという。昭和天皇は大正天皇の長男として生まれているが、大正の貞明皇后から間もなく引き離され、養母に育てられている。将来天皇になる人が、女の子のような優しさや心の弱さを身につけさせないためである。宮内庁はOedipus complexをよくわきまえているのであろう。落合莞爾先生の場合は、裏天皇家だが先生が6歳の時に母親が肺炎で死亡した。医者の話では、井口家（落合先生の本名）ならペニシリンを買うぐらいのことはできたろうが、莞爾くんが逞しい男の子に育つよう、敢えて使わなかったという。

筆者など、中途半端な31歳の時に、母を亡くしているが、結婚もしていない年齢だった。お見合いの話をいくつも病気の母が準備してくれたが、「この人はダメ」と席の途中でサインを送ってきた。筆者が気に入ってのめり込むといけないからである。

映画では、

「3人もの子連れ女などやめておけ。前妻の慰謝料も払い切っていないのに」

とニューヨークの空から息子の弁護士に向かって叫ぶ。

「いいじゃないの、息子さんはもう大人でしょ。自分で決めたのだから」

そう言われても、息子のことは母親が一番知っている。

人間も神様も倒錯している⁉

Wrecksと題名がつけられているが、古代ギリシャの三大悲劇詩人の一人、ソフォクレス(Sophokles 496?－406BC)はエディプス王について記載していて、その詩の一つに『Oedipus Rex』がある。Rexは読み仮名がWrecksと同じである。ソフォクレスは7つしか完成品が残っていないが、その一つである。ウディ・アレンもソフォクレスのエデップス王のことを知っており、映画のヒントにしたのであろう。Rexとは難儀とか地獄の意味で使われている俗語であるが、父親を敵だと思って殺し、母親とは知らずに妃にする。筆者の場合は、父親を憎んで憎んで口もきかない。そういう青春期を何年も過ごした。「道久(本名)は最近どうしたのだ」と母に尋ねていたそうである。多分、父親を乗り切るためにそういう時期が少年には必要と思うが、後年も父とはあまり喋らなかった。両親のマグ愛を見たわけでもないから致命的にはならなかった。ウディ・アレンは俗語をタイトルに使いたくなかったのであろう。マザコンとか安い言葉は使わない。

ソフォクレスの詩は現代でも映画化されていて、1957年にタイロン・グスリー監督が『Oedipus Rex』の題名で、映画化した。日本名はない。1968年には伊映画『アポロンの地獄』原題Edipo Re　英語名Oedipus Rexで映画化されている。

ソフォクレスの詩は、王になったエディプスがアポロンの神託に従ってテーベの国の災禍を一つずつ取り除こうとしている所、次々になされる証言や告白によって誰も知らなかった過去の真実が暴かれるというもの。面白そうな話である。日本の天皇に即位したら、誰も知らなかった日航ボーイング123便事故の真実や東日本大震災、神戸や熊本の地震について知り、国民に知らせようとするような話である。いかにもギリシャの自由主義下の環境で生まれそうな詩である。

一方映画では、継時的に同じ話を綴っている。天皇がエディプス王の話を聞かされて、帝王学の一貫として母親に対する甘えとか優しさを身につけずに逞しい国王になる。父親殺しの所が大切で、母親については幼年期に失ったおかげで、母の愛情人生とは真逆の地獄人生をつき進むことを共通に守っているのではないか。そんな気がする。Rexは地獄である。したがってウディ・アレンの映画も『母親地獄』と命名した方がミルズ弁護士の気持ちに近い。空から母に6つになってもおねしょしていた話をされるのだから。『裏エディプス物語』と訳している映画もある。

東大でも文学部でソフォクレスのことを教えるのか、松本俊夫という映画評論家が監督になってから1969年に『薔薇の葬列 Funeral parade』という作品を残している。ゲイバーの少年が経営者の権田と深い関係にあり、それに嫉妬した店のママは少年を傷つけようとして失敗する話で、エディプス王の話から随分遠ざかっている。ホモ的作品に変化している。多分松本俊夫はソフォクレスの詩よりも、フランスの詩人ボードレールに、より影響されているのではないかと思われた。エディプス王の映画化として日本人はこう描くとして松本が紹介されていた。

シャルル・ボードレールは1821年4月パリ生まれの詩人で、最も有名な詩集は『悪の華』である。ボードレールも6歳の時に父に死に別れた。司祭で哲学や文学を学んだ父は晩婚だった。翌年若い母が再婚したことが彼を詩人にさせた。母の再婚はボードレールを痛く傷つけた。『悪の華』は気晴らしにインドへ行ってみたらという養父の計らいで船に乗ったとき書き上げた哲学的詩である。彼は間も無く下船してフランスへ帰ってきてしまう。46歳で死ぬ。英語はイギリス生まれの母から学んだ。

松本俊夫の映画『薔薇の葬送』のタイトルの後字幕に、『悪の華』の一節が大きく書かれる。

「我は傷口にして刃、生贄にして刑吏」

何のことかわからなかったが、作家平野啓一郎の和訳がわかりやすい。

「我は死刑囚にして、死刑執行人」

もっと言い方を変えれば、「我はエディプス・コンプレックスにして、エデイプス・レックス」ということであろうか。人間はいつでも倒錯する。母親が好きで好きで、と思ったら、空の上から地獄を見せつけられる。〝神は2次元の世界を作った瞬間に堕落した〟〝人間世界は進歩というものはない〟〝文明が進歩しているように見えるのは、それを行う国が移動しているだけである〟ボードレールの哲学は難解である。

そういえば、ウディ・アレンの別の映画『バナナ』（1971）でも彼女に振られた主人公が、会社帰りに本屋を訪ずれ、ポルノ雑誌を買いたくて仕方がない。タイム誌やニューズウィークに隠して「オーガニズム」という本を買う。

レジへ持っていくと、「このお客さんが『オーガニズム』を買うんだ。店長いくらだったっけ」。他のお客さんの前で大きな声で恥ずかしい、早く袋に入れて！　頼むのだが、手際が悪い。「実は僕は青少年の倒錯について研究中なんです」。

「オーガニズム」と青少年の「倒錯」は全く関係がないようなあるような。ボードレールの『悪の華』は倒錯がメインテーマになっている。この芸術作品は、発売後風俗壊乱で起訴された。別に起訴しなくても、たかが詩じゃないかと思うが。

富山大女性仏文学者の中島先生によると、『悪の華』はレズを扱った詩であると。19世紀にレズは早すぎで、倒錯しっぱなしのようで、一般人はついていけないのか。ざっと読んだが、必ずしもレズばかりではない。

松本俊夫の映画はホモ、『悪の華』はレズ。ウディ・アレンの映画は正常の部類の性を扱う。1969年という悲劇の不可能な時代に、松本により突きつけられた悪意の刃なのかもしれない。少年は父親殺しでは刃になり、母親については傷として一生背負っていく。通常人なら詩人になれない。病院入院中はどこか窓側で、海の見えるベッドに変わりたいなと望んでいるだけだ。と平野啓一郎は解説する。

人間も神様も倒錯する。神様は一次元で十分なのに、二次元を作ったところから堕落した。複数にしたのが神の堕落だという。もちろん多様性は大切であるが、2次元という多様性の原点は、不要である。通常人の理解のために多様性という言葉がいるだけだ。

一番の早道は、ユダヤ教から世界を知る方法!?

『悪の華』は原題「冥府（めいふ）」になる予定だったという。つまり死後の世界、冥土、地獄、閻魔様の行政府ということらしい。Oedipus wrecks の言葉は正に至言である。そう考えると人生は修行の場で、来世こそ冥府、一次元の世界で自由に暮らせる。ボードレールと暮らせる。決して倒錯することのない世界だ。

『悪の華』より

読者よ　Au Lecteur

愚行と錯誤、罪業と貪欲とが
我を捕らえ　我らの心を虜にする
乞食が蚤を飼うように
我らは悔恨を養い育てる

我らの罪は深く　我らの悔いはだらしない
気前よく信仰告白をするごとに
心も新たに汚辱の道に戻ってゆく
ひとしずくの涙で罪を洗い流したように

悪の枕元ではサタン・トリスメジストが
我らのとらわれた心を揺さぶり
我らの鉄の意志さえも

錬金術で霧消させる。

ボードレールはこのころ持病の梅毒が悪化して、肉体的には最悪だったようである。彼は余人に先駆けて、日本の浮世絵を賞賛している。東洋の哲学はいい、と。ウディ・アレンも『バナナ』の中で彼女にヨガはするかと聞かれて答えた。「ヨガやってます。東洋の哲学はいい」。「『易経(イーチー)』は読んだことあるの?」と聞かれた。主人公は知らなかったのか、「キルケゴールなら読んだ」。『易経』は当たるも八卦当たらぬも八卦の易学のテキストなので、ボードレールの形而上哲学で神の神託に伴う倒錯した要素とは次元が違うような気がする。人生の指南書が易経で、宇宙の指南書がボードレール詩で、ユダヤ人の指南書がタルムードである。日本人に指南書がないからこうやって松本俊夫はボドレールから作品を作り、小生はウディ・アレンから学ぼうとしている。日本人としては神の存在をどう位置づけるかの難解なハードルを越え難いから、ユダヤ教から世界を知る方が楽である。ミルズ弁護士の母も息子の子連れ白人女性との結婚を拒否し、あるいは食事をしていてもしっくりせず、霊媒師女性の方が目に見えない世界を知っているような気がした。あるいは霊媒女性にユダヤ的な宗教観を察知してか、気に入って空から現実に降りてきた。相変わらずハンドバッグから子供の頃の写真を取り出し、賢い子だが学校の勉強はできなかった、おねしょは、……と語る。今度は弁護士（ウディ・アレン自身）も母を超越したのか、それとも倒錯人生の本質を母から見抜いたのか、地獄 Rex から解放されたような顔をしていた。

養女と関係をもったウディ・アレンとユダヤの神様

松本俊夫や平野啓一郎がボードレールを評価しているのに対し、ウディ・アレンがソフォクレスやボードレールをどう評価しているかは、映画だけ鑑賞しても答えが出ない。一方仏哲学者サルトルはけちょんけちょんに非難している。1949年『内心の日記』の序文の中で、サルトルは古き良き『ボードレール』にトドメを刺したものとしてまさに画期的である。

ボードレールの人と作品を共に全面的に否定し去ったかと思われるサルトルの情熱的な「実存主義的精神分析」は①六歳の時の父の死、②すぐ翌年の熱愛する母の再婚、③義父オービックとの不和、④禁治産（散財）の宣言、⑤失敗した自殺、⑥絶えざる債鬼の追求、⑦詩集の有罪宣言、⑧若い時に罹って生涯つきまとった梅毒、⑨不実で残忍な愛人ジャンヌ・デュバル、⑩あの高名な脳軟化症による「痴呆の翼」の襲撃と最後の失語症、「この畜生」しか言えなかった。と纏めて拾い上げ、

「……また内的に言えば彼の不満と挫折、恐怖と倦怠、苦悩と絶望、それらは要するにボードレールが自己の深淵を怖れこれを直視することをせずに、ひたすらこれから逃避して一個の「存在」の中に石化することを願い遂に自己の善を選んでこれを確立しようとはせずに、既成の善、既成の秩序を口では激越に否定しながら、なおこれを己の独自性の後盾として保持しようとし、その庇護の下に神と帝政とブルジョアジーと無理解な両親と後見人と彼を相容れない文壇と、要するに彼を狩り立て追い詰める一切合財のものの逆説的な庇護の下に一種寄生虫的な悪を行ったに過ぎない以上、彼は自らの不運と失敗とに全面的に責任がある。彼の宿命とは畢竟彼の自由な選択以外のものではない」というのがサルトルの骨子である。

しかしながら、小生は①善悪を哲学の中に入れ込んではいけないのと、②自由については人間が唯一求める最後の楽園なので、これをもってして攻撃してはならないと思う。

ウディ・アレンは決して善悪については議論しないし、性的自由に関してはさすがユダヤ人で、寛容である。サルトルがもしクリスチャンで性的自由主義を持ちたくても持てない立場なら、ユダヤ教や神道に入ればいいのである。入らずしてボードレールのことを起

訴した刑吏のように法的に処分したり非難しようというのはレベルが低い。

Electra complex のように女性がそれなりの性的死生観自由観を所有してもいいのであって、多様性に対峙する単なる plurality としての二次元を神が作ったとしたら、堕落したと言わざるを得ないのである。こちらの方が正しい。小生も〝二〟という数字にどれくらい騙されたかわからない。〝二〟は嫌いである。公衆トイレも端から二番目に立たないようにしている。

サルトルに言わせれば、ボードレールは自己の自由の深淵を畏敬の念を持って怖れ、直視することをすれば良かったというのである。それでもボードレールはウディ・アレンよりもずっとエディプス・コンプレックスが強かったので、あるいはアレンは母から地獄を見たので、立場は両極端だったが、神堕落の二次元が見えてしまった。サルトルは見えないのかもしれない。ウディ・アレンは映画でユダヤの神様に申し訳ない、とするが、wrecks という言葉を使って、新しい哲学という世界を今追求しているのかもしれぬ。実際子連れ彼女として出てくるミア・ファローとは離婚して、中国人の養女と関係を持った。これで我々東洋人のエディプス・コンプレックスを味わうことができたのかもしれない。もちろん世間的には非難されている。

複雑怪奇なエディプス・コンプレックス

「私はニューヨークの法律事務所に勤める50歳の弁護士です。母を愛しています。今夜彼女を母に合わせようとしているのですが、何せ母は自分の気に入らない女性だと話もしてくれないので、心配でなりません」医者「もう大人なんだから、お母さんの気持ちもわかってやらないと」「絶対無理です。合わせることなどできません。リサ（3人の子連れの彼女）と結婚を決めているのですから」夜母のアパートに連れてゆく。「彼女です」「お前ひどい顔だね」直感的に母はリサを見て気に入らない様子。「この子が生まれて6ヶ月の写真。丸いおしりが可愛いでしょう。頭の良い子で、学校の勉強はできなかったけど。この時まだお漏らししてた」「母さん止めて」「黙ってデザート食べてらっしゃい」リサが帰りしなに、「あの金髪、子連れ女はやめておき。絶対にうまくいかないよ」「どうして。気に入ってるんだ」リサは母親に電話して、食事でも取らないかと誘う。デパートの屋上だった。「何で外で食べなきゃいけないんだ。雨でも降り出したらどうするの」その後けったいな中国人マジックを見に行く。「マジックなんて嫌いだよう」「子供たちが喜ぶからだ」ところがステージで箱の中の人が消えてしまうゲストに母は当たってしまう。「あんた中国人？」「そうです。ご機嫌いかがですか？」「気分は良くない」笑。「この箱の中に入ってください。少しこそばゆいですが」「くすぐるの？」「冗談です。ハンドバッグをお預かりします」「これはダメ。大事な書類が入っている」母はおとなしく入った。「今から女性が消えます。見事消えたらご喝采」剣を何本も上から横から刺して、箱から母は遂に消える。弁護士は、これは面白いという顔をしている。「では戻ってきてもらいましょう」「……」剣を抜いて箱を開けてももぬけの殻である。

「母はどこにいる？」「楽屋にも客席にもどこにもいない。警察に届けましょうか」「それはやめてくれ。弁護士の母親マジックで消える、なんて報道される。この箱を作った会社に問い合わせる」「いやあもう20年前に倒産した会社だ」弁護士は探偵会社に連絡して町中探してもらうことにした。3日経っても4日経っても母は帰らない。寂しくベランダで夜景を眺めているとリサがやってきて、「そのうち帰ってくるわよ。心配しないで」「君は美しい」「……」

「こんなセックスって初めて」「なんだか解放された気分だ」

医者に「ストレスがなくなって、気分がいい。人生何でもうまくいっているような気がする」「原因は何かね」「母が消えたからです」弁護士は急いで探偵会社のところへ行き、仕事を取りやめるように頼んだ。キョトンとしていた。バリバリ仕事をしていたが、ある日ドラッグストアから出ると、往来がやかましい。「何かあったのか」すると空には母が。「息子は名字を勝手に短くして、子持ち金髪女と再婚しようとしているのです。私の言うことも聞かないで」「良い人なら良いじゃない」「いや、幾つになっても母親の意見は尊重すべきよ」「あなたの娘はいくつ?」「26」「写真を見せて」「家にある」「私は持ってるわ」とハンドバッグから写真を取り出す。「6歳までおねしょしていたの」「頭のいい子で、学校の勉強はできなかったけれど」「母さん、どこにいるの? 何してる?」「こうして皆んなと喋っているじゃない。あの女と結婚するのはおやめ」「今喋るのはやめて」遂にテレビのニュースで取り上げられて、NY中の話題に。

「もう自殺する」「あなたは慣れてらっしゃるかもしれないが、私は困るわ」事務所へは行けなくなって、休みがち。外にはマスコミがいて、見つけると追いかける。見つかると「シェルダン、パンツ替えたか」医者通いが復活する。「困っています。自殺したい。彼女は自殺して解決する問題なの? と。母親は彼女のことをクルバと叫びます」クルバとはヘブライ語で淫売の意。医者は霊能師のところへ行ってみるのも手だという。

「シェルダンさん?」「そうだ。僕は科学的論理的な世界に生きていて、霊能力は信じない」「でもお母様は空に浮いてらっしゃるわよ」「……」それから毎日3週間もかけて、死人にも会話ができる女性、あの世でお料理の作り方を教わっている友人と同様に、霊力で母をよみがえらせる方法を思考錯誤した。中国奇術で最初に消え去った場所にお参りをしたり、母のいないアパートで豚骨の粉を撒いたり、ひたすら祈ったり、偶像人形に嘆願したり。３週間も毎日霊能師の女性と過ごして遂に爆発した。「こんなイカサマこれ以上やったって無駄だ。最初から僕は信じていないんだ。もう帰る。君には騙された」彼女は泣き出す。「そうね、あなたのお母様をあの世から引き戻そうと努力したけど、自分には能力がなかったのね。私は何をやってもダメ。意味のない人生だわ。本当は女優になりたかったけど、仕事がなくてウエイトレスしてたけど、今時こういう仕事はお金になるし皆んな寄ってくるから、と本を読んだりして……もうお金も払わなくてもいいわ。失望させたのだから」「そんなつもりはなかった。ごめん。君は女優になれるよ」「そんな、慰めてもらわなくても」リサが残業で遅くなるからと、霊能師と食事をして帰った。ボイルチキンだった。弁護士の好物で、母がよく作ってくれた。

家へ帰ると置き手紙が「最近は喧嘩ばかりでうまくいかない。……子供を連れて国に帰ります。お母様のいう通り、私たち全て急ぎすぎたのかも。愛ってある日突然終局が来るものなのね」リサは二度と帰ってこなかった。霊能師の料理してくれたボイルチキンのお土産が心にしみて。母は相変わらず空から弁護士に向かって喋り続ける。テレビでは「最近はよっぽどのことでは驚かないＮＹ市民も、ミルズ夫人のことは話題にもしなくなりました」そんなある日、霊能師のベランダから。「母ちゃん、ママ。僕はこの人と結婚する」「お宅の息子さんを愛しているわ」「今度の彼女は気に入った。これで地上に帰れるわ」しばらくすると母の呼ぶ声が居間から聞こえてくる。「シェルダン、シェルダン。私はここよ」「お母さん、大丈夫か?」「私が大丈夫でなかったことがあったかしら」

母は霊能師のことがよっぽど気に入ったらしく、早速写真を出した。「これが6ヶ月の頃。オムツをした可愛い赤ちゃんでしょう。これは小学校に上がった頃、まだおねしょしていた」不思議なことに、今度は「もうやめてくれ」とは言えなかった。

了

嘉納道致　かのう みちひさ
1956年（昭31）２月25日生まれ。AB型。
信州大学医学部卒。医学博士、専門は脳神経外科学。1994年ごろから著作活動を開始。『『立ち上げる』はおかしい、の記』で岐阜市文芸祭市長賞。『患者は待たされている』で健友館ノンフィクション大賞佳作。'08年より個人誌『永井』１号－12号発行。医学雑誌は『加納メディカル』１号－８号。岐阜美濃文学同人誌80号に『信長は本能寺の変前日死亡していた』『高橋尚子の引退』『ドクターＫの脳の健康講座』。81号に『清張と芥川賞』。85号に『湯灌』。'19年『天皇は朝鮮人か？ユダヤ人か？』『永井家のルーツ』。'21年『裏天皇とロスチャイルド』（ヒカルランド社）、『行政監査』『行政処分』『行政訴訟』『福島第一原発事故は人災』『民訴140条』『ヒトラーと大島』『レビびと』『政治家はいつもサドンデス』（加納クリニック出版）など。

天皇と原爆 ヒトラーとユダヤ

裏の裏の超極秘歴史

第一刷 2024年8月31日

著者 嘉納道致

発行人 石井健資

発行所 株式会社ヒカルランド

〒162-0821 東京都新宿区津久戸町3-11 TH1ビル6F

電話 03-6265-0852 ファックス 03-6265-0853

http://www.hikaruland.co.jp info@hikaruland.co.jp

振替 00180-8-496587

本文・カバー・製本 中央精版印刷株式会社

DTP 株式会社キャップス

編集担当 utoi

ISBN978-4-86742-391-2

「コンドリプラス・パウダー」はお好みの分量の水に溶かして飲みます（ペットボトルに水250mlとパウダー1包を入れ、振って溶かすと飲みやすく、オススメです。）。パウダータイプは掛川の最高級緑茶粉末がたっぷり入って、ほぼお茶の味わいです。パウダー1包に2カプセル分の「Gセラミクス」が入っています。

水に溶かして飲む緑茶味のパウダータイプとさっと飲めるカプセル状の２タイプ。お好みに合わせてお選び下さい。

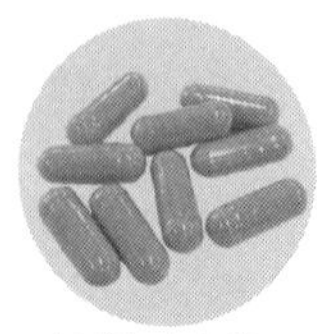
カプセル中身

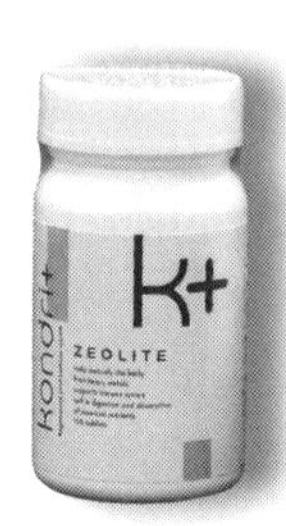

コンドリプラス100

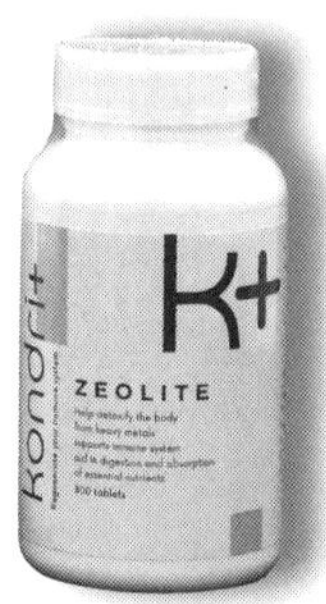

コンドリプラス300

「コンドリプラス」は食品として１日３~９カプセルを目安にコップ１杯以上の水またはぬるま湯などでお召し上がりください。

コンドリプラス 100	**23,112** 円（税込）
コンドリプラス 300	**48,330** 円（税込）

原材料：焼成カルシュウム（国内製造）、緑茶粉末、カロチノイド色素（アスタキサンチン）、L-アスコルビン酸、HPMC、ビタミンD、天然ゼオライト(国内製造) 内容量：１カプセル280mg コンドリプラス100（100カプセル）、コンドリプラス300（300カプセル）

QRのサイトで購入すると、35%引き！

さらに定期購入なら、50%引き!!

QRコードからご購入頂けます。

ご注文はヒカルランドパークまで TEL03-5225-2671 https://www.hikaruland.co.jp/

＊ご案内の価格、その他情報は発行日時点のものとなります。

本といっしょに楽しむ イッテル♥ Goods&Life ヒカルランド

Gセラミクスで活性化する体内環境！

コンドリプラスは、天然ゼオライトと牡蠣殻のパウダーを混ぜ合わせて低温熱処理を施した「Gセラミクス」をカプセル状やドリンクとして飲みやすくしたものです。水分に触れると水素イオンと電子を発生する性質があります。

天然のゼオライトは、不要な物質を効果的に吸着し、体外に排出する働きをしてくれます。さらに、主成分である牡蠣殻焼成カルシウムは、特殊な製造プロセスで牡蠣殻を焼成し、高純度のカルシウムを生成したものです。豊富なミネラルを含有しアルカリ性への変化により、骨の健康維持に必要なミネラルが活性化されます。また、活性ミネラルイオンの高い吸収率を誇り、水と反応して電子とプロトンを発生させ、活性酸素を和らげることが期待されます。ミトコンドリアが調子が悪くなると、不調が起こるということがわかってきており、水素イオンはミトコンドリアを活性化して正常化へ誘導してくれます。コンドリプラスを利用して、体内で水素イオンを有効に発生させ、健康をサポートしましょう。

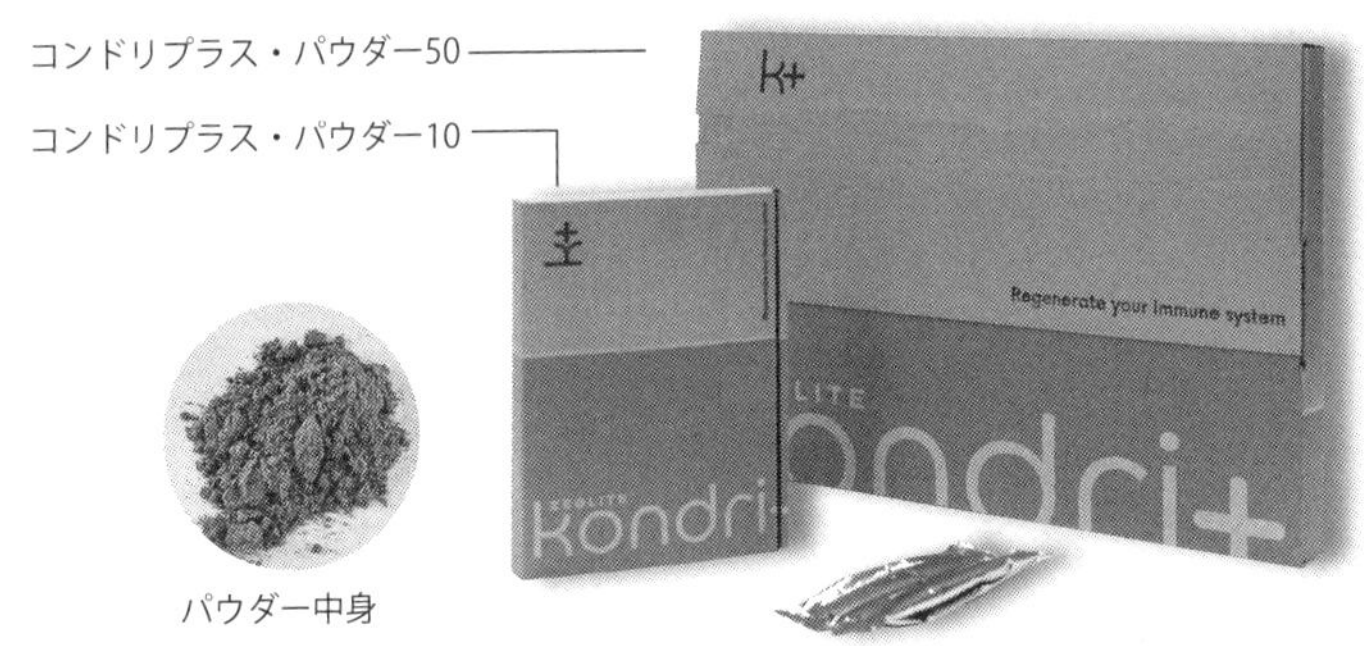

パウダー中身

コンドリプラス・パウダー 10　　4,644円（税込）
コンドリプラス・パウダー 50　　23,112円（税込）

原材料：緑茶粉末、焼成カルシュウム（国内製造）、食物繊維（グアガム分解物）、L-アスコルビン酸、ヘマトコッカス藻色素（アスタキサンチン）、ドライビタミンD3、天然ゼオライト(国内製造)　内容量：1包3.1g　コンドリプラス・パウダー10（10包）、コンドリプラス・パウダー50（50包）
使用上の注意：小袋開封後すぐにお召し上がりください。小袋を圧迫しすぎると中の粉末が出てくる場合がありますのでご注意下さい。

安心のペットケア！　コンドリプラスＰＥＴ

　コンドリプラスＰＥＴは、牡蠣殻焼成カルシウムと天然ゼオライトを主成分としたペット用食品です。ふりかけタイプで１００錠入りボトルと同じ大きさです。

　ペットは家族同然の存在だと思います。しかし、彼らの寿命は短く、気づかないうちに別れの時が近づくことも。ペットの体調変化に気づくこと、高額な医療費、治療が効かない場合の心情など、飼い主として直面する様々な課題、病気の原因や改善策、予防法についての知識が重要です。愛犬や愛猫が元気で長生きできるように、正しい情報で共に歩むことが大切ではないでしょうか。ペットとの幸せな時間をより長く楽しむために、コンドリプラスＰＥＴで、日々のケアや予防策を考えてみませんか？

愛しの家族、ペットの
健康維持サプリメント
水素イオンで健康に！

PET

8,800円（税込）

内容量：25g

原材料　牡蠣殻焼成カルシウム、天然ゼオライト

【使い方】パウダー状になっておりますので、ペットフードにふりかけて食べさせてあげてください。

ご注文はヒカルランドパークまで TEL03-5225-2671　https://www.hikaruland.co.jp/

＊ご案内の価格、その他情報は発行日時点のものとなります。

元祖だしさぷりの凄さはペプチド

ＮＡＳＡ（米航空宇宙局）の技術を駆使し、当製品では「人間の小腸よりも細かい目の膜、限外濾過膜」を通すことで、脂の微粒子が徹底的に除去され、タンパク質も効率的に吸収されるペプチド状態が実現されています。ここに、「Ｇセラミクス」を配合し、製品のさらなるパワーアップを図っています。

化学的に作られた調味成分・塩分は使用しておりません。天然だしなので、赤ちゃんの離乳食や小さなお子様、ご高齢の方まで、安心してお召し上がりいただけます。昆布も原木椎茸も無臭ニンニクも同様の製法で低分子になっています！　その為、強い細胞膜で守られたグルタミン酸、イノシン酸、原木椎茸に含まれるグアニル酸も余すことなく溶けだしています。

●防爆抽出器を使用して乳化させる
●浸透膜フィルターを使いペプチド化している
●全てが天然成分＆Ｇセラミクス原材料
●10分で血液に浸透します

濃縮タイプのダシに、
Gセラミクス配合で、
さらにパワーアップ！

元祖だしさぷり

23,112円（税込）

内容量:30包
原材料　天然出汁ペプチド粉末（澱粉分解物、カタクチイワシ、カツオ、昆布、原木栽培椎茸、無臭ニンニク）、牡蠣殻焼成カルシウム、天然ゼオライト

ご注文はヒカルランドパークまで TEL03-5225-2671　https://www.hikaruland.co.jp/

発信する側も受信する側もよいエネルギーが受け取れる

「あまね」は、携帯電話やスマートフォンに特化した情報を取り入れた、専用の充電器です。画面の光、音、電波を介して情報が伝わり、電磁波のネガティブな影響を和らげ、使用する人のエネルギーを高めます。電波を発信する側も、受信する側も、同じように情報が働いて効果が得られることを確認しています。「5G」が普及すると一段とマイナス要因が増えると考え、旧商品とは次元の違う情報を採用しました。他の商品と同様、「あまね」につないだ携帯電話やスマートフォンの影響のおよぶ環境は健康作用を幅広くサポートすることが第三者機関による検証試験で明らかになっています。

あまね

49,500円（税込）

サイズ：［本体］幅97mm×奥行47mm×高さ25mm ［コードの長さ］0.8m　定格電圧：125V　最大電流：1.0A　開発：生体エネルギー研究所　製造元：有限会社アイ・シー・アイ研究所　総販売元：株式会社マルセイ

【使用方法】携帯電話やスマートフォンの充電ケーブルを「あまね」に差し込み、「あまね」を通して充電します。

就寝時だけの使用で、日中も効果が持続

「慈空」は、本体から発している磁場を利用し、本体から約５メートルの範囲に生体エネルギーの情報の場をつくります。磁場は宇宙の基本的なエネルギーの一つで、私たちの身体が正常に働くうえでとても大事な要素です。この磁場に生体エネルギーの情報をのせる技術を確立したことで、その範囲にいるすべての方に影響を与えることが可能になりました。持ち歩きできるコンパクトサイズが魅力です。小さなお子さまなど持ち歩けない方は、就寝時にそばに置いておくだけで、日中に持ち歩かなくてもその影響を保てるように設計されています。「小さなお子さまがいらっしゃる家庭には、とくにご活用いただきたい」という思いから商品化されました。

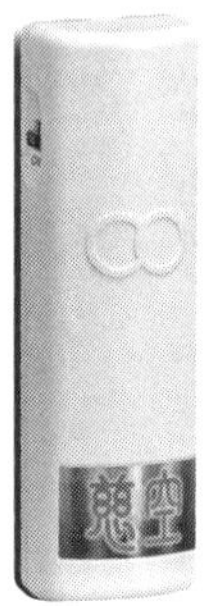

慈空（じくう）

73,480円（税込）

サイズ：［本体］幅30mm×奥行18.6mm×高さ94mm　［重量］約27g（電池含まず）［電源］DC1.2V～1.5V（単4型アルカリ乾電池または単4型充電池1本使用/別売り）開発：生体エネルギー研究所　製造元：有限会社アイ・シー・アイ研究所　総発売元：株式会社マルセイ

【使用方法】電池をセットして持ち歩いたり、身近に置いたりして使用します。「慈空」の5m範囲の空間に微弱な磁場を出し、慈しみの営み（空）となって持つ人や空間を優性に導きます。

ご注文はヒカルランドパークまで TEL03-5225-2671　https://www.hikaruland.co.jp/

＊ご案内の価格、その他情報は発行日時点のものとなります。

本といっしょに楽しむ イッテル♥ Goods&Life ヒカルランド

酸化防止！
食品も身体も劣化を防ぐウルトラプレート

プレートから、もこっふわっとパワーが出る

「もこふわっと　宇宙の氣導引プレート」は、宇宙直列の秘密の周波数（量子ＨＡＤＯ）を実現したセラミックプレートです。発酵、熟成、痛みを和らげるなど、さまざまな場面でご利用いただけます。ミトコンドリアの活動燃料である水素イオンと電子を体内に引き込み、人々の健康に寄与し、飲料水、調理水に波動転写したり、動物の飲み水、植物の成長にも同様に作用します。本製品は航空用グレードアルミニウムを使用し、オルゴンパワーを発揮する設計になっています。これにより免疫力を中庸に保つよう促します（免疫は高くても低くても良くない)。また本製品は強い量子ＨＡＤＯを360度5メートル球内に渡って発振しており、すべての生命活動パフォーマンスをアップさせます。この量子ＨＡＤＯは、宇宙直列の秘密の周波数であり、ここが従来型のセラミックプレートと大きく違う特徴となります。

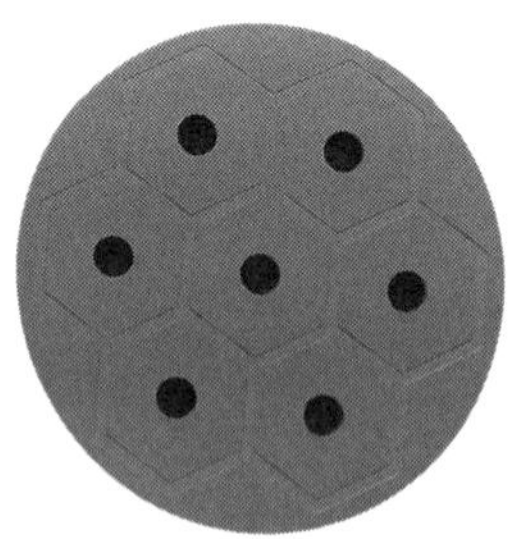

もこふわっと　宇宙の氣導引プレート

39,600円（税込）

素材：もこふわっとセラミックス　サイズ・重量：直径約 12㎝　約 86g
使用上の注意：直火での使用及びアルカリ性の食品や製品が直接触れる状態での使用は、製品の性能を著しく損ないますので使用しないでください。

ご注文はヒカルランドパークまで TEL03-5225-2671　https://www.hikaruland.co.jp/

＊ご案内の価格、その他情報は発行日時点のものとなります。

不思議・健康・スピリチュアルファン必読！
ヒカルランドパークメールマガジン会員とは??

ヒカルランドパークでは無料のメールマガジンで皆さまにワクワク☆ドキドキの最新情報をお伝えしております！　キャンセル待ち必須の大人気セミナーの先行告知／メルマガ会員だけの無料セミナーのご案内／ここだけの書籍・グッズの裏話トークなど、お得な内容たっぷり。下記のページから簡単にご登録できますので、ぜひご利用ください！

◀ヒカルランドパークメールマガジンの登録はこちらから

ヒカルランドの新次元の雑誌「ハピハピ Hi-Ringo」読者さま募集中！

ヒカルランドパークの超お役立ちアイテムと、「Hi-Ringo」の量子的オリジナル商品情報が合体！　まさに“他では見られない”ここだけのアイテムや、スピリチュアル・健康情報満載の１冊にリニューアルしました。なんと雑誌自体に「量子加工」を施す前代未聞のおまけ付き☆持っているだけで心身が“ととのう”声が寄せられています。巻末には、ヒカルランドの最新書籍がわかる「ブックカタログ」も付いて、とっても充実した内容に進化しました。ご希望の方に無料でお届けしますので、ヒカルランドパークまでお申し込みください。

量子加工済み♪

Vol.7 発行中！

ヒカルランドパーク
メールマガジン＆ハピハピ Hi-Ringo お問い合わせ先

● お電話：03－6265－0852
● FAX：03－6265－0853
● e-mail：info@hikarulandpark.jp

・メルマガご希望の方：お名前・メールアドレスをお知らせください。
・ハピハピ Hi-Ringo ご希望の方：お名前・ご住所・お電話番号をお知らせください。

自然の中にいるような心地よさと開放感が あなたにキセキを起こします

元氣屋イッテルの１階は、自然の生命活性エネルギーと肉体との交流を目的に創られた、奇跡の杉の空間です。私たちの生活の周りには多くの木材が使われていますが、そのどれもが高温乾燥・薬剤塗布により微生物がいなくなった、本来もっているはずの薬効を封じられているものばかりです。元氣屋イッテルの床、壁などの内装に使用しているのは、すべて45℃のほどよい環境でやさしくじっくり乾燥させた日本の杉材。しかもこの乾燥室さえも木材で作られた特別なものです。水分だけがなくなった杉材の中では、微生物や酵素が生きています。さらに、室内の冷暖房には従来のエアコンとはまったく異なるコンセプトで作られた特製の光冷暖房機を採用しています。この光冷暖は部屋全体に施された漆喰との共鳴反応によって、自然そのもののような心地よさを再現。森林浴をしているような開放感に包まれます。

みらくるな変化を起こす施術やイベントが 自由なあなたへと解放します

ヒカルランドで出版された著者の先生方やご縁のあった先生方のセッションが受けられる、お話が聞けるイベントを不定期開催しています。カラダとココロ、そして魂と向き合い、解放される、かけがえのない時間です。詳細はホームページ、またはメールマガジン、SNSなどでお知らせします。

元氣屋イッテル
（神楽坂ヒカルランド みらくる：癒しと健康）
大好評営業中!!

宇宙の愛をカタチにする出版社　ヒカルランドがプロデュースしたヒーリングサロン、元氣屋イッテルは、宇宙の愛と癒しをカタチにしていくヒーリング☆エンターテインメントの殿堂を目指しています。カラダやココロ、魂が喜ぶ波動ヒーリングの逸品機器が、あなたの毎日をハピハピに！　AWG、音響チェア、タイムウェーバー、フォトンビームなどの他、期間限定でスペシャルなセッションも開催しています。まさに世界にここだけ、宇宙にここだけの場所。ソマチッドも観察でき、カラダの中の宇宙を体感できます！　専門のスタッフがあなたの好奇心に応え、ぴったりのセラピーをご案内します。セラピーをご希望の方は、ホームページからのご予約のほか、メールで info@hikarulandmarket.com、またはお電話で 03 － 5579 － 8948 へ、ご希望の施術内容、日時、お名前、お電話番号をお知らせくださいませ。あなたにキセキが起こる場所☆元氣屋イッテルで、みなさまをお待ちしております！

ヒカルランド　好評既刊！

地上の星☆ヒカルランド　銀河より届く愛と叡智の宅配便

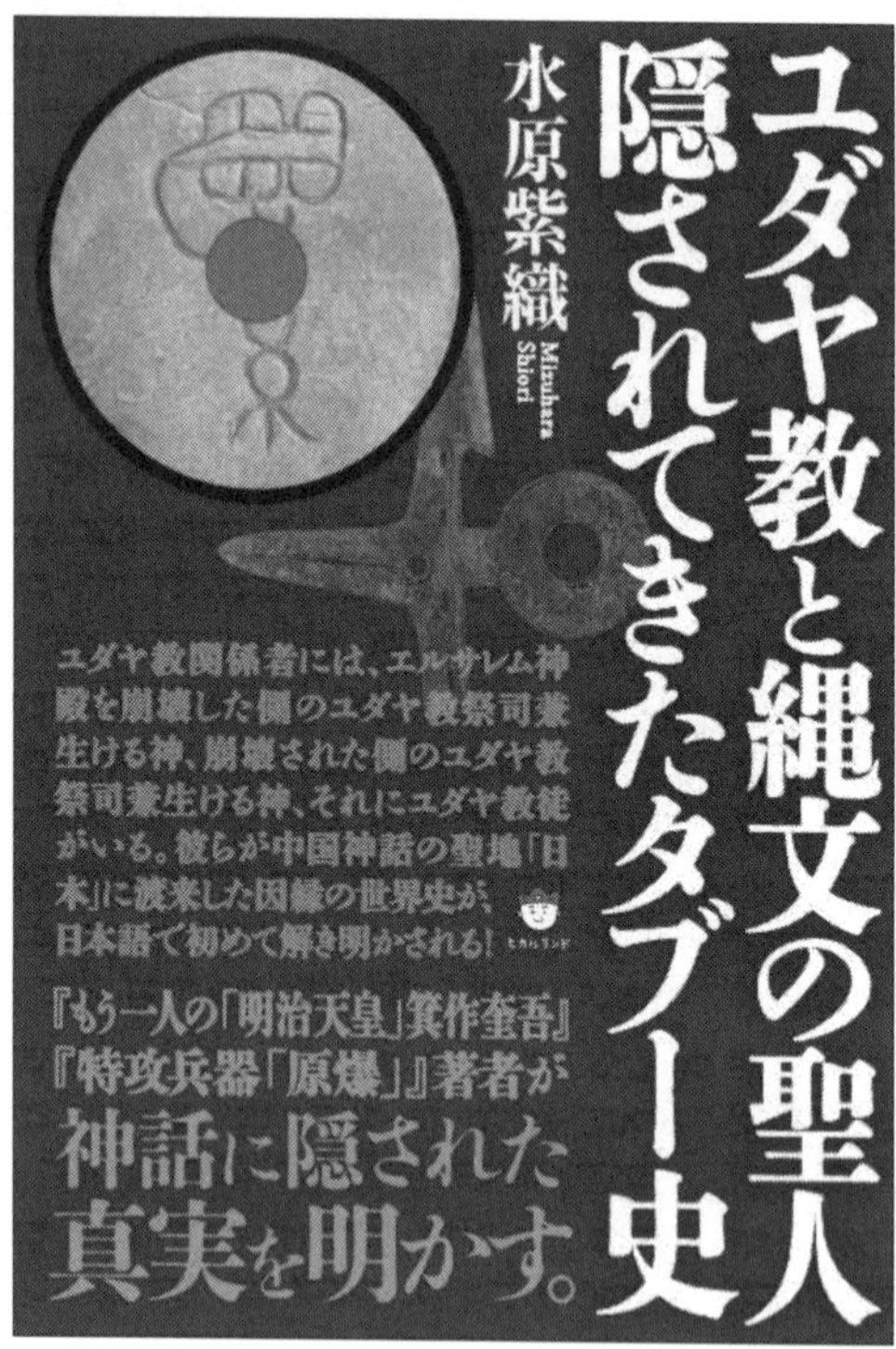

ユダヤ教と縄文の聖人
隠されてきたタブー史
著者：水原紫織
四六ハード　本体2,500円+税

ヒカルランド　好評既刊！

地上の星☆ヒカルランド　銀河より届く愛と叡智の宅配便

第二次世界大戦の真実
著者：笹原 俊
四六ソフト　本体2,000円+税

裏天皇とロスチャイルド
著者：嘉納道哲／坂の上零
四六ソフト　本体2,000円+税